本书出版得到西南财经大学2020年度中央高校基本科研业务费项目（JBK2004004）的资助

Study on the Construction and
Key Links of the Basic Public Services
Quality Management System in China

基本公共服务质量管理体系的构建与关键环节研究

陈朝兵　著

中国社会科学出版社

图书在版编目（CIP）数据

基本公共服务质量管理体系的构建与关键环节研究 / 陈朝兵著 . —北京：中国社会科学出版社，2020.8
ISBN 978-7-5203-6850-6

Ⅰ.①基… Ⅱ.①陈… Ⅲ.①公共服务—质量管理体系—研究—中国 Ⅳ.①D669.3

中国版本图书馆 CIP 数据核字（2020）第 132049 号

出 版 人	赵剑英
责任编辑	李庆红
责任校对	郝阳洋
责任印制	王　超
出　　版	中国社会科学出版社
社　　址	北京鼓楼西大街甲 158 号
邮　　编	100720
网　　址	http://www.csspw.cn
发 行 部	010-84083685
门 市 部	010-84029450
经　　销	新华书店及其他书店
印　　刷	北京君升印刷有限公司
装　　订	廊坊市广阳区广增装订厂
版　　次	2020 年 8 月第 1 版
印　　次	2020 年 8 月第 1 次印刷
开　　本	710×1000　1/16
印　　张	18
插　　页	2
字　　数	268 千字
定　　价	99.00 元

凡购买中国社会科学出版社图书，如有质量问题请与本社营销中心联系调换
电话：010-84083683
版权所有　侵权必究

前　言

基本公共服务质量管理是指运用质量管理的一般理论与方法来分析和解决基本公共服务质量问题，以谋求基本公共服务质量持续改进和有效提升的过程。从质量管理视角研究基本公共服务，不仅有利于回应社会公众对政府供给基本公共服务从"数量满足"向"质量保障"的现实需求，提升公众的获得感；也有利于政府建立健全基本公共服务的质量管理体系，及时发现基本公共服务供给中的问题，持续改善基本公共服务质量，提升社会公众对基本公共服务的满意度，为进一步完善基本公共服务体系，保障改善民生，实现共享发展提供理论支持。

学术界对公共服务的质量管理研究早有涉足，且形成了较为丰硕的研究成果。但这些成果多数是从广义公共服务的角度切入，即将政务服务等视为公共服务（这里用广义公共服务的概念），故其质量管理基本指对政府服务的质量管理。然而，专门聚焦于狭义的公共服务即基本公共服务的质量管理研究并不多见，不仅缺乏基本公共服务质量管理基础理论的系统梳理与深度解析，而且缺乏针对基本公共服务质量管理体系的理论基础、基本要素与构建过程、质量决策的环节与实施要求、质量控制的过程与操作重点、质量监测的模式与结果应用、质量管理体系的实证研究等关键问题的深入研究。本研究针对这些薄弱环节进行探索，旨在回答"基本公共服务质量管理是什么""基本公共服务质量管理体系由何构成""基本公共服务质量管理体系如何构建""基本公共服务质量管理体系如何运行"等问题。

本书遵循"基础理论—体系构建—关键环节分解—实证研究"的研究思路，采用了跨学科研究、规范分析、案例研究等多种研究方法,在整体上属于定性研究。主要包括四个核心部分:一是基本公共服务质量管理的基础理论。在界定质量、质量管理、公共服务、基本公共服务、基本公共服务质量、基本公共服务质量管理等核心概念的基础上,对基本公共服务质量的维度、形成机理、关键影响因素和基本公共服务质量管理的目标、内容、基本原则、功能作用进行解析。同时阐述基本公共服务质量管理的理论基础,包括全面质量管理理论、服务质量差距理论、新公共管理理论和新公共服务理论;二是基本公共服务质量管理体系的要素与构建过程。按照"体系要素—管理体系要素—质量管理体系要素—基本公共服务质量管理体系要素"的分析进路,探讨了基本公共服务质量管理体系的构成要素和核心要素。在此基础上,从质量管理内容和质量管理职能两个维度出发,比较借鉴 ISO9000:2000 标准中以过程为基础的质量管理体系模式,结合基本公共服务的特质属性,构建了复合型基本公共服务质量管理体系;三是基本公共服务质量管理体系的关键环节分解。按照基本公共服务质量管理的三大整体职能,将复合型基本公共服务质量管理体系的关键环节分解为基本公共服务质量决策、基本公共服务质量控制和基本公共服务质量监测,进而集中、深入地分析基本公共服务质量决策的环节与实施要求、基本公共服务质量控制的过程与操作重点、基本公共服务质量监测的模式与结果应用,力图把握复合型基本公共服务质量管理体系的运行过程;四是基本公共服务质量管理体系的实证研究。选取具有代表性和典型性的全国统筹城乡综合配套改革试验区——成都的村级基本公共服务质量管理体系作为个案,一方面运用成都市村级基本公共服务质量管理体系对复合型基本公共服务质量管理体系进行叙事性解释和说明,另一方面比照复合型基本公共服务质量管理体系,分析成都市村级基本公共服务质量管理体系存在的问题并提出改进建议。

本书的理论贡献在于从质量管理的视角拓展了基本公共服务研究的新领域,在区辨广义和狭义公共服务、公共服务和商业服务的基础上应用质量管理理论知识解析了基本公共服务质量管理的基础理论,借鉴 ISO 模式并结合基本公共服务特质属性构建了复合型基本公共服务质量管理体系,按照基本公共服务质量管理职能分解了基本公共服务质量管理体系的关键环节即基本公共服务质量决策、基本公共服务质量控制和基本公共服务质量监测。不足之处在于研究内容牵涉较多,制约了研究的深度,以及案例数据收集难度大,影响了研究的实证效果。

目 录

第一章 绪论 ………………………………………………………… 1
第一节 选题背景与研究意义 …………………………………… 1
第二节 文献述评 ………………………………………………… 7
第三节 研究思路、内容与方法 ………………………………… 36
第四节 本书的创新与不足 ……………………………………… 40

第二章 基本公共服务质量管理的基础理论 …………………… 43
第一节 核心概念界定 …………………………………………… 43
第二节 基本公共服务质量的形成机理与影响因素 …………… 58
第三节 基本公共服务质量管理的原则与功能 ………………… 72
第四节 基本公共服务质量管理的理论基础 …………………… 83

第三章 基本公共服务质量管理体系的要素与构建过程 ……… 93
第一节 基本公共服务质量管理体系的概念与特征 …………… 93
第二节 基本公共服务质量管理体系的构成要素 ……………… 97
第三节 基本公共服务质量管理体系的构建过程 ……………… 106
第四节 复合型基本公共服务质量管理体系的创新价值与
       关键环节 ………………………………………………… 127

第四章 基本公共服务质量决策的环节与实施要求 …………… 141
第一节 基本公共服务质量决策的概念界定 …………………… 142

第二节　基本公共服务质量决策的构成环节及
　　　　其内在关联 …………………………………… 146
第三节　基本公共服务质量决策的实施要求 ………… 157

第五章　基本公共服务质量控制的过程与操作重点 …………… 166

第一节　基本公共服务质量控制的概念与目标 ……… 167
第二节　基本公共服务质量控制的内容、过程与方法 ……… 172
第三节　基本公共服务质量控制的操作重点 ………… 182

第六章　基本公共服务质量监测的模式与结果应用 …………… 192

第一节　基本公共服务质量监测的内涵与功能 ……… 193
第二节　基本公共服务质量监测的模式及其比较 …… 196
第三节　基本公共服务质量监测的运行架构与结果应用 …… 207

第七章　基本公共服务质量管理体系的实证研究
　　　　——以成都市为例 ………………………………… 222

第一节　成都市构建村级基本公共服务质量管理体系的背景
　　　　与过程 …………………………………………… 223
第二节　成都市复合型村级基本公共服务质量管理体系的
　　　　关键环节 ………………………………………… 232
第三节　改进成都市村级基本公共服务质量管理体系的
　　　　政策建议 ………………………………………… 252

第八章　研究结论与展望 ………………………………………… 260

第一节　主要结论 ……………………………………… 260
第二节　未来研究展望 ………………………………… 265

参考文献 ………………………………………………………… 268

后　　记 ………………………………………………………… 279

第一章 绪论

第一节 选题背景与研究意义

一 选题背景

基本公共服务质量管理，简要讲，就是指运用质量管理的一般理论与方法来分析和解决基本公共服务质量问题，以谋求基本公共服务质量持续改进和有效提升的过程。围绕"基本公共服务质量管理体系研究"这一选题，有必要说明，国外几乎没有"基本公共服务"这一提法，其仅是中国语境下的一个特定概念。不过，由于基本公共服务在概念范畴上从属于广义的公共服务[①]，因而基本公共服务质量与公共服务质量紧密相关。基于此，沿着"国外—国内"的线索，可将本研究的选题背景梳理如下。

首先，提升公共服务质量是当代西方公共行政改革的一项持久性根本任务。20世纪70年代末80年代初以来，以英、美为典型代表的西方发达国家纷纷掀起了一场声势浩大的"新公共管理"或"重塑政府"行政改革运动，并迅速扩散至世界其他国家，对世界各国政府

[①] 一般说来，公共服务有广义和狭义之分。广义的公共服务涵盖政府的经济调节、市场监管、社会管理和公共服务四大职能。狭义的公共服务仅指政府四大职能中的公共服务职能，具体包括公共教育、劳动就业、社会保障、医疗卫生、住房保障、公共文化等领域的基本公共服务。国外普遍使用的是广义的公共服务，而我国既使用广义也使用狭义的公共服务，但更多地是使用狭义的公共服务。当使用狭义的公共服务时，即相当于基本公共服务。

管理产生了广泛而深刻的影响。考察这一当代西方公共行政改革运动，乃是在传统官僚制行政管理模式的不适应性日渐暴露，以及西方各国政府普遍面临着严重的财政危机、信任危机和管理危机的背景下发生的。改革的目标在于通过政府内部的深刻变革来提高社会公众对政府的信任度，重新确立公共行政的合法性地位，并努力寻求"一种质量高、成本低、应变能力强、响应能力强、有更健全的责任机制的新的公共行政模式"①。改革的内容主要是重新界定政府的经济和社会职能范围；在公共服务领域引入市场机制；调整政府间的权力分配关系以及管理和监督机制；在政府内部实施大部制和分权化改革；转变行政管理的理念、方式和手段；改革传统的公务员制度等。② 由此不难看出，通过改善公共部门行政效率以提升公共服务质量是贯穿这场迄今30多年的当代西方行政改革运动的根本任务之一，不仅反映了改革过程中借鉴应用工商管理领域技术和手段的"工具理性"，而且也呈现出改革目标追求建设的新公共行政模式的"价值理性"。恰如Holzer等人所言："20世纪70年代以来，受公民对政府绩效改进要求的驱动，公共组织越来越多地将其重心转移到提供更为优质的公共服务。于是，当代公共行政改革的一项持久的根本任务就是提升公共服务的质量和绩效。"③

其次，应用质量管理理论与方法以改进公共服务质量成为世界性的重要实践潮流。质量管理理论与方法最早诞生于工业产品生产和市场服务领域中，属于工商管理范畴。然而，在席卷全球的新公共管理运动期间，源于工商领域的管理技术和手段不断被应用于公共管理领域，这其中便包括质量管理理论与方法的应用。第一是通过"服务承诺"的方式制定公共服务标准。1991年，英国政府推行"公民宪章"

---

① 黄新华：《略论当代西方国家公共行政改革及其借鉴意义》，《社会主义研究》2001年第5期。
② 王湘军：《当代西方公共行政改革及其对我国的借鉴意义》，《未来与发展》2009年第5期。
③ Holzer M., Charbonneau E. and Kim Y., "Mapping the Terrain of Public Service Quality Improvement: Twenty-Five Years of Trends and Practices in the United States", *International Review of Administrative Sciences*, Vol. 75, No. 3, 2009, pp. 403–418.

运动，最早通过服务承诺的方式为政府部门提供公共服务设定标准。此后仅5年时间里，全世界共有15个国家先后推行了以质量和顾客满意为目标的服务承诺制度。① 第二是在政府部门中导入国际标准化组织（ISO）制定的 ISO9000 质量管理体系标准，以此规范公共服务流程，推动公共服务标准化。英国和新加坡是按照 ISO9000 族标准审核行政管理部门最早的国家，此后包括马来西亚、美国、澳大利亚、也门等国政府也陆续实施了质量管理体系认证。② 第三是利用一定的技术和方法开展公共服务质量评价。例如，作为对企业界"顾客调查"的借鉴，"公民调查"形式被越来越多的国家政府应用于搜集民意和开展市民满意度调查。此外，包括顾客满意度指数（CSI）、SERVQUAL 模型、平衡计分卡（BSC）、数据包络分析（DEA）等在内的模型和方法不断被投入公共部门服务质量评价实践。第四是设立激励公共部门提高服务质量的公共服务质量奖。不少国家和国际组织设立了专门针对公共部门的公共服务质量奖，如"美国政府创新奖""加拿大卓越公共服务奖""联合国公共服务奖""欧洲公共部门奖"等。③

再次，当前我国基本公共服务发展面临较为严重的质量问题和质量压力。基本公共服务是指"建立在一定社会共识基础上，由政府主导提供的，与经济社会发展水平和阶段相适应，旨在保障全体公民生存和发展基本需求的公共服务"④。自 2002 年《政府工作报告》和 2003 年党的十六届三中全会把"公共服务"确立为政府基本职能以来，尤其是 2005 年中央政府明确提出"建设服务型政府"的目标以后，我国各级政府加大了对基本公共服务的财政投入力度，加快基本公共服务体系建设进程，目前已初步形成了基本公共服务的制度框

---

① 周志忍：《公共部门质量管理：新世纪的新趋势》，《国家行政学院学报》2000 年第 2 期。
② 姜晓萍、郭金云：《我国政府部门实施质量管理体系的探索》，《北京行政学院学报》2004 年第 2 期。
③ 陈振明、孙杨杰：《公共服务质量奖的兴起》，《湘潭大学学报》（哲学社会科学版）2014 年第 4 期。
④《国家基本公共服务体系"十二五"规划》，《光明日报》2012 年 7 月 20 日第 9 版。

架。然而，从总体上看，"我国基本公共服务供给不足、发展不平衡的矛盾仍然十分突出，建立健全基本公共服务体系仍然面临许多困难和挑战"①。尤其是，基本公共服务发展面临着较为严重的质量问题和质量压力。比如，长期以来各级政府过于强调基本公共服务供给的数量、规模和效率，很大程度上缺乏对公共服务"质量"的应有关注和重视。又如，政府习惯采取单向投入型的基本公共服务供给模式，忽视对社会公众需求的全面调查和及时回应，造成基本公共服务供给与需求一定程度上的错位。②再如，城乡二元体制、户籍制度、土地制度、社会保障制度等一系列体制与制度造成我国基本公共服务的不公正和非均等化问题突出，严重背离了基本公共服务公共性与公平性的质量特性诉求。除以上外，基本公共服务决策过程中的公民参与缺失，基本公共服务提供过程中的信息不透明，基本公共服务供给结果的公平性、可及性与共享性程度低等，均反映出当前我国基本公共服务质量状况不容乐观。

最后，基本公共服务质量管理是我国面向未来尤其是"十三五"时期的一项重大课题。当今我国的经济和社会发展处于一个十分关键的节点：回首过去，近40年的改革开放历程给我国带来了翻天覆地的变化，集中表现为我国经济实力、综合国力和国际地位显著提高，社会发展程度和人民生活条件显著改善；展望未来，我国即将迎来全面建成小康社会的2020年，实现我们党确定的"两个一百年"奋斗目标的第一个百年奋斗目标。立足当下，我国正处于"十三五"初期，社会发展已然由生存型转向发展型，这对于享有基本公共服务的我国13亿多社会民众来讲，日益增长的物质文化需求和日益改善的生活水平将促使他们对政府提供的基本公共服务的要求不再单纯停留在数量、规模、速度、效率等量的层面，而是必然转向公平、可及、参与、回应、透明、共享、法治等质的层面；对于提供基本公共服务的我国各级政府来讲，在保障既有基本公共服务供给水平的基础上，

---

① 《国家基本公共服务体系"十二五"规划》，《光明日报》2012年7月20日第9版。
② 姜晓萍：《基本公共服务应满足公众需求》，《人民日报》2015年8月30日第7版。

不断改进和提高基本公共服务质量,不仅是履行自身基本公共服务职责、更好保障和改善民生、满足人民群众更高质量要求、实现人民群众权益的基本要求,更是加快转变经济发展方式、推进建设服务型政府、构建社会主义和谐社会和全面建成小康社会的关键所在,同时还是提升政府治理水平、实现政府治理能力和治理体系现代化的必经之路。以上充分表明,基本公共服务质量是顺应我国国家和社会发展的重要研究议题,而旨在改进和提升基本公共服务质量的基本公共服务质量管理无疑就是我国面向"十三五"乃至更长一段时期的一项重大理论和实践课题。

二 研究意义

基于上述国内外实践背景,同时根据已有研究状况[①],本研究将重点锁定为基本公共服务质量管理体系构建,主要具有理论与实践两个层面的研究意义。

(一)理论意义

第一,聚焦基本公共服务的"质量"维度研究,拓展研究视角。目前,国内外尤其是国内学界围绕公共服务开展了大量研究,也形成了颇为丰硕的研究成果。然而,在众多的研究成果中,从"质量"视角切入的并不多。一个值得指出的情况是,国内外学者对与基本公共服务质量相近的公共部门质量、行政服务质量等开展了较多研究,但它们显然不能直接等同于基本公共服务质量研究。同时,不少题目中含有"公共服务质量"字段的研究文献,实际研究的是公共服务的绩效、满意度,与严格意义上的公共服务质量研究存在差异。因而,本研究严格遵从"质量"维度,在深入解析基本公共服务质量基础理论的基础上,重点探讨基本公共服务质量管理体系问题,具有拓展基本公共服务质量研究视角的意义。

第二,解析基本公共服务质量与质量管理的基础理论,奠定研究基础。目前学界在基本公共服务质量与质量管理方面的基础理论研究尚十分缺乏,成为本研究开展基本公共服务质量管理体系问题研究的

---

① 详见本章第二节"文献述评"。

掣肘。鉴于此，本研究首先要完成的一个任务是深入解析基本公共服务质量与质量管理的基础理论问题，包括基本公共服务质量的概念、内涵、维度构成、生成机理、关键影响因素等，以及基本公共服务质量管理的概念、内涵、目标、内容、基本原则、功能作用等。通过对这些基础理论问题的解析，不仅可以为本研究基本公共服务质量管理体系构建奠定基础，还可以为整个基本公共服务质量领域的相关议题研究奠定基础。

第三，构建基本公共服务质量管理体系的理论框架，填补研究薄弱环节。对既有研究文献梳理表明，基本公共服务质量研究与广义的公共服务的质量研究交叉混合，而广义的公共服务的质量研究对质量评价和质量改进探讨较多，对质量管理则研究较少。至于基本公共服务质量管理体系问题，则更是研究的一个薄弱环节。本研究在解析基本公共服务质量与质量管理基础理论，以及基本公共服务质量管理体系构成要素的基础上，从质量管理内容和质量管理职能两个维度出发，比较借鉴ISO9000：2000标准中以过程为基础的质量管理体系模式，结合基本公共服务的特质属性，构建了复合型基本公共服务质量管理体系，从而不仅系统解答了基本公共服务质量管理问题，更填补了基本公共服务质量管理领域研究的薄弱环节。

（二）实践意义

第一，增强对基本公共服务质量与质量管理的理论认知。政府部门作为基本公共服务的提供者，意味着其同时也是基本公共服务质量管理工作的开展者。而政府部门要开展基本公共服务质量管理工作，潜在地必然受到其对基本公共服务质量与质量管理的理论认知的影响。然而现实情况是，政府部门及其工作人员更多的是将"基本公共服务质量"写入政策文件，抑或作为口号挂在嘴边，而对于什么是基本公共服务质量、基本公共服务质量如何形成、基本公共服务质量受哪些因素影响、基本公共服务质量管理的内容和职能为何、基本公共服务质量管理如何操作和实施等问题知之甚少。本研究针对这些问题逐一进行解析，相关研究成果无疑可供政府部门及其工作人员增进对基本公共服务质量与质量管理的理论认知。

第二，提供查找和解决基本公共服务质量问题的思路。识别、查找和解决质量问题是基本公共服务质量管理的重要内容。并且，从很大程度上可以说，基本公共服务质量管理就是解决基本公共服务质量问题，进而改进和提升基本公共服务质量的过程。本研究深入解析基本公共服务质量的基础理论，特别是系统分析了基本公共服务质量的维度构成、形成机理与关键影响因素。这对基本公共服务质量管理的重要意义在于，提供了一种查找和解决基本公共服务质量问题的重要思路，即不仅可以将基本公共服务质量问题具体到特定基本公共服务质量维度，而且可以依据基本公共服务质量的形成机理和关键影响因素有针对性地查找基本公共服务质量问题的成因，进而提供解决基本公共服务质量问题的思路。

第三，改善和提高基本公共服务质量管理工作的水平。本研究对基本公共服务质量管理一系列相关问题的研究直接服务于政府部门开展基本公共服务质量管理工作，能够帮助政府部门改善和提升基本公共服务质量管理工作的水平。例如，对基本公共服务质量管理目标的定位，有助于政府部门及其工作人员明确基本公共服务质量管理的基本方向；对基本公共服务质量管理内容的解析，有助于政府部门及其工作人员对基本公共服务质量管理有的放矢；对基本公共服务质量管理体系的构建，有助于政府部门及其工作人员总体把握基本公共服务质量管理的内容与职能；对基本公共服务质量管理各环节工具与方法的介绍，有助于政府部门及其工作人员在基本公共服务质量管理工作中直接操作应用；等等。

第二节　文献述评

如前所述，本研究致力于基本公共服务质量管理体系问题研究。围绕这一研究问题，尤其是服务于研究意旨，本研究主要从两个方面对已有研究进行回顾：一是关于质量管理体系研究，旨在梳理工商领域中的质量管理体系，并解析其构建依据；二是关于公共服务质量管理研究，旨在把握公共服务质量管理的研究进展。进而对已有研究做出总结和评价，指出本研究的切入点和推进之处。

一 质量管理体系研究

在质量管理学科①中，如何开展质量管理始终是一个耐人寻思的问题。从实践发展来看，质量管理最早诞生于工商企业产品和服务的生产与提供中。② 系统梳理工商领域中产品和服务质量管理方面研究文献可发现，目前已经形成了不少成熟的质量管理体系。③ 从质量管理体系构成要素（下文将分析）的角度出发，深入分析工商领域中已经形成的质量管理体系的构建依据，发现有三种：一是质量管理内容；二是质量管理职能；三是质量管理内容和质量管理职能的复合。据此三种构建依据，可将已经形成的质量管理体系划分为三类：质量管理内容型质量管理体系，即依据质量管理内容这一质量管理体系要素来构建的一类质量管理体系；质量管理职能型质量管理体系，即依据质量管理职能这一质量管理体系要素来构建的一类质量管理体系；复合型质量管理体系，即依据质量管理内容和质量管理职能这两个质量管理体系要素来构建的一类质量管理体系。下文将在简要梳理质量管理体系基础理论的基础上，对这三种类型的质量管理体系进行具体梳理。

（一）质量管理体系的基础理论

1. 质量的概念界定。"质量"一词在不同学科中有着不同含义。在质量管理学科中，质量的概念存在一定争议。休哈特（W. A. Shewhtar）、克劳斯比（P. B. Crosby）、费根鲍姆（A. V. Feigenbaum）、朱兰（J. M. Juran）、桑德霍姆（L. Sandholm）、戴明（W. E. Deming）、田口玄一（G. Taguchi）、美国国家标准研究院（ANSI）、美国质量协会（ASQ）、国际标准化

---

① 质量管理作为一门交叉性的边缘学科，是在20世纪初逐步创立起来的。一般认为，质量管理学科诞生于私人领域中的企业组织管理实践。随着时代的发展，公共领域和第三领域也产生了大量质量管理实践，从而拓展和丰富了质量管理学科的范畴。

② 在工商企业中，产品和服务的形态不同：产品是有形的，服务是无形的。据此，质量管理可以划分为产品质量管理和服务质量管理，二者既有所不同，又具有一定共通性。

③ 需要指出，本研究在单独使用"质量管理体系"这一概念时，特指工商领域中已经形成的产品和服务质量管理体系，其与公共领域和第三领域中的质量管理体系相对应。

组织（ISO）等著名质量学者和组织对质量概念作出了不同界定。比较而言，国际标准化组织（ISO）在ISO9000：2000标准中对质量的界定——"一组固有特性满足要求的程度"，受到理论界和实务界高度认同。

2. 质量管理的概念与发展阶段。关于质量管理的概念，ISO9000：2000标准给出了具有广泛适用性的定义，即"在质量方面指挥和控制组织的协调活动"。其中，质量方面的指挥和控制组织的活动通常包括"质量方针和质量目标的建立、质量策划、质量控制、质量保证和质量改进"。关于质量管理的发展阶段，国际质量界一般划分为三个阶段：质量检验阶段（19世纪末20世纪初—20世纪30年代末40年代初）、统计质量控制阶段（20世纪40年代初—20世纪50年代末）和全面质量管理阶段（20世纪50年代至今）。①

3. 质量管理体系的概念、构成要素与回答的问题。关于质量管理体系的概念，ISO9000：2000标准界定为"在质量方面指挥和控制组织的管理体系"。其中，体系是指"相互关联或相互作用的一组要素"，管理体系是指"建立方针和目标并实现这些目标的体系"。就质量管理体系的构成要素而言，一般包括质量管理主体、质量管理目标、质量管理内容、质量管理职能、质量管理手段、质量管理环境、质量管理动机、质量管理绩效等。与这些构成要素相对应，质量管理体系旨在回答质量管理"谁来管理""目标为何""管理什么""怎么管理""手段为何""条件为何""动机为何""管理结果如何"等一系列问题。值得指出，质量管理内容和质量管理职能是质量管理体系的两个核心要素，旨在回答质量管理"管理什么"和"怎么管理"两个核心问题。②

（二）质量管理内容型质量管理体系

质量管理内容型质量管理体系是依据质量管理内容这一质量管理

---

① 李家锋、刘智华：《质量管理综述》，《华南农业大学学报》1994年第1期。
② 关于质量管理体系的构成要素、回答的问题、核心要素等的更多分析详见本书第三章第二节。

体系要素构建的一类质量管理体系。该类质量管理体系主要回答质量管理"管理什么"的问题。从工商领域中已经形成的"质量管理内容型"质量管理体系来看，其所依据的质量管理内容这一质量管理体系要素，具体体现为质量形成的过程、环节、要素或因素。

1. 质量螺旋曲线。质量螺旋曲线由美国质量管理专家朱兰于 20 世纪 60 年代提出。根据该曲线，产品质量形成过程包括市场研究、产品计划、设计、产品规格制定、工艺制定、采购、仪器仪表及设备配置、生产、工序控制、检验、测试、销售和服务 13 个环节。[①] 朱兰提出的质量螺旋曲线在揭示产品形成全过程及其内在规律的同时，也实现了产品形成过程与各种质量职能的逻辑顺序串联，因而不仅被广泛应用至质量管理实践之中，而且对现代质量管理的发展产生了重要意义，尤其成为全面质量管理的一大理论基础。

2. 质量循环圈。与质量螺旋曲线相同，瑞典质量管理专家桑德霍姆提出的质量循环圈（也称"质量环"）也是产品质量形成过程的一种表达方式。质量循环圈包括市场调研、产品开发、采购、工艺准备、生产制造、检验、销售和服务共 8 个内部环节，以及供应单位和用户 2 个外部环节。这些环节之间并不是孤立的，而是存在相互联系、相互依存和相互促进的关系。[②] 掌握质量循环圈各个环节和阶段的质量活动并加以组织与协调，是提高产品质量全过程管理有效性的基础和关键。

3. 全面质量管理的"过程要素"模型。在全面质量管理（TQM）中，一种基于过程要素的全面质量管理模型主要从"静态"层面呈现全面质量管理的组成要素及其相互关系。根据该模型，全面质量管理的组成要素分为软件要素和硬件要素。其中，软件要素包括质量文化、上层领导的重视及对全面质量的承诺、有效的沟通和交流等；硬件要素包括有效的质量体系、质量管理团队、质量管理工具的使

---

① 龚益鸣主编：《现代质量管理学》，清华大学出版社 2002 年版，第 35 页。
② 梁工谦主编：《质量管理学》，中国人民大学出版社 2014 年版，第 12 页。

用等。①

4. 服务"金三角"模型。美国服务业管理的权威卡尔·艾伯修（Karl Albrecht）于1985年在总结许多服务企业管理实践经验的基础上，提出了服务"金三角"模型。该模型是一个以顾客为中心的服务质量管理模式，由服务策略、服务系统、服务人员三个因素组成。这三个因素都以顾客为中心，彼此相互联系，构成一个三角形。②

5. 顾客感知服务质量模型。芬兰著名学者格朗鲁斯（Gronroos）于1984年在把服务质量分解为功能质量和技术质量的基础上提出了顾客感知服务质量模型。根据该模型，顾客感知服务质量是顾客对服务的期望质量与对服务实际感知二者之间比较的结果。其中，顾客期望质量主要受市场沟通、企业形象、口碑、顾客需要以及过去经验等因素的影响，顾客实际感知质量取决于企业提供服务的技术质量和功能质量。③

6. 服务质量差距模型。美国市场营销学家帕拉苏拉曼（A. Parasuraman）、泽丝曼尔（Valarie A. Zeithamal）和贝里（Leonard L. Berry）于1985年提出了服务质量差距模型。该模型通过分析顾客对服务的期望与顾客对企业提供的服务实际感知之间的差距来找寻服务质量问题产生的原因，进而帮助企业改进服务质量。其中，顾客感知与期望之间的差距被细分为四种差距：服务质量感知差距、服务质量标准差距、服务传递差距和服务沟通差距。④

（三）质量管理职能型质量管理体系

质量管理职能型质量管理体系是依据质量管理职能这一质量管理体系要素构建的一类质量管理体系。该类质量管理体系主要回答质量

---

① 梁工谦主编：《质量管理学》，中国人民大学出版社2014年第2版，第105—106页。
② "服务金三角"词条，MBA智库百科，http://wiki.mbalib.com/wiki/%E6%9C%8D%E5%8A%A1%E9%87%91%E4%B8%89%E8%A7%92，2017年1月20日。
③ Gronroos C., "A Service Quality Model and its Marketing Implications", *European Journal of Marketing*, Vol. 18, No. 4, 1984, pp. 36–44.
④ Parasuraman A., Zeithamal V. A. and Berry L. L., "A Conceptual Model of Service Quality and Its Implications for Future Research", *Journal of Marketing*, Vol. 49, No. 4, 1985, pp. 41–50.

管理"怎么管理"的问题。从工商领域中已经形成的质量管理职能型质量管理体系来看，其所依据的质量管理职能这一质量管理体系要素具体体现为质量计划、质量组织、质量指挥、质量协调、质量领导、质量控制、质量评价、质量改进等质量管理职能的有机组合。

1. 质量管理三部曲。美国质量管理专家朱兰于1987年在其经典著作《朱兰质量手册》中提出了有名的"质量管理三部曲"，将产品质量管理过程划分为质量计划、质量控制和质量改进三个环节。其中，质量计划依次包括识别顾客、确定顾客需要、开发满足顾客需要的产品、制定质量目标、开发产品生产所需的生产程序、验证上述程序并证明其能实现质量目标等步骤；质量控制依次包括确定控制对象、配置测量设备、选定测量方法、建立作业标准、判断操作的正确性、分析与现行标准的差距、对差距采取行动等步骤；质量改进依次包括说明改进的必要性、确定改进对象、实施改进、组织诊断、提出改进方案、证明改进方法有效、提供控制手段等步骤。①

2. PDCA循环。PDCA循环式（又称"戴明循环"）由美国质量管理统计学专家戴明在20世纪60年代初创立。作为产品质量管理和改进的基本过程，PDCA循环把质量管理工作划分为四个阶段：P（Plan）即计划阶段，D（Do）即实施阶段，C（Check）即检查阶段，A（Action）即处理阶段。其中，计划阶段的任务是制定质量目标、质量计划和质量措施，具体包括通过分析质量现状查找质量问题，分析质量问题的成因并找出主因，针对质量问题的主因制定对策，提出计划并拟定措施；执行阶段即按照制定的质量目标、计划和措施去分工执行；检查阶段即根据计划要求，对实际执行过程进行检查并查找其中存在问题；处理阶段即针对检查发现的问题采取措施，或者直接解决，或者转入下一轮循环中予以解决。②

3. ISO质量管理。国际标准化组织在ISO9000：2000标准中将质量管理分解为"制定质量方针和质量目标""质量策划""质量控制"

---

① 梁工谦主编：《质量管理学》，中国人民大学出版社2014年版，第13—14页。
② 梁工谦主编：《质量管理学》，中国人民大学出版社2014年版，第14—15页。

"质量保证""质量改进"五种活动。其中,质量策划主要是致力于制定目标并规定必要的运行过程和相关资源以实现质量目标;质量控制主要是致力于满足质量要求;质量保证主要是致力于提供质量要求会得到满足的信任;质量改进主要是致力于增强满足质量要求的能力。

(四)复合型质量管理体系

复合型质量管理体系是依据质量管理内容和质量管理职能这两个质量管理体系要素构建的一类质量管理体系。该类质量管理体系同时回答质量管理"管理什么"和"怎么管理"两个问题。从工商领域中已经形成的复合型质量管理体系来看,其所依据的质量管理内容和质量管理职能这两个质量管理体系要素具体体现为质量形成的过程、环节、要素或因素和相关质量管理职能的有机组合。

1. 服务质量环。朱兰在1999年将其早期提出的"质量管理三部曲"应用至服务质量管理中,提出了揭示服务质量形成过程及规律,并可指导服务质量管理的服务质量环。服务质量环不仅从总体上继承了"质量管理三部曲",把质量管理过程划分为服务质量策划、服务质量控制和服务质量改进三个环节,而且把服务质量管理切实融入"从识别需求到评价这些需求是否得到满足的各个阶段"[①] 的服务质量形成过程与环节中去。

2. 以过程为基础的质量管理体系模式[②]。国际标准化组织在其制定的ISO9000:2000标准中提出了以过程为基础的质量管理体系模式。该模式在不同行业的产品和服务质量管理中都得到了广泛借鉴和应用。该体系的中间部分为由"管理职责""资源管理""产品实现""测量、分析及改进"四个环节组成的循环体,通过该循环体四个环

---

① 梁工谦主编:《质量管理学》,中国人民大学出版社2014年版,第295页。
② 需要指出,ISO9000:2000标准中提出的"以过程为基础的质量管理体系"是具有较高权威性和广泛适用性的一个质量管理体系。本研究构建的基本公共服务质量管理体系即以其为直接参照。虽然从该体系的名称可以看出,其是基于"过程",即以过程作为构建依据的,但根据本研究划分质量管理体系的依据——质量管理体系的构成要素,其又是以质量管理内容和质量管理职能为依据的,故本研究将其划归为复合型一类质量管理体系。

节的循环往复最终实现质量管理体系的持续改进；体系的左侧部分为顾客及其他利益相关者的要求，该要求主要输入循环体的"产品实现"环节；体系的右侧部分为经过循环体"产品实现"环节输出的产品，该产品主要满足顾客及其他利益相关者的要求。

3. 卓越绩效模式。作为兴起于20世纪90年代的一种全面质量管理模式，卓越绩效模式是由国际上三大质量奖——美国波多里奇国家质量奖、日本戴明奖和欧洲质量奖的评价标准所蕴含的一套综合的、系统化的管理模式。[①] 从内容构成来看，卓越绩效模式包括组织概述，业绩管理系统，测量、分析和知识管理三部分。其中，组织概述包括组织所处环境、工作关系和面临的挑战；业绩管理系统包括领导、战略策划、以顾客和市场为中心、以人为本、过程管理和经营结果。从所处管理层次来看，卓越绩效模式中的领导和战略策划是激励层；以顾客和市场为中心、过程管理是过程层；测量、分析和知识管理、以人为本是激励层；经营结果是结果层。

二 公共服务质量管理研究

系统梳理国内外公共服务质量领域的研究文献[②]，发现呈现如下特征：第一，公共服务质量研究与公共部门质量、行政服务质量、公共服务绩效、公共服务满意度等议题的研究紧密交织，而专门针对公共服务尤其是狭义层面的公共服务（也即基本公共服务）的质量研究总体并不多；第二，国外的公共服务质量研究已经取得长足进展，而国内的公共服务质量研究尚处于起步和兴起阶段；第三，公共服务质量研究成果中关于质量评价、质量改进的相对较多，关于质量管理的

---

① 邢媛：《研究生教育卓越质量管理研究》，博士学位论文，天津大学，2009年，第34页。
② 需要说明两点：第一，由于国内外公共服务质量研究方面的文献并没有明确区分广义和狭义的公共服务，且实际上绝大多数的文献都是研究广义的公共服务的质量管理，故本部分的文献综述所使用的公共服务概念是广义的。同时，考虑到狭义的公共服务（也即基本公共服务）的质量管理包含于广义的公共服务的质量管理，因而对广义的公共服务的质量管理的研究综述在一定程度上也可以反映基本公共服务质量管理的研究进展；第二，一些具体领域的基本公共服务，如公共教育、基本医疗、劳动就业等，也存在不少质量管理方面的研究。考虑到这些具体领域的基本公共服务质量管理研究有其个体性特征，与一般性的基本公共服务质量管理研究存在一定不同，故本部分所综述的文献并未将其纳入。

明显偏少;第四,在为数不多的公共服务质量管理研究成果中,涉及公共服务质量管理体系的更是少之又少。

基于上述特征,本部分对公共服务质量管理研究的回顾将从两个方面进行:一是公共服务质量管理的相关议题,包括公共服务质量的概念、公共服务质量的维度、公共服务质量的评价、公共服务质量的改进等①,以此反映公共服务质量领域的研究进展;二是公共服务质量管理体系研究,以此反映既有关于公共服务质量管理体系的研究观点。

(一)公共服务质量管理的相关议题研究

以奥斯特罗姆(Ostrom E.)为代表的西方学者早在20世纪70年代便开始关注公共服务领域的质量问题,而当时质量议题在工商管理界正十分盛行。②进入80年代,主张模仿、学习和借鉴私人部门管理做法的新公共管理运动直接助推了公共部门质量管理的兴起,质量管理的工具、技术与方法也直接渗透公共服务实践领域。在此背景下,国外研究者们越来越重视公共服务质量问题研究。相较而言,我国学界对公共服务质量问题的研究相对较晚,直至21世纪初期才开始关注并重视。③梳理国内外学界关于公共服务质量研究的成果,其中与公共服务质量管理相关的研究议题主要有公共服务质量的概念、维度、评价与改进。

1. 公共服务质量的概念。关于公共服务质量的概念,国内外学界至今没有形成共识,其原因在于公共服务质量概念本身难以清晰界定。如 Folz 就表示:"在公共行政中,服务质量是众多难以界定概念中的一个。尝试以让每一个人完全满意的方式去定义和测量服务质量

---

① 需要说明,虽然公共服务质量维度、公共服务质量评价、公共服务质量改进等议题的研究不直接等同于公共服务质量管理研究,但根据前文梳理的"基于管理活动的质量管理体系"观点,它们又都属于公共服务质量管理范畴的研究。

② Ostrom E., "Multi - Mode Measures: From Potholes to Police", *Public Productivity Review*, Vol. 1, No. 3, 1976, pp. 51 - 58.

③ 可大致以2000年周志忍教授在《国家行政学院学报》第2期上发表《公共部门质量管理:新世纪的新趋势》一文为标志。参见周志忍《公共部门质量管理:新世纪的新趋势》,《国家行政学院学报》2000年第2期。

无异于是一个众口难调的挑战。"① 尽管如此，公共服务质量的概念问题始终无法回避。从国外研究者的界定路径来看，一般是借助私人部门中的服务质量概念来理解公共部门中的服务质量概念。② 具体来讲，是借鉴 Gronroos 和 PZB（Parasuraman，Zeithamal 和 Berry 的简称）对服务质量概念作出的经典界定。Gronroos 认为服务质量是顾客对服务期望与实际体验到的服务质量之间的比较③；PZB 认为服务质量是顾客对服务的期望质量与实际感受到的服务质量二者之间的差距④。在上述私人部门服务质量概念界定的基础上，Jennifer⑤、Barker 等⑥、Hsiao 和 Lin⑦、Ramseook - Munhurrun 等⑧等学者都对公共部门中的服务质量进行了讨论。尽管国外学者很少有直接给出公共服务质量概念的定义，但可以肯定的是，建基于私人部门服务质量概念的公共服务质量概念，必然强调顾客的服务感知、服务评价、服务需求、服务期望等内涵要素。也就是说，在国外研究者的视域中，公共服务质量概念更多地被置于主观范畴。与此同时，一些研究者注意到公共部门服务质量之于私人部门服务质量的特殊性，如 Walsh 认为公共服务中的

---

① Folz D. H.，"Service Quality and Benchmarking the Performance of Municipal Services"，*Public Administration Review*，Vol. 64，No. 2，2004，pp. 209 - 220.

② Rowley J.，"Quality Measurement in the Public Sector: Some Perspectives from the Service Quality Literature"，*Total Quality Management*，Vol. 9，No. 9，1998，pp. 321 - 333.

③ Gronroos C.，"A Service Quality Model and its Marketing Implications"，*European Journal of Marketing*，Vol. 18，No. 4，1984，pp. 36 - 44.

④ Parasuraman A.，Zeitthaml V. A. and Berry L. L.，"A Conceptual Model of Service Quality and its Implications for Future Research"，*Journal of Marketing*，Vol. 49，No. 4，1985，pp. 41 - 50.

⑤ Jennifer Rowley，"Quality Measurement in the Public Sector: Some Perspectives from the Service Quality Literature"，*Total Quality Management*，Vol. 9，No. 9，1998，pp. 321 - 333.

⑥ Agus A.，Barker S.，and Kandampully J.，"An Exploratory Study of Service Quality in the Malaysian Public Service sector"，*International Journal of Quality & Reliability Management*，Vol. 24，No. 2，2007，pp. 177 - 190.

⑦ Hsiao C. T. and Lin J. S.，"A Study of Service Quality in Public Sector"，*International Journal of Electronic Business Management*，Vol. 6，No. 1，2008，pp. 29 - 37.

⑧ Ramseook - Munhurrun P.，Lukea - Bhiwajee S. D. and Naidoo P.，"Service Quality in the Public Service"，*International Journal of Management and Marketing Research*，Vol. 3，No. 1，2010，pp. 37 - 50.

质量是一个内在的政治问题,需要处理变化的社会价值结构。① Chris 指出公共部门的一些具体结构特征,如大量的民主责任、广泛的价值基础和多元化的公共目标,使其服务质量充满复杂性。② Rhee 和 Rha 认为理解公共服务质量概念必须关注到公共服务顾客多元性和复杂性的问题。③ Gowan 等则强调公共部门中的服务提供更为复杂,不仅简单地满足已经表达的需求,而且涉及找出未经表达需求、设定优先顺序、分配资源、公开辩护、对所作行为负责等。④ Morgan 和 Murgatroyd 认为公共部门中的服务质量是基于价值的,因为其是顾客对服务在如下方面所持的期望:顾客依据法律法规和服务宪章有权获得的服务,顾客想要的服务,顾客期望接受服务的方式⑤。

相比之下,我国学者较多地直接给公共服务质量概念下定义。依据学者界定角度的不同,可以把我国学界对公共服务质量概念的观点概括并划分为四种⑥:第一种是"公众需求满足观",即从社会公众需求与期望满足程度的角度来界定公共服务质量。比如,林尚立认为政府公共服务质量是指"民众每次接受政府服务时,该服务所能满足民众的期望与需求的程度"⑦。张成福和党秀云认为,"在政府中,所谓质量,是指民众第一次及每一次接受政府服务时,该服务均能满足民众的期望和需求"⑧。徐小佶认为政府服务质量是顾客(公众)感

---

① Walsh K., "Quality and Public Services", *Public Administration*, Vol. 69, No. 4, 1991, pp. 503 – 514.

② Chris Skelcher, "Improving the Quality of Local Public Services", *Service Industries Journal*, Vol. 12, No. 4, 1992, pp. 463 – 477.

③ Rhee S. and Rha J., "Public Service Quality and Customer Satisfaction: Exploring the Attributes of Service Quality in the public Sector", *Service Industries Journal*, Vol. 29, No. 11, 2009, pp. 1491 – 1512.

④ Gowan M., Seymour J., Ibarreche S., et al., "Service Quality in a Public agency: Same Expectations But Different Perceptions by Employees, Managers, and Customers", *Journal of Quality Management*, Vol. 6, No. 2, 2001, pp. 275 – 291.

⑤ Morgan C. and Murgotroyd S., *Total Quality Management in the Public Sector*, Buckinghom: Open University Press, 1994, p. 22.

⑥ 该部分内容已经以学术论文形式公开发表。参见陈朝兵《公共服务质量的概念界定》,《长白学刊》2017 年第 1 期。

⑦ 林尚立:《国内政府间关系》,浙江人民出版社 1998 年版,第 29 页。

⑧ 张成福、党秀云主编:《公共管理学》,中国人民大学出版社 2001 年版,第 311 页。

知的对象，同时是通过政府机构与顾客（公众）接触过程中的"真实瞬间"实现的。① 张桂聚认为公共服务质量是指"政府公共部门在提供公共服务过程中所固有的一组特性，以满足公共服务对象要求和期望的程度"②。第二种是"公共服务特性观"，即从公共服务自身特性水平的角度来界定公共服务质量。比如，陈振明和李德国认为公共服务质量是指"终端使用者获得、享用公共服务的实际水平、可获得性、及时性、经济性、准确性和响应性等"③。江明生和温顺生认为公共服务质量是指"政府和社会组织向社会提供公共服务的品质和服务程度水平"④。张锐昕和董丽把公共服务质量的含义概括为七个方面：遵守预先制定的程序和规范；符合预先设定的结果或效果要求；满足预先规定的输入（投入）要求；实现服务功能最大化；以正确的方式做正确的事情；满足一系列质量标准的程度；具有公共精神。⑤ 第三种是"公众满意度观"，即从社会公众对公共服务的满意度或认同度的角度来界定公共服务质量。比如，金青梅把政府公共服务质量看作"公众对政府所提供的公共产品和公共服务的满意度或认可度"⑥。丁辉侠认为公共服务质量"最终体现为公众对公共服务的满意度或认可度"⑦。第四种是"综合质量观"，即通过综合上述几种角度来界定公共服务质量。比如，蔡立辉综合了公共服务特性和公众满意度两种视角，把公共服务质量定义为"政府部门提供服务过程中所使用的方法与手段、公众对政府公共服务的满意程度、政府提供公共服务的态度

---

① 徐小佶：《关于政府服务质量管理若干问题的思考》，《福建行政学院福建经济管理干部学院学报》2001年第2期。
② 张桂聚：《我国政府公共服务质量管理体系的缺失与完善研究》，硕士学位论文，华中师范大学，2011年，第8页。
③ 陈振明、李德国：《基本公共服务的均等化与有效供给——基于福建省的思考》，《中国行政管理》2011年第1期。
④ 江明生、温顺生：《关于构建覆盖全民的公共服务体系》，《长白学刊》2011年第3期。
⑤ 张锐昕、董丽：《公共服务质量：特质属性和评估策略》，《北京行政学院学报》2014年第6期。
⑥ 金青梅：《政府公共服务质量的概念界定与基本理论分析》，《集团经济研究》2007年第1期。
⑦ 丁辉侠：《公共服务质量评价体系构建思路分析》，《商业时代》2012年第7期。

以及政府所表现出的社会效果与管理能力的总称"①。吕维霞将公共服务质量划分为客观质量和主观质量，其中客观质量是指各种公共服务本身的产出质量和结果质量，主观质量则侧重于公众感知到的服务传递过程质量。② 这实际上是综合了公共服务特性和公众需求满足两种视角。陈文博基于公众需求满足和公众满意度两种视角，认为公共服务质量是"公共部门或第三部门在提供公共服务过程中，满足公众需求及提升公众满意程度的总和"③。

2. 公共服务质量的维度。公共服务质量的维度涉及对公共服务质量的更深层次的理解，是指那些牵涉顾客服务质量期望和感知的特性。④ 从国外学者的研究路径来看，公共服务质量维度的研究同样是以私人部门服务质量维度研究为基础和依托的。长期以来，服务质量领域的研究者们致力于探索服务质量中普遍的、一般性的质量维度，虽然构建了不少差异化的解释模型，但始终没有得出清晰的答案。Gronroos 把服务质量分解为技术质量和功能质量两个维度⑤；PZB 通过开发 SERVQUAL 模型识别出五个一般化的服务质量维度：有形性、可靠性、相应性、保证性和移情性⑥；在 PZB 的基础上，Dotchin 和 Oakland 指出服务质量维度至少还包括胜任力、可信性、安全性或理解力⑦。具体到公共服务质量维度研究，许多研究者直接借鉴服务质量维度研究成果，如利用 SERVQUAL 模型来分析公共服务质量的维度，而只有少数研究者结合公共服务的特殊性分析其质量维度的构

---

① 蔡立辉：《论当代西方政府公共管理及其方法》，《中山大学学报》（社会科学版）2003 年第 2 期。

② 吕维霞：《论公众对政府公共服务质量的感知与评价》，《华东经济管理》2010 年第 9 期。

③ 陈文博：《公共服务质量评价与改进：研究综述》，《中国行政管理》2012 年第 3 期。

④ Jennifer Rowley, "Quality measurement in the public sector: Some perspectives from the service quality literature", Total Quality Management, Vol. 9, No. 9, 1998, pp. 321 - 333.

⑤ Gronroos C., "A Service Quality Model and its Marketing Implications", European Journal of Marketing, Vol. 18, No. 4, 1984, pp. 36 - 44.

⑥ Parasuraman A., Zeitthaml V. A. and Berry L. L., "A Conceptual Model of Service Quality and Its Implications for Future Research", Journal of Marketing, Vol. 49, No. 4, 1985, pp. 41 - 50.

⑦ Dotchin J. A. and Oakland J. S., "Total Quality Management in Services", International Journal of Quality & Reliability Management, Vol. 11, No. 4, 1994, pp. 6 - 28.

成。如 Haywood - Farmer 和 Stuart 认为 SERVQUAL 模型不具有充分代表性，进而强调指出公共服务质量具有四个决定因素，即知识库、工作自主性、社会影响和目标优越性。[1] Curry 和 Herbert[2]、Kadir 等[3]等把公共部门中的服务质量分解为三个领域的质量，即顾客质量、专业质量和管理质量。Rhee 和 Rha 提出了超越 SERVQUAL 模型的公共服务质量维度，包括设计质量、过程质量、产出质量和关系质量四种质量维度。[4]

我国学者对公共服务质量维度的研究大多见之于公共服务质量评价研究文献，也即公共服务质量维度常被作为公共服务质量评价的一级指标来探讨。在研究路径上，我国学者对公共服务质量维度的研究同样表现出很强的私人服务质量研究路径依赖。一种主流的研究路径是直接利用或者部分修正 SERVQUAL 模型来分析公共服务质量的维度，如张成福和党秀云提出了 10 种测评行政服务的标准：可靠性、回应性、能力、服务通道、服务礼貌、沟通、可信度、安全感、善解人意和有形性[5]；曹大友和熊新发认为可从可靠性、反应性、保证性、移情性和可感知性来评价政府公共服务质量[6]；罗晓光和张宏艳认为政府服务质量评价的维度包括有形性、可靠性、反应性、保证性、关

---

[1] John Haywood - Farmer and F. Ian Stuart, "An Instrument to Measure the 'Degree of Professionalism' in a Professional Service", *Service Industries Journal*, Vol. 10, No. 2, 1990, pp. 336 - 347.

[2] Herbert D., "Continuous Improvement in Public Services - a way Forward", *Journal of Service Theory & Practice*, Vol. 8, No. 5, 1998, pp. 339 - 349.

[3] Sharifah Latifah Syed A. Kadir, Mokhtar Abdullah, and Arawati Agus, "On Service Improvement Capacity Index: A Case Study of the Public Service Sector in Malaysia", *Total Quality Management*, Vol. 11, No. 4, 2000, pp. 837 - 843.

[4] Rhee S. and Rha J., "Public Service Quality and Customer Satisfaction: Exploring the Attributes of Service Quality in the Public Sector", *Service Industries Journal*, Vol. 29, No. 11, 2009, pp. 1491 - 1512.

[5] 张成福、党秀云主编：《公共管理学》，中国人民大学出版社 2001 年版，第 313—314 页。

[6] 曹大友、熊新发：《SERVQUAL 在公共服务领域的应用初探》，《学术论坛》2006 年第 1 期。

怀性、信息性和监督性①；吕维霞和王永贵认为公众感知行政服务质量的评价维度包括守法性、透明性、便利性、响应性、实效性和保证性②；杨永恒等认为市民评价公共服务质量的维度包括有形性、移情性、可靠性、信任感、吻合性、及时性、服务能力和服务声望③；等等。也有学者运用 Gronroos 提出的顾客感知服务质量理论来分析公共服务质量的维度，如吕维霞把公共服务的质量分为主观质量和客观质量，其中主观质量侧重于公众感知到的服务传递过程质量，客观质量是指各种公共服务本身的产出质量和结果质量。④ 有学者从"过程—结果"的角度划分公共服务质量的维度，如罗海成认为政府服务质量包括结果质量和过程质量两个维度，其中结果质量从服务的可获性、服务产品满足顾客需求的程度、服务品种等方面进行评估，过程质量从可靠性、回应性、保证性、移情性和有形性等方面进行测评⑤；有学者从社会公众角度出发分析公共服务质量维度，如张钢等借鉴顾客价值理论把政府公共服务质量评价指标体系分为功能价值、情感价值、社会价值和感知代价四个维度⑥；陈振明和李德国基于公共服务终端使用者的角度，提出公共服务质量维度包括公共服务可获得性、及时性、经济性、准确性和响应性等⑦。还有学者根据公共服务质量的形成与构成要素来分解公共服务质量维度，如徐小佶提出政府服务

---

① 罗晓光、张宏艳：《政府服务质量 SERVQUAL 评价维度分析》，《行政论坛》2008年第3期。

② 吕维霞、王永贵：《公众感知行政服务质量对政府声誉的影响机制研究》，《中国人民大学学报》2010年第4期。

③ 杨永恒、王有强、王磊：《公共服务质量的评价维度和指标：市民与官员的认知对比》，《绩效评估与政府创新国际研讨会（浙江）论文集》，2007年，第229页。

④ 吕维霞：《论公众对政府公共服务质量的感知与评价》，《华东经济管理》2010年第9期。

⑤ 罗海成：《基于服务质量的地方政府服务竞争力研究——概念模型及研究命题》，《福建行政学院学报》2011年第3期。

⑥ 张钢、牛志江、贺珊：《地方政府公共服务质量评价体系及其应用》，《浙江大学学报》（人文社会科学版）2008年第6期。

⑦ 陈振明、李德国：《基本公共服务的均等化与有效供给——基于福建省的思考》，《中国行政管理》2011年第1期。

质量由政府服务的技术质量、职能质量、形象质量和真实瞬间构成。[①]

3. 公共服务质量的评价。在公共服务质量研究中,公共服务质量评价是最受研究者们关注的议题,这方面的研究成果也最为丰硕。然而究竟如何评价公共服务质量,不得不说是一项充满挑战的难题。Walsh曾指出:"服务是根本地不同于生产的产品的,公共服务则更是如此。这其中的各种差异导致评判公共服务质量成为一个潜在的困难和富有争议的课题。"[②] 尽管如此,研究者们仍持续不断地开展公共服务质量评价研究工作。在评价公共服务质量的工具选择上,最为流行和广泛应用的是 PZB 开发的 SERVQUAL 模型,Galloway[③]、Bigne 等[④]、Brysland 和 Curry[⑤]、Donnelly 等[⑥]、Wisniewski[⑦]、Bakar 等[⑧]等学者都应用 SERVQUAL 模型来测量公共部门服务质量。[⑨] 事实上,SERVQUAL 模型虽然应用广泛、普遍,但其自身也招致了来自私人部门

[①] 徐小佶:《关于政府服务质量管理若干问题的思考》,《福建行政学院福建经济管理干部学院学报》2001 年第 2 期。

[②] Walsh K., "Quality and Public Services", *Public Administration*, Vol. 69, No. 4, 1991, pp. 503–514.

[③] Galloway, Les, "Quality Perceptions of Internal and External Customers: A Case Study in Educational Administration", *The TQM Magazine*, Vol. 10, No. 1, 1998, pp. 20–26.

[④] Bigne E., Moliner M. A., Sanchez J. G., et al., "Perceived Quality and Satisfaction in Multiservice Organisations: the Case of Spanish Public Services", *Journal of Services Marketing*, Vol. 17, No. 17, 2003, pp. 420–442.

[⑤] Brysland A. and Curry A., "Service Improvements in Public Services Using SERVQUAL", *Managing Service Quality*, Vol. 11, No. 11, 2001, pp. 389–401.

[⑥] Donnelly M., Wisniewski M. and Dalrymple J. F., "Measuring Service Quality in Local Government: the SERVQUAL Approach", *International Journal of Public Sector Management*, Vol. 8, No. 7, 1995, pp. 15–20.

[⑦] Wisniewski M., "Using SERVQUAL to Assess Customer Satisfaction with Public Sector Services", *Journal of Service Theory & Practice*, Vol. 11, No. 6, 2001, pp. 380–388.

[⑧] Bakar C., Akgün S. H. and Al Assaf A. F., "The Role of Expectations in Patient Assessments of Hospital Care: An Example from a University Hospital Network, Turkey", *International Journal of Health Care Quality Assurance*, Vol. 21, No. 4, 2008, pp. 343–355.

[⑨] Wisniewski M., Donnelly M., "Measuring Service Quality in the Public Sector: the Potential for SERVQUAL", *Total Quality Management & Business Excellence*, Vol. 7, No. 4, 1996, pp. 357–366.

服务质量评价研究者的诸多批评。① 尤其是将这一模型移植应用至公共部门服务质量评价时，更加需要考量其适用性。对此，Rhee 和 Rha 注意到："绝大多数的研究者应用 SERVQUAL 五维度服务质量特性模型来测量公共部门服务质量，缺乏探索与确认公共部门中的服务质量特性。……仅有少量研究处理了诸如平等、反馈等在公共服务中特别重要的特性的测量。"② 除以上公共服务质量评价的工具应用外，一些学者从理论上讨论了公共服务质量评价的关键要点。Walsh 认为在公共服务质量评价中，作为消费者的公民拥有无可置疑的评价权利，而公共服务的提供者也是公共服务质量评价中不可缺少的要素。同时指出，一些特定领域的公共服务质量评价，不只是困难和复杂的问题，更涉及处理价值差异、价值选择甚至价值冲突的问题。③ Rowley 持有与 Walsh 相类似的观点，认为任何试图评价公共服务质量的尝试都要处理好所有公共服务利益相关者的视角。其中，应重点关注熟悉服务经历的员工和最后顾客，但同时应以更广泛的质量视角，将其他利益相关者均纳入考虑。④

我国学者对公共服务质量评价的研究具体涉及工具与方法的应用、指标体系构建、操作策略分析等方面。在工具与方法应用上，以 SERVQUAL 模型和公众满意度调查为主，同时也包括其他一些工具与方法。白长虹和陈晔借鉴 SERVQUAL 模型构建了公用服务质量测评模型；⑤ 吕维霞等在借鉴 SERVQUAL 模型的基础上开发了公众感知行

---

① Agus A., Barker S. and Kandampully J., "An Exploratory Study of Service Quality in the Malaysian Public Service Sector", *International Journal of Quality & Reliability Management*, Vol. 24, No. 2, 2007, pp. 177 – 190.

② Rhee S. and Rha J., "Public Service Quality and Customer Satisfaction: Exploring the Attributes of Service Quality in the Public sector", *Service Industries Journal*, Vol. 29, No. 11, 2009, pp. 1491 – 1512.

③ Walsh K., "Quality and Public Services", *Public Administration*, Vol. 69, No. 4, 1991, pp. 503 – 514.

④ Jennifer Rowley, "Quality Measurement in the Public Sector: Some Perspectives from the Service Quality Literature", *Total Quality Management*, Vol. 9, No. 9, 1998, pp. 321 – 333.

⑤ 白长虹、陈晔：《一个公用服务质量测评模型的构建和分析：来自中国公用服务业的证据》，《南开管理评论》2005 年第 4 期。

政服务质量测评模型;① 罗晓光和汝军芳对 SERVQUAL 模型在政府公共服务及非营利组织公共服务质量评价中的应用进行了设计;② 李晓园和张汉荣应用 SERVQUAL 模型探讨了县域公共服务质量的评价及改进;③ 刘武和朱晓楠基于 ACSI 构建了我国政府公共服务接受者满意度指数模型;④ 张亚明和郑景元基于 CSI 运用模糊综合评价方法对公共服务的满意度进行了测评;⑤ 刘武等应用结构方程模型（SEM）实现了公共服务顾客满意度测评⑥;⑦ 纪江明和胡伟基于 2012 年新加坡连氏"中国城市公共服务质量调查"数据，对我国 34 个城市公共服务满意度指数进行评价分析⑧;邵祖峰结合 AHP 和神经网络两种方法对交通公共服务质量进行了测评；姚升保基于语言评价的政府服务质量测评方法对政府服务质量进行了测评并进行了实证研究;⑨ 张英杰等提出了构建公共服务综合质量指数的方法;⑩ 睢党臣和肖文平运用因子聚类分析方法对农村公共服务质量进行了测度;⑪ 等等。在评价指标体系上，张钢等基于功能价值、情感价值、社会价值和感知代价

---

① 吕维霞、陈晔、黄晶：《公众感知行政服务质量模型与评价研究——跨地区、跨公众群体的比较研究》，《南开管理评论》2009 年第 4 期。

② 罗晓光、汝军芳：《政府服务质量 SERVQUAL 评价量表开发》，《科技与管理》2010 年第 1 期。

③ 李晓园、张汉荣：《SERVQUAL 模型下县域公共服务质量的改进——基于江西省六县公共服务的调查分析》，《南昌大学学报》（人文社会科学版）2009 年第 4 期。

④ 刘武、朱晓楠：《服务接受者满意度指数模型：服务型政府绩效评估的新方法及其应用》，《公共管理研究》2006 年第 00 期。

⑤ 张亚明、郑景元：《基于 CSI 的政府服务评价研究》，《北京行政学院学报》2008 年第 4 期。

⑥ 刘武、刘钊、孙宇：《公共服务顾客满意度测评的结构方程模型方法》，《科技与管理》2009 年第 4 期。

⑦ 陈振明、李德国：《公共服务质量持续改进的亚洲实践》，《东南学术》2012 年第 1 期。

⑧ 纪江明、胡伟：《中国城市公共服务满意度的熵权 TOPSIS 指数评价——基于 2012 连氏"中国城市公共服务质量调查"的实证分析》，《上海交通大学学报》（哲学社会科学版）2013 年第 3 期。

⑨ 姚升保：《基于语言评价的政府服务质量测评方法及实证分析》，《情报杂志》2011 年第 2 期。

⑩ 张英杰、张原、郑思齐：《基于居民偏好的城市公共服务综合质量指数构建方法》，《清华大学学报》（自然科学版）2014 年第 3 期。

⑪ 睢党臣、肖文平：《农村公共服务质量测度与提升路径选择——基于因子聚类分析方法》，《陕西师范大学学报》（哲学社会科学版）2014 年第 5 期。

四个维度构建了一套包含 45 个具体指标的评价指标体系①；邓悦设计了包括总体形象、质量投入、质量信息提供、质量安全预警、消费环境创造、消费者教育与救济六个方面的共计 20 个指标的政府质量公共服务评价体系。② 在评价的操作策略上，张锐昕和董丽认为公共服务质量评估不能简单套用商业服务质量评估模式，应将公共服务所有利益相关者均纳入公共服务质量评价主体范围，同时依据公共服务的内外提供过程和不同质量类型等来确定公共服务质量的评价内容。③ 吕维霞认为可通过制定评价标准和多途径收集公众评价信息两条路径来促进公众有效参与公共服务质量评价。④ 丁辉侠建议从三个方面推进公共服务质量评价：一是从国家层面建立基本评价标准，二是鼓励公众参与公共服务质量评价改进，三是完善公共服务质量问责机制和政府绩效考核机制。⑤

4. 公共服务质量的改进。公共服务质量改进主题贯穿公共部门行政改革活动始末，也是公共服务质量管理的直接目标指向。新公共管理改革运动期间采取的一系列改革举措被认为与公共服务质量改进紧密相关。从这个角度出发，国外研究者对公共服务质量改进的研究大多围绕公共部门向私人部门学习经验，也即引入市场竞争机制、坚持顾客导向等展开。Lentell⑥、Robinson⑦、Williams⑧ 等学者认为公共部

---

① 张钢、牛志江、贺珊：《地方政府公共服务质量评价体系及其应用》，《浙江大学学报》（人文社会科学版）2008 年第 6 期。
② 邓悦：《我国质量公共服务评价结果差异及其分析——基于消费者满意度的评价》，《武汉大学学报》（哲学社会科学版）2014 年第 5 期。
③ 张锐昕、董丽：《公共服务质量：特质属性和评估策略》，《北京行政学院学报》2014 年第 6 期。
④ 吕维霞：《论公众对政府公共服务质量的感知与评价》，《华东经济管理》2010 年第 9 期。
⑤ 丁辉侠：《公共服务质量评价体系构建思路分析》，《商业时代》2012 年第 7 期。
⑥ Lentell R., "Untangling the Tangibles: Physical Evidence and Customer Satisfaction in Local Authority Leisure Centres", *Managing Leisure*, Vol. 5, No. 1, 2010, pp. 1 – 16.
⑦ Leigh Robinson, "Following the Quality Strategy: the Reasons for the Use of Quality Management in UK Public Leisure Facilities", *Managing Leisure*, Vol. 4, No. 4, 1999, pp. 201 – 217.
⑧ Williams C., "Is the SERVQUAL Model an Appropriate Management Tool for Measuring Service Delivery Quality in the UK Leisure Industry?" *Managing Leisure*, Vol. 3, No. 2, 1998, pp. 98 – 110.

门中的质量改进主题就是要改善设施管理和员工激励。Dewhurst 等的研究表明,全面质量管理(TQM)的原则可以有效改进公共服务的运营效率。① Agus 等认为公共部门可以学习私人部门的经验,尤其在顾客导向、随后角色和服务提供者提供和维持质量标准中的重要性等方面。② 但对于引入市场竞争机制这一做法而言,Poister 和 Henry 的研究表明,公共部门提供公共服务天然不如私人部门提供的观点不能成立。③ 就学者们在公共服务质量改进上达成的最大共识而言,无疑是强调和坚持顾客导向。Skelcher 针对源自商业领域的顾客导向在公共部门中可能遭受的限制,构建了"增强型顾客导向"模式,包括识别顾客意见、改善服务规范、提升服务可及性和创造服务文化。④ Agus 等认为顾客导向可以为公共部门获取纳税人信任提供机会。⑤ Chen 等⑥、Hsiao 和 Lin⑦构建了公共部门的顾客导向服务系统(COSES),该系统通过输入"组织愿景、政策和战略",在"组织文化"的支撑下经过"顾客识别、顾客需求调查、服务系统设计、服务提供、服务救济"环节,最后输出"服务质量与顾客满意度",有效诠释了顾客导向的内部过程和关键环节。除此外,Rowley 强调顾客反馈在公共服务质量改进中的作用,同时指出了解服务质量维度构成有利于更深刻

---

① Dewhurst F., Martínezlorente A. R. and Dale B. G., "TQM in Public Organisations: an examination of the issues", *Managing Service Quality*, Vol. 9, No. 9, 1999, pp. 265 – 274.

② Agus A., Barker S. and Kandampully J., "An Exploratory Study of Service Quality in the Malaysian Public Service Sector", *International Journal of Quality & Reliability Management*, Vol. 24, No. 2, 2007, pp. 177 – 190.

③ Poister T. H. and Henry G. T., "Citizen Ratings of Public and Private Service Quality: A Comparative Perspective", *Public Administration Review*, Vol. 54, No. 2, 1994, pp. 155 – 160.

④ Skelcher C., "Improving the Quality of Local Public Services", *Service Industries Journal*, Vol. 12, No. 4, 1992, pp. 463 – 477.

⑤ Agus A., Barker S. and Kandampully J., "An Exploratory Study of Service Quality in the Malaysian Public Service Sector", *International Journal of Quality & Reliability Management*, Vol. 24, No. 2, 2007, pp. 177 – 190.

⑥ Chen C. K., Yu C. H., Yang S. J. and Chang H. C., "A Customer – oriented Service – enhancement System for the Public Sector", *Managing Service Quality: An International Journal*, Vol. 14, No. 5, 2004, pp. 414 – 425.

⑦ Hsiao C. T. and Lin J. S., "A Study of Service Quality in Public Sector", *International Journal of Electronic Business Management*, Vol. 6, No. 1, 2008, pp. 29 – 37.

地洞察服务质量改进路径。① Ramseook – Munhurrun 等的研究表明，要重视对一线员工的管理和培训来消除顾客服务感知差距，以此促进公共服务质量的改进。②

我国学者围绕公共服务质量改进提出了许多机制、策略与路径，其中既有来自国外政府管理的实践启示，也有基于理论分析和调查思考。龚禄根基于英国社会服务承诺制——"公民宪章"实践的考察和分析，提出我国应实行社会服务承诺制来改进公共服务质量。③ 周志忍梳理了国外发达国家公共服务质量改进的途径与机制：一是公共部门质量管理的商业途径，包括质量认证或质量保证体系、全面质量管理、基准比较技术和业务过程重塑；二是公共部门质量管理的专业途径，即注重专家的知识和技能，发挥专家的作用来提高质量；三是公共部门质量管理的"使用者介入"机制；四是公共部门质量管理的市场机制；五是公共部门质量管理的激励机制。④ 徐小佶提出五种有效提高政府服务质量的途径，分别是政府要树立为纳税人服务的观念；理解政府服务及服务质量；建立服务承诺制；加强内部管理沟通；推行电子政府。⑤ 党秀云认为要通过妥善运用市场竞争机制，坚持"顾客导向"管理观念，放松政府管制与充分授权员工，培育支持性的公共组织文化，改善公共政策制定的品质，建立与推行公共服务承诺制度等路径来改善公共部门服务质量。⑥ 陈文博总结了西方国家用于提高公共服务质量的六种机制，即标杆机制、市场机制、全面质量管理

---

① Rowley J., "Quality Measurement in the Public Sector: Some Perspectives from the Service Quality Literature", *Total Quality Management*, Vol. 9, No. 9, 1998, pp. 321 – 333.

② Ramseook – Munhurrun P., Lukea – Bhiwajee S. D. and Naidoo P., "Service Quality in the Public Service", *International Journal of Management and Marketing Research*, Vol. 3, No. 1, 2010, pp. 37 – 50.

③ 龚禄根：《英国社会服务承诺制提高了公共服务质量》，《中国行政管理》1998 年第 11 期。

④ 周志忍：《公共部门质量管理：新世纪的新趋势》，《国家行政学院学报》2000 年第 2 期。

⑤ 徐小佶：《关于政府服务质量管理若干问题的思考》，《福建行政学院福建经济管理干部学院学报》2001 年第 2 期。

⑥ 党秀云：《公共部门的全面质量管理》，《中国行政管理》2003 年第 8 期。

机制、ISO9000 质量管理机制、使用者介入质量管理机制和业务流程重塑质量管理机制。① 睢党臣等利用 SERVQUAL 模型分析农村公共服务质量改进问题，提出了建立完善的信息沟通平台，树立顾客导向的新理念，提高服务人员的职业素养，提升政府的公信力，提高公共服务信息的透明性等建议。② 季丹等基于我国华东地区公共服务质量的调查分析，认为提高公共服务质量要建立统一的、更加全面的公共服务测评体系，重视各地区间的公共服务均等性发展，考虑不同人群的差异化公共服务需求。③ 陈振明和耿旭综述了我国学界提出的公共服务质量改进对策，包括强调制度设计的重要性；树立"以公民为中心"的服务理念；加强公共服务质量管理的组织建设；加强政府与公民互动，促进公民参与；推动政府流程再造，提高服务效率；建立公共服务质量标准体系和评价体系。④ 魏丽艳总结了俄罗斯公共服务质量改进的实践经验，包括放松规制，营造服务环境；互联互通，优化服务方式；系统开发，拓宽服务领域；提高绩效，促进服务评价。⑤ 李德国和蔡晶晶基于助推理论提出了公共服务质量改进的三大"助推"机制："简化机制""默认机制"和"纠正机制"，从使用者的立场分析指出了公共服务质量改进的新方向。⑥

（二）公共服务质量管理体系研究

公共服务质量管理体系是质量管理体系及其构建依据在公共服务领域应用的结果，其具有三个典型特征：一是以改进和提升公共服务质量为目标；二是体现质量管理体系的构建依据；三是对公共服务质量管理的过程、环节、活动等具有一定解释力。系统梳理国内外相关

---

① 陈文博：《公共服务质量评价与改进：研究综述》，《中国行政管理》2012 年第 3 期。
② 睢党臣、张朔婷、刘玮：《农村公共服务质量评价与提升策略研究——基于改进的 Servqual 模型》，《统计与信息论坛》2015 年第 4 期。
③ 季丹、郭政、胡品洁：《公共服务质量第三方评价研究——基于华东地区的试点应用》，《中国行政管理》2016 年第 1 期。
④ 陈振明、耿旭：《中国公共服务质量改进的理论与实践进展》，《厦门大学学报》（哲学社会科学版）2016 年第 1 期。
⑤ 魏丽艳：《俄罗斯公共服务质量的提升路径》，《中国行政管理》2016 年第 5 期。
⑥ 李德国、蔡晶晶：《基于助推理论的公共服务质量改进——一个研究框架》，《江苏行政学院学报》2016 年第 5 期。

研究文献发现，学者们构建的公共服务质量管理体系大致有三个：一是 Chen 等构建的"顾客导向服务增强系统"；二是肖陆军构建的政府公共服务 ISO 质量管理体系；三是陈振明和耿旭构建的公共服务质量管理与改进"推动—反馈"式框架。

1. 顾客导向服务增强系统（COSES）[①]。针对"顾客导向"主要在私人部门应用的情况，Chen 等提出了针对公共部门的顾客导向服务增强系统（customer - oriented service - enhancement system，COSES）。该系统左边部分为公共组织求得发展以及管理顾客导向服务系统所要求的驱动因素，包括组织愿景、组织政策和组织战略；中间部分为服务系统设计和管理所包括的五个过程环节，依次是顾客识别（即公共机构识别其顾客）、顾客需求调查（即公共机构聚焦于顾客需求和顾客声音）、服务系统设计（即公共机构设计出可满足顾客需求的服务系统和过程）、服务提供（即公共机构中的工作人员向顾客提供服务）和服务救济（即公共机构设置处理顾客抱怨的有效机制）。同时，这五个环节受到组织文化的支撑；右边部分为系统的输出，也即服务的产出，包括服务质量和顾客满意度。

按照前文分析的质量管理体系的三种构建依据，顾客导向服务增强系统（COSES）是以质量管理内容为构建依据。具体说来，顾客导向服务增强系统的目标是改进和提升公共部门的服务质量，贯穿整个系统的顾客导向则充分体现了质量管理的"顾客第一""公民参与""需求导向"等理念、原则与方法。与此同时，整个系统还呈现了公共服务提供的"输入—处理—输出"全过程及其构成环节和支持要素。由此来看，顾客导向服务增强系统实际可作为实现公共服务质量提升与改进的一个有效体系，并应用至公共服务质量管理与改进实践。然而，从公共服务质量管理体系的角度予以审视，该体系实际是关于公共服务管理而非公共服务质量管理的体系。因为，综观整个体

[①] Chen C. K., Yu C. H., Yang S. J. and Chang H. C., "A customer - oriented service - enhancement system for the public sector", *Managing Service Quality*: *An International Journal*, Vol. 14, No. 5, 2004, pp. 414 - 425.

系,除了能体现出质量管理的"顾客导向"原则,以及与质量管理相通的"公民参与""需求导向"理念外,其内在构成均为公共服务的提供过程与环节,而非公共服务质量管理体系的构成要素(如公共服务质量管理内容、公共服务质量管理职能等)。这样的体系虽然有助于公共服务质量与公众满意度的提升,但很难说得上是严格意义上的公共服务质量管理体系。

2. 政府公共服务 ISO 质量管理体系[①]。肖陆军借鉴 ISO9000:2000 标准质量管理体系构建了政府公共服务 ISO 质量管理体系。该体系由公共服务管理职责,公共服务资源管理,公共服务实现过程,公共服务测量、分析与改进四大关键要素构成。其中,公共服务管理职责要素具体包括制定公共服务质量方针、规定公共服务质量目标、确定政府部门质量职责和权限,开展公共服务质量评审等;公共服务资源管理要素具体包括人力资源管理、沟通联络和物质资源管理;公共服务的实现过程要素存在于从识别社会公众的公共需要到评定这些需要是否得到满足的各阶段中,具体包括民意汇集过程、政府公共服务项目设计过程和政府公共服务提供过程;公共服务测量、分析与改进要素具体包括公共服务质量的内部和外部评价审核,以及基于公共服务质量评价审核的公共服务质量分析与改进。

按照前文分析的质量管理体系的三种构建依据,政府公共服务 ISO 质量管理体系是以质量管理内容和质量管理职能的复合为构建依据。具体来说,基于 ISO9000:2000 标准构建的政府公共服务质量管理体系以人民群众的公共需要为出发点,旨在实现公共服务质量和人民群众满意度的一致提升。从体系的构成要素来看,包含了公共服务质量管理的质量策划、质量实现、质量评价、质量改进等多项质量管理职能。同时,这些公共服务质量管理职能与公共服务质量的提供主体——公共部门的职责、资源等有机结合。由此来看,借鉴 ISO9000:2000 标准质量管理体系可以满足公共服务质量管理体系的构建要求。然而,政府公共服务 ISO 质量管理体系却疏忽了极为重要的一点,即

---

① 肖陆军:《论政府公共服务质量管理体系建构》,《宁夏社会科学》2008 年第 4 期。

公共服务的提供主体不单是公共部门，而是包含了公共部门、私人部门、第三部门等在内的多元部门。同时，上述政府公共服务 ISO 质量管理体系需要将其注意力更加集中到公共服务本身，否则其容易与公共部门质量管理体系混淆。

3. 公共服务质量管理与改进的"推动—反馈"式框架[①]。陈振明和耿旭基于西方国家公共服务质量管理与改进实践的总结，提出了公共服务质量管理与改进的"推动—反馈"式框架。该框架共包括五个环节，依次是制定公共服务标准、提供公共服务、公共服务质量评价、公共服务质量奖励和公共服务质量改进。从第一个环节即制定公共服务标准，依次经过第二、第三、第四个环节，直至最后一个环节即公共服务质量改进，构成了"推动"关系。倒过来，从最后一个环节即公共服务质量改进到第一个环节即制定公共服务标准，又构成了"反馈"关系。每一个环节都在该框架中起着特有作用，且临近的两两环节之间均有其内在关联，集中表现为前一个环节是后一个环节的基础条件，后一个环节需要在前一个环节的基础上才能开展，如公共服务提供需要以公共服务标准为遵循，公共服务质量奖励需要以公共服务质量评价为依据等。

按照前文分析的质量管理体系的三种构建依据，公共服务质量管理与改进的"推动—反馈"式框架是以质量管理职能为构建依据。具体来说，公共服务质量管理与改进的"推动—反馈"式框架以公共服务质量改进为最终目标，其构成环节体现了质量标准制定、质量评价、质量奖励、质量改进等质量管理活动，在一定程度上解析了公共服务质量管理的过程与环节，因而相比上述顾客导向服务增强系统，是更为贴切的公共服务质量管理体系。但其缺陷也很明显：一是虽然体现了一定的质量管理活动，但尚不完整，尤其是遗漏了质量策划、质量控制等关键性质量管理活动；二是完全忽视了公共服务质量管理体系的其他构成要素，如作为核心要素的公共服务质量管理内容没有

[①] 陈振明、耿旭：《公共服务质量管理的本土经验——漳州行政服务标准化的创新实践评析》，《中国行政管理》2014 年第 3 期。

得到体现。也就是说,该框架单一地聚焦于公共服务质量管理体系的管理职能要素,而没有与其他要素形成有机结合;三是主要基于国外公共服务质量管理与改进的实践总结而得,缺乏一定的理论基础。

三 总结与评价

通过回顾质量管理体系和公共服务质量管理两方面的国内外研究文献,不难得出如下几点认识:第一,工商领域中已经形成了诸多解释产品或服务质量管理的一般质量管理体系。这些体系的构建依据,或者是质量管理内容,或者是质量管理职能,或者是质量管理内容和质量管理职能的复合。第二,公共服务质量领域已经初步形成了一些研究专题,包括公共服务质量的概念、维度、评价、改进等。第三,尽管数量不多,但已有公共服务质量管理方面的研究成果出现,且其中也有对公共服务质量管理体系的关注,这显示出研究者们围绕公共服务质量管理议题正作出努力探索。第四,比较而言,国外公共服务质量领域的研究起步早于我国,且研究进展领先于我国。目前,国外公共服务质量研究已经取得了长足进步,而我国尚处于初步和兴起阶段。第五,无论是国外还是国内,运用质量管理的相关知识来开展公共服务质量研究,仍将是当前以及未来的一个主流研究方向。

进一步地,既有相关研究可为本研究提供有益的理论支持和扎实的文献铺垫。首先,能够提供根源性的理论支持。本研究致力于基本公共服务质量管理体系构建研究,这就离不开对质量管理体系的分析,尤其是对质量管理体系构建依据的借鉴和应用,故工商领域中已有的质量管理体系研究能为本研究提供有益的理论支撑。其次,能够提供重要的文献基础。已有关于公共服务质量的概念、维度、评价、改进等方面的研究文献是本研究开展基本公共服务质量管理体系构建不可或缺的基础文献,尤其是它们对于解析基本公共服务质量与质量管理的基础理论具有重要的参考价值。

然而,大量的国内外研究文献梳理也表明:既有研究并不存在与本研究相同甚至相近的研究成果。更为重要的是,既有研究在如下方面尚存在明显缺陷和不足,直接为本研究提供了切入点与生长点。

其一，质量管理体系研究欠缺深入揭示质量管理体系背后的构建依据，造成其他领域应用质量管理体系时流于形式和表象。

正如前文的梳理，工商领域中已经形成了不少针对工商领域中产品和服务质量管理的质量管理体系，有的甚至堪称经典的质量管理体系。这些质量管理体系在今天已经被广泛应用至工商领域外的公共领域和第三领域。但问题是，这些原初的质量管理体系是如何构建的，尤其是依据什么构建的，长期以来很少有人费心考察。这就造成一个后果，即质量管理体系一方面被应用得越来越普遍，出现得越来越平常；另一方面却始终流于形式、徒有其表，不得质量管理的要义。其实，任一领域要应用质量管理体系，必须明晰质量管理体系背后的构建依据。这种构建依据正如前文揭示，从质量管理体系构成要素的角度看包括三种：一是质量管理内容；二是质量管理职能；三是质量管理内容与质量管理职能的复合。据此构建依据可将质量管理体系划分为三类：质量管理内容型质量管理体系，构建依据具体体现为质量形成的过程、环节、要素或因素；质量管理职能型质量管理体系，构建依据具体体现为相关质量管理职能的有机组合；复合型质量管理体系，构建依据具体体现为质量形成的过程、环节、要素或因素，以及若干质量管理职能的有机组合。以上质量管理体系构建依据的揭示，对于任一领域的质量管理体系构建具有重要意义。以本研究构建的基本公共服务质量管理体系为例。若选择上述质量管理内容和质量管理职能的复合作为构建依据，则首先应确定基本公共服务质量管理的管理内容（比如可以基本公共服务质量形成的环节与要素作为具体依据），其次应确定基本公共服务质量管理的具体管理职能类型，最后应将基本公共服务质量管理的管理内容与管理职能进行有效融合，如此可构建出复合型基本公共服务质量管理体系。

其二，公共服务质量研究对"'公共服务'[①]、'质量'究竟为何""公共服务质量是什么、如何形成"等关键性基础问题缺乏深入解析，

[①] 这里的"公共服务"是指狭义的公共服务，也即本研究使用的"基本公共服务"概念。

致使该领域研究过分陷入私人服务质量研究的思维逻辑，混同广义和狭义的公共服务的质量研究①，以及宽泛化使用甚至滥用公共服务质量概念的现象普遍存在。

公共服务质量由"公共服务"和"质量"两个子概念构成，研究公共服务质量自然需要从这两个子概念入手。然而，梳理已有研究文献，尤其是国内研究文献，很少有研究是基于这两个基本概念深入考察而展开的。研究者们习惯的研究进路是：把公共服务简单视作服务的一种，进而运用私人服务质量的理论与方法研究公共服务质量。这一研究进路不可避免地造成公共服务质量研究沦为私人服务质量研究的"复制品"，充斥着私人服务的"私人性"而忽视了公共服务的"公共性"。与此同时，"质量"概念并未得到研究者们的严谨省思，在公共服务质量概念解读上，对质量一词内涵的理解五花八门，包括感知、满意度、绩效、效率等，显现出质量概念被宽泛化理解与滥用。在公共服务和质量这两个子概念未能得到准确、严谨理解的情况下，公共服务质量的研究处于何种状态便可想而知。在本研究看来，要在既有研究基础上实质性地推进公共服务质量研究进展，必须在一些关键性基础问题上作出新的深入思考，譬如公共服务究竟是什么，质量是什么，公共服务质量是什么，公共服务质量如何形成等。其中，关于公共服务概念的思考，既是纠正目前公共服务质量研究陷入私人服务质量研究思维的关键，也是向公共服务及其质量研究补充注入"公共性"的关键。关于质量概念的思考，则是解读公共服务质量概念与内涵的关键，也是解剖公共服务质量形成过程与影响因素的关键，进一步还是分析公共服务质量管理和构建公共服务质量管理体系的关键。

---

① 正如前文注释说明，已有的国内外公共服务质量研究文献，绝大多数都是研究广义的公共服务的质量（比如，行政服务质量研究就属于典型的广义的公共服务的质量研究），而仅有为数不多的研究文献是狭义的公共服务（即基本公共服务）的质量的研究。指出这一点是非常重要的，因为广义的公共服务的质量和狭义的公共服务的质量二者存在很大差别（具体差别见本研究正文）。正是基于此，本研究才聚焦于狭义的公共服务，也即基本公共服务的质量研究。

其三，公共服务质量研究中直接针对狭义的公共服务（即基本公共服务）的质量及其管理的研究偏少，尤其缺乏提出一个完整、系统和富有解释力的基本公共服务质量管理体系。

研究者们的研究大多以广义的公共服务的质量为对象，并主要聚焦于公共服务质量的概念、维度、评价、改进等议题，比较缺乏公共服务质量管理议题。虽然质量评价、质量控制、质量改进等均属于质量管理的构成环节，但反过来质量管理不等于其中的任一环节，也不等于这些环节的简单加总。这表明，质量管理在质量领域中占据主导性位置，为此，必须把公共服务质量管理作为公共服务质量领域中的重要议题加以研究。而就公共服务质量管理研究来讲，一个根本性的任务是要构建公共服务质量管理体系。前文文献梳理表明，已有的公共服务质量管理体系主要有三个，即顾客导向服务增强系统、政府公共服务ISO质量管理体系和公共服务管理与改进"推动—反馈"式框架。从质量管理体系的构建依据来看，这三个公共服务质量管理体系要么缺乏呈现公共服务质量管理内容，要么缺乏呈现公共服务质量管理职能，要么缺乏将公共服务质量管理与具体构建依据有效融合，均存在一定缺陷，尚不足以完整回答公共服务质量管理"管理什么"和"怎么管理"两个核心问题。就此而言，仍待构建一个完整、系统且具备强解释力的公共服务质量管理体系。基于前文分析，这一公共服务质量管理体系应是基于质量管理体系的构建依据，且应选择质量管理内容和质量管理职能的复合作为构建依据。而作为构建结果的公共服务质量管理体系，不仅可以直观呈现公共服务质量管理的过程、环节与活动，而且可以内在表明公共服务质量管理的逻辑与理路。

基于以上，本研究以狭义的公共服务，也即基本公共服务的质量管理为研究对象，在深入解析基本公共服务质量和质量管理基础理论的基础上，从质量管理内容和质量管理职能两个维度出发，比较借鉴ISO9000：2000标准中以过程为基础的质量管理体系模式，结合基本公共服务的特质属性，力图构建一个完整、系统和富有解释力的基本公共服务质量管理体系。

第三节 研究思路、内容与方法

一 研究思路

本研究遵循"基础理论—体系构建—关键环节分解—实证研究"的研究思路,共分为四个板块,即基础理论板块、体系构建板块、关键环节分解板块和实证研究板块。其中,基础理论板块围绕核心概念界定,基本公共服务质量的维度构成与形成机理,基本公共服务质量的关键影响因素,基本公共服务质量管理的目标与内容,基本公共服务质量管理的基本原则与功能作用,基本公共服务质量管理的理论基础等展开,旨在回答"基本公共服务质量/质量管理是什么"的问题;体系构建板块围绕基本公共质量管理体系的构成要素、基本公共服务质量管理体系的构建依据与构建参照,基于 ISO 模式改进的基本公共服务质量管理体系、复合型基本公共服务质量管理体系的特色,旨在回答"基本公共服务质量管理体系由何构成、如何构建"的问题;关键环节分解板块和实证研究板块围绕基本公共服务质量管理体系的三大关键环节,即基本公共服务质量决策、基本公共服务质量控制和基本公共服务质量监测展开,分别对复合型基本公共服务质量管理体系的运行进行阐析和实证,旨在解答"基本公共服务质量管理体系如何运行"的问题(如图 1.1 所示)。

二 研究内容

研究内容大致按照图 1.1 所示的四大研究板块集中,并具体对应于各个研究章节。

基础理论板块对应本书第二章。该章包括四个方面的研究内容:一是核心概念的界定,包括质量、质量管理、公共服务、基本公共服务、基本公共服务质量、基本公共服务质量管理等概念;二是基本公共服务质量的相关理论,包括基本公共服务质量的维度分析、基本公共服务质量的形成机理和基本公共服务质量的关键影响因素;三是基本公共服务质量管理的相关理论,包括基本公共服务质量管理的目标

```
研究板块              研究内容                拟解决问题

            ┌─────────────────────────────────┐
            │        核心概念界定              │
            │  基本公共服务质量的维度、形成机理与影响因素  │   基本公共服务质
  基础理论  │  基本公共服务质量管理的目标、原则与功能    │   量/质量管理是什么？
            │    基本公共服务质量管理的理论基础         │
            └─────────────────────────────────┘

            ┌─────────────────────────────────┐
            │  基本公共服务质量管理体系的构成要素       │
            │  基本公共服务质量管理体系的构建依据与参照  │   基本公共服务质
  体系构建  │  基于ISO模式改进的基本公共服务质量管理体系 │   量管理体系由何
            │   复合型基本公共服务质量管理体系的特色     │   构成、如何构建？
            └─────────────────────────────────┘

            ┌─────────────────────────────────┐
            │   基本公共服务质量决策的环节与实施要求     │   基本公共服务质
关键环节分解│   基本公共服务质量控制的过程与操作重点     │   量管理体系如何
            │   基本公共服务质量监测的模式与结果应用     │   运行？
            └─────────────────────────────────┘

  实证研究  →  基本公共服务质量管理体系的
              实证研究：以成都市为例
```

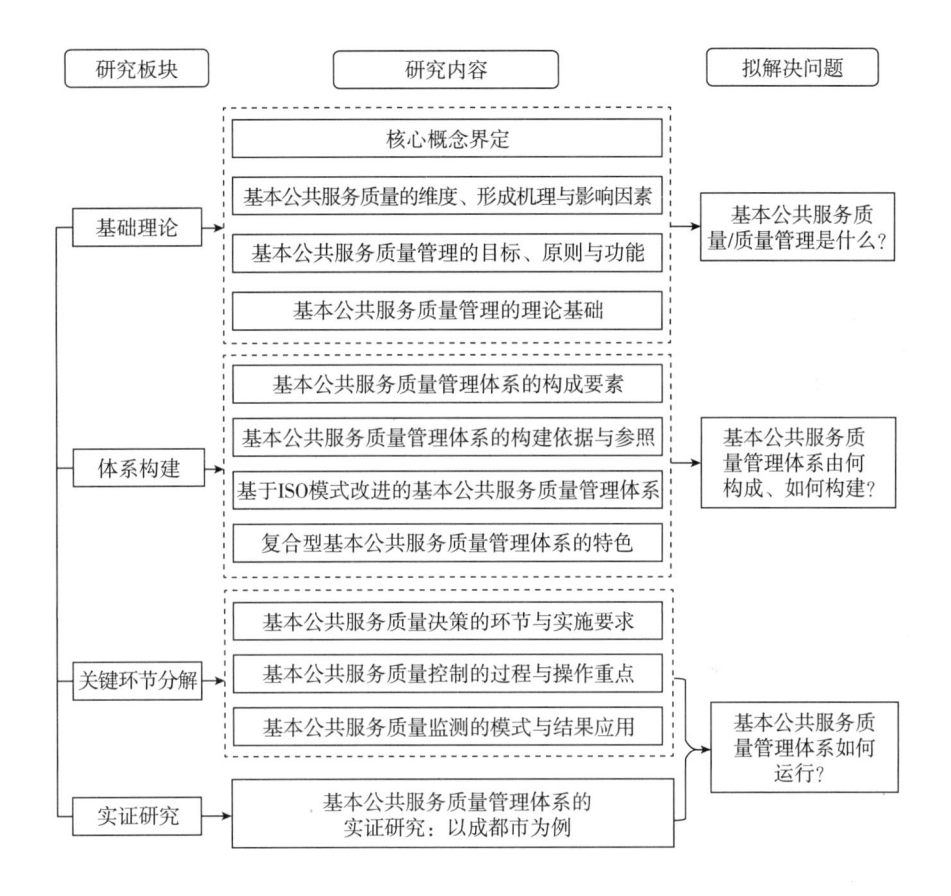

图 1.1　本研究的研究思路

资料来源：笔者自制。

与内容、基本公共服务质量管理的基本原则和基本公共服务质量管理的功能作用；四是基本公共服务质量管理的理论基础，包括全面质量管理理论、服务质量差距理论、新公共管理理论和新公共服务理论。

体系构建板块对应本书第三章。该章包括四个方面的研究内容：一是基本公共服务质量管理体系概念与特征，包括基本公共服务质量管理体系的概念、内涵与特征；二是基本公共服务质量管理体系的构成要素，包括体系构成要素的分析进路、管理体系和质量管理体系的构成要素、基本公共服务质量管理体系的构成要素与核心要素；三是基本公共服务质量管理体系的构建过程，包括工商领域中的质量管理

体系及其借鉴、基本公共服务质量管理体系的构建依据与构建参照、ISO 模式的特色与引入基本公共服务质量管理的价值、基于 ISO 模式改进的基本公共服务质量管理体系构建；四是基本公共服务质量管理体系的特色与创新价值，包括复合型基本公共服务质量管理体系的主要构成与特色、"质量决策—质量控制—质量监测"的运行逻辑、"复合型"基本公共服务质量管理体系的创新价值。

关键环节分解板块对应本书第四章、第五章和第六章。此三章着重围绕基本公共服务质量管理体系的三大关键环节——基本公共服务质量决策、基本公共服务质量控制和基本公共服务质量监测来解析基本公共服务质量管理体系。其中，第四章为基本公共服务质量决策的环节与实施要求，包括基本公共服务质量决策的概念界定、构成环节和实施要求；第五章为基本公共服务质量控制的过程与操作重点，包括基本公共服务质量控制的概念、目标、内容、过程、方法和操作重点；第六章为基本公共服务质量监测的模式与结果应用，包括基本公共服务质量监测的内涵、功能、模式与结果应用。

实证研究板块对应本书第七章。该章选取成都市村级基本公共服务质量管理体系作为个案对本研究构建的复合型基本公共服务质量管理体系进行阐释，同时分析成都市村级基本公共服务质量管理体系存在的问题并提出改进建议。

三　研究方法

本研究整体上属于定性研究。研究过程采用了跨学科研究法、规范分析法和案例研究法三种研究方法。

一是跨学科研究法。"各门学科相互协作的课题，通常被称为跨学科研究方法。"[①] 本研究是一个跨学科途径的研究，集中体现为运用质量管理学科中的质量管理理论与方法来研究公共行政学科中的基本公共服务质量管理问题。正是运用跨学科的研究方法，本研究得以从质量视角拓展基本公共服务研究领域，体现为运用质量管理知识解析基本公共服务质量管理基础理论和应用工商领域质量管理体系的构建

[①] 西村迈、王祖望：《跨学科方法和超学科方法》，《国外社会科学》1981 年第 7 期。

依据来构建复合型基本公共服务质量管理体系。实际上，质量管理又属于工商管理学科，基本公共服务质量管理问题还属于政治学、公共管理学，因而本书还是跨政治学、公共行政学、公共管理学、质量管理学、工商管理学等多学科的研究。

二是规范分析法。规范分析法是指在思维过程中，首先确定一个可靠的前提，并在这个前提的指引下，通过逻辑论证得出具体的结论的一种思维方式。[1] 本研究应用规范分析法最为显著的地方是在揭示工商领域质量管理体系的构建依据后，将此依据运用于基本公共服务质量管理体系的构建之中。除此之外，基于质量管理学科中关于产品和服务质量与质量管理方面的基础研究文献，以及基本公共服务方面的基础研究文献来研究基本公共服务质量的基础理论、基本公共服务质量管理的基础理论，都充分体现了本书对规范分析法的应用。

三是案例研究法。案例研究法是指根据研究目的或需要，选取具有典型意义的一个或多个案例为基本素材，通过对其加以提炼、总结和分析，以寻求对解决研究问题有所借鉴的一种研究方法。[2] 本书选取成都市村级基本公共服务质量管理体系作为个案[3]，在通过统计年鉴、网络文章、报纸杂志、政策文件、研究文献等多种渠道搜集成都市村级基本公共服务质量管理体系方面的资料与数据的基础上，一方面对本研究构建的复合型基本公共服务质量管理体系进行叙事性解释与说明，另一方面比照复合型基本公共服务质量管理体系分析成都市村级基本公共服务质量管理体系存在的问题并提出改进建议。

---

[1] 夏正林：《论规范分析方法与法学研究方法》，《法律方法与法律思维》2011年第00期。

[2] 陈新忠：《高等教育分流对社会分层流动的影响研究》，博士学位论文，华中师范大学，2010年，第27页。

[3] 之所以选取成都市作为个案，是因为成都市作为全国统筹城乡综合配套改革试验区，其所开展的村级公共服务和社会管理改革中构建的村级基本公共服务质量管理体系具有一定代表性和典型性。

第四节　本书的创新与不足

一　本书的创新点

第一，从质量管理视角拓展了基本公共服务研究的新领域。从目前学界对基本公共服务的研究状况来看，质量是一个比较缺乏关注的研究视角。[①] 本研究从质量管理视角出发，对基本公共服务质量管理体系问题进行集中和深入研究，因而可以称得上从质量管理视角拓展了基本公共服务研究的新领域。进一步地，鉴于基本公共服务质量管理是一项具有重大理论价值和实践意义的研究课题，因而可以预见，本研究拓展的基本公共服务质量管理研究新领域将会在今后引起学者们的更多关注和重视。

第二，在区辨广义和狭义公共服务、公共服务和商业服务的基础上应用质量管理理论知识解析了基本公共服务质量管理的基础理论。针对既有研究存在的不足，本研究区分了广义和狭义公共服务、公共服务和商业服务的差别，并应用质量管理理论知识对基本公共服务质量的基础理论，包括基本公共服务质量的概念、内涵、维度构成、形成机理、关键影响因素等，以及基本公共服务质量管理的基础理论，包括基本公共服务质量管理的概念、内涵、目标、内容、基本原则、功能作用、理论基础等进行了比较深入的研究，能够为基本公共服务质量领域的相关研究铺垫基础，具备一定的奠基性价值和意义。

第三，借鉴 ISO 模式并结合基本公共服务特质属性构建了复合型基本公共服务质量管理体系。针对目前学界极少讨论狭义的公共服务

[①] 已有研究大量关注基本公共服务的供给、均等化、绩效等议题，而对基本公共服务的质量比较缺乏关注。同时值得指出，目前逐渐有基本公共服务质量的零星研究，但其大多存在两个问题：一是题目中含有"质量"，但其研究内容却并未严格从质量角度开展；二是题目为"基本公共服务"，但研究的却是广义的公共服务。故这类研究严格地说，并不属于基本公共服务质量研究。

的质量管理问题的研究现状，本研究试图集中研究基本公共服务质量管理体系问题。从质量管理内容和质量管理职能两个维度出发，比较借鉴ISO9000：2000标准中以过程为基础的质量管理体系模式，结合基本公共服务的特质属性，构建了复合型基本公共服务质量管理体系。该体系具有较强的理论依据和逻辑自洽性，克服了既有相关公共服务质量管理体系的缺陷与不足，是一个较为完整、系统和富有解释力的基本公共服务质量管理体系。

第四，按照基本公共服务质量管理职能分解了基本公共服务质量管理体系的关键环节，即基本公共服务质量决策、基本公共服务质量控制和基本公共服务质量监测。本研究在构建复合型基本公共服务质量管理体系的基础上，进一步按照基本公共服务质量管理三大整体职能，将复合型基本公共服务质量管理体系分解为基本公共服务质量决策、基本公共服务质量控制和基本公共服务质量监测三大关键环节，并逐一对这三大关键环节进行专题式分析，具体包括基本公共服务质量决策的环节与实施要求、基本公共服务质量控制的过程与操作重点、基本公共服务质量监测的模式和结果应用，旨在把握复合型基本公共服务质量管理体系的运行过程。

二　本书的不足

首先，研究内容牵涉较多，制约本研究的深度。虽然本研究从质量视角切入研究基本公共服务，但研究的聚焦点和落脚点却是基本公共服务质量管理体系的构建。由于质量管理体系是一个牵涉内容繁多的概念，要求不仅考虑多种管理职能与活动，而且必须结合质量形成的过程环节与影响因素，加之基本公共服务这一概念的层次范畴丰富和内容构成多样，决定了基本公共服务质量管理体系构建研究必然面临诸多实体性的研究内容，进而难以避免地制约了本研究的深度。

其次，案例数据收集难度大，影响本研究的实证效果。本研究选取成都市村级基本公共服务质量管理体系作为实证研究案例。虽然理论部分已经构建了比较清晰具体的基本公共服务质量管理体系，但由于成都市这一地域范围宽广，涉及十余个区市县，加之村级基本公服务涵括内容较多，质量管理体系也牵涉众多内容，因而想要充分收集本研究所需的数据和资料为实证所用，无疑是充满很大困难的。除此之外，案例描述与撰写的技术性和专业性较强，客观要求较高，也对实证研究构成了一定挑战。

第二章　基本公共服务质量管理的基础理论

针对学界开展的公共服务质量研究主要是以广义的公共服务为研究对象，且对公共服务、质量等基础概念缺乏深入分析这一现状，本章将以狭义的公共服务即基本公共服务为研究对象，在界定质量、质量管理、公共服务、基本公共服务等子概念的基础上，对基本公共服务质量和基本公共服务质量管理概念作出界定。以上概念均为本研究的核心概念，同时构成了本研究的基石。进一步地，本章将围绕基本公共服务质量的维度构成、形成机理与关键影响因素，基本公共服务质量管理的目标、内容、基本原则与功能作用，以及基本公共服务质量管理的理论基础等展开探讨，以为后续基本公共服务质量管理体系的相关问题研究铺垫基础。

第一节　核心概念界定

一　质量与质量管理

（一）质量

质量是一个多学科概念，在哲学、物理学、地理学、经济学、质量管理学等学科中均有不同含义。本研究使用质量管理学科中的质量概念。

在质量管理学科中，质量是最基础也是最核心的一个概念。然而，对于什么是质量这一问题，长期以来国际质量界争议不断、莫衷一是。统计质量控制之父休哈特（W. A. Shewhtar）将质量定义为产品好的程度，认为质量是"绝对的和普遍认可的，标志着一个不可妥协的标准和高的成就"①。美国质量管理学者克劳斯比（P. B. Crosby）把质量定义为"符合要求"，认为产品或服务质量等价于可测量的符合标准的特性参数。② 全面质量管理理论的提出者费根鲍姆（A. V. Feigenbaum）认为质量是由顾客的需求决定的，他将产品和服务的质量定义为"在市场营销、工程、制造、维护的各个方面、综合的特性，要通过这些各个方面的使用来满足顾客的期望"③。质量管理大师朱兰用"适用性"来精练地表达质量的含义，指出产品质量就是产品的适用性，也即产品在使用时能成功满足需要的程度。④ 日本质量管理专家田口玄一另辟蹊径，认为质量是指产品出厂进入市场后给社会带来的损失程度，其中"社会"主要指顾客及利益相关方。⑤ 著名质量管理专家戴明把质量与过程、经营、顾客愿意支付的价格等联系起来，并认为质量有不同的水平。⑥

以上几位著名的国际质量专家均对质量作出了经典定义，虽然互相之间的观点存在差异，但从不同侧面揭示了质量概念的内涵。事实上，质量是一个多维度的复杂概念，要全面理解质量，离不开对各种质量观点的认真把握。埃文斯和林赛在其经典著作《质量管理与质量控制》一书中总结概括了国际质量界关于质量概念的多种观点，包括基于评判的观点，即质量是优异或卓越的同义词；基于产品的观点，即质量是产品属性在量上的反映；基于用户的观点，即质量是对顾客需要的适用性和满足性；基于价值的观点，即质量以有用性或满意度来度量；基于生产的观点，即质量是工厂产品生产过程中的"符合规范"。⑦ 周志忍把人们对质量的理解划分为三个阶段：第一阶段是品质

---

① Garvin D. A., "What Does 'Product Quality' Really Mean?" *Harvard University Fall*, Vol. 26, No. 1, 1984, pp. 25 – 43.
② 宝鹿：《关于质量定义的研究、讨论和探索》，《上海质量》2004 年第 3 期。
③ 宝鹿：《关于质量定义的研究、讨论和探索》，《上海质量》2004 年第 3 期。
④ 宝鹿：《关于质量定义的研究、讨论和探索》，《上海质量》2004 年第 3 期。
⑤ 俞钟行：《休哈特和田口关于质量的定义》，《质量译丛》2003 年第 3 期。
⑥ 宝鹿：《关于质量定义的研究、讨论和探索》，《上海质量》2004 年第 3 期。
⑦ [美] 詹姆斯·R. 埃文斯、威廉·M. 林赛：《质量管理与质量控制》，焦叔斌译，中国人民大学出版社 2010 年版，第 9—10 页。

派，即产品质量好坏由产品内在品质决定，而产品品质主要通过技术参数判断；第二阶段是服务派，即质量由产品内在品质扩展到产品外观、合用程度、服务及售后服务等；第三阶段是顾客满意度派，即质量等同于顾客，顾客满意度是衡量质量的唯一尺度。①

作为对国际著名质量专家关于质量定义智慧的凝结，国际标准化组织制定发布的 ISO9000：2000 标准把质量定义为"一组固有特性满足要求的程度"。该定义是国际普遍认同和广泛使用的质量定义，也是本研究采用的质量定义。该定义不仅精练、简短，而且不失准确、规范，尤其是内藏着十分丰富的信息。依据 ISO9000：2000 标准给出的注解，首先，该定义省略了质量载体。质量载体可以是单独描述和研究的事物，诸如产品、服务、过程、活动、体系或人以及这些各项的组合均可作为质量载体；其次，定义中的"一组固有特性"（也称质量特性），是指存在于质量载体中的并可区别于其他事物的特征；最后，定义中的"要求"（也称质量要求），是指明示的、通常隐含的或必须履行的需求或期望。所谓明示的要求和隐含的要求，前者指在文件中阐明的规定要求，后者指组织、顾客和其他相关方的惯例或一般做法。

此外，关于质量的概念，还值得指出如下四点：第一，质量概念可拆分成"质"与"量"来理解。所谓"质"，指质量载体的质量特性（也称"品质特性"）；所谓"量"，指质量特性满足质量要求的程度。② 第二，质量有客观质量与主观质量之分。根据 ISO9000：2000 标准的质量定义，"要求"包括规定要求和"人"（如顾客、公众）的要求。据此，固有特性满足规定要求的程度是指客观质量，固有特性满足人的要求的程度是指主观质量。第三，质量概念有被泛化理解甚至滥用的趋势。伴随质量概念在当今各行各业应用得越来越普遍，对质量的理解和使用呈现出泛化趋势，如质量与绩效、满意度、能力

---

① 周志忍：《公共部门质量管理：新世纪的新趋势》，《国家行政学院学报》2000 年第 2 期。

② 后文在使用"质""量"的简化表述时，均遵从这里的界定，尤其防止将"量"误解为"数量"。

等概念的边界模糊，使用混淆。

（二）质量管理

质量管理作为质量管理学科中的一个专业术语，是由质量和管理两个词组组成的。ISO9000：2000标准对管理的定义是：指挥和控制组织的协调的活动。进一步地，将质量管理定义为：在质量方面指挥和控制组织的协调的活动。

一般地，国际质量界对于质量管理这一概念均使用 ISO9000：2000 标准给出的定义。本研究也采用这一定义，同时作出如下补充分析。

首先，质量管理具体包括多种基于管理职能的活动类型。根据 ISO9000：2000 标准给出的注解，"在质量方面指挥和控制活动"通常包括制定质量方针和质量目标以及质量策划、质量控制、质量保证和质量改进。这表明，质量管理可分解为①制定质量方针和质量目标；②质量策划；③质量控制；④质量保证；⑤质量改进等多种活动类型。这些活动类型其实是管理的不同职能。比如，现代经营管理之父法约尔就提出了管理五职能说，认为管理由计划、组织、指挥、协调和控制职能组成。除此以外，决策、保证、评价、激励、问责、改进、创新等均可纳入管理的职能范畴。正是管理的诸种职能与质量管理的具体要求相结合，得出了上述 ISO9000：2000 标准阐释的质量管理的一般活动类型。

其次，质量管理具有显著的目标性。任何管理活动都有其目标，质量管理也不例外。质量管理要实现的目标，也即质量目标，根据 ISO9000：2000 标准是指在质量方面所追求的目的。结合上文对质量管理活动的分析可知，制定质量方针和质量目标以及质量策划、质量控制、质量保证和质量改进等质量管理活动均要服务于质量目标的实现。

最后，质量管理需要结合特定的质量载体作出更具体的分析。单纯地定义质量管理概念，容易忽视"什么的质量管理"这一问题，比如是产品的质量管理、服务的质量管理、组织的质量管理、过程的质量管理还是体系的质量管理。显然，这些不同的质量载体的质量管理是有差异的，不仅直接体现为质量管理目标的不同，而且可能在具体的质量管理活动方面也存在不一致。因而只有结合特定的质量载体，才可以对质量管理作出更为具体、细致的分析。

二 公共服务与基本公共服务

（一）公共服务①

"公共服务"一词源于西方公共产品（Pubic Goods）理论。"从19世纪末叶开始，西方经济学一直按照用物品特性解释公共服务的思维逻辑前进，从'公共物品'，到'准公共物品'，再到'有益物品'、'混合物品'、'中间物品'等概念，物品分类理论的不断丰富，其目的无非是为了用物品的规定性解释公共服务。"② 由此来看，公共服务在西方更多的是作为经济学概念被探讨和研究，并与公共产品概念错综交织。

在我国，2002年的政府工作报告和党的十六届三中全会把公共服务确立为与经济调节、市场监管、社会管理相并列的政府基本职能后，公共服务开始凸显为我国社会各界关注和使用的热词。2004年，温家宝同志在省部级主要领导干部"树立和落实科学发展观"专题研究班结业式上的讲话指出："公共服务就是提供公共产品和服务，包括加强城乡公共设施建设，发展社会就业、社会保障服务和教育、科技、文化、卫生、体育等公共事业，发布公共信息等。"③ 这成为官方对公共服务概念作出的并一直沿用至今的界定，同时也受到学界广泛引用。该界定实际是用公共产品概念来界定公共服务概念，由此折射出我国官方和学界对公共服务概念的理解深受西方研究传统和逻辑思维的影响。

然而，对公共服务概念的理解远非"提供公共产品和服务"那么

---

① 该部分已经以学术论文形式发表。参见陈朝兵《公共服务质量的概念界定》，《长白学刊》2017年第1期；陈朝兵《公共服务质量：一个亟待重新界定与解读的概念》，《中共天津市委党校学报》2017年第2期。

② 柏良泽：《"公共服务"界说》，《中国行政管理》2008年第2期。

③ 温家宝：《提高认识 统一思想 牢固树立和认真落实科学发展观——在省部级主要领导干部"树立和落实科学发展观"专题研究班结业式上的讲话（摘要）》，《决策探索》2004年第4期。

简单。大致从 2004 年起，国内就有许多学者相继撰文专门探讨公共服务的概念和内涵问题，并一直延续至今。① 可见，公共服务的概念与内涵是一个迄今仍未有定论的尚待继续研讨的课题。通过文献梳理与分析，可发现已有公共服务概念的界定主要存在"公共产品""公共利益""基本人权"和"供给与需求"四种角度。每一种角度均仅揭示了公共服务概念的一个侧面，而尚不足以构成对公共服务概念的完整界定。首先，公共产品的界定角度是依据公共产品的非排他性和非竞争性来推导公共服务的规定性的。但就公共服务最本质的特性而言，应是公共性而不是非排他性和非竞争性。这意味着，在特殊情况下，一些并不具有非排他性和非竞争性但却能实现公共性的私人产品也能成为政府提供的公共服务；其次，公共利益的界定角度是对公共服务的本质特性——公共性的聚焦，诚如有学者所言："公共利益才是判定公共服务的内在依据，物品只有与公共利益相联系才具有公共服务的特性。"② 然而，公共利益充其量也只能作为公共服务概念的不可或缺的要素之一，无法完成公共服务的概念界定与内涵解释；再次，基本人权的界定角度强调提供公共服务是政府的职责，享有公共服务是公民的权利。这虽然指明了公共服务的权利属性和责任归属，映射出政府与公民之间的公共关系，但仍不足以完整诠释公共服务的公共性本质特性，且完全回避了公共服务之"服务"究竟为何的问题；最后，供给与需求的界定角度强调公共服务的提供过程要介入公共权力、动用公共资源，提供结果要满足公众需求、维护公共利益等，有效揭示了公共服务的功能价值属性以及公共性本质特性。然

---

① 检索 CNKI 数据库可知，国内学界一直持续讨论公共服务的概念问题，具体可参见赵黎青《什么是公共服务》，《中国人才》2008 年第 15 期；马庆钰《公共服务的几个基本理论问题》，《中共中央党校学报》2005 年第 1 期；柏良泽《"公共服务"界说》，《中国行政管理》2008 年第 2 期；韩小威、尹栾玉《基本公共服务概念辨析》，《江汉论坛》2010 年第 9 期；马英娟《公共服务：概念溯源与标准厘定》，《河北大学学报》（哲学社会科学版）2012 年第 37 期；黄新华《从公共物品到公共服务——概念嬗变中学科研究视角的转变》，《学习论坛》2014 年第 12 期；高铁军《比较视野下公共服务的概念与理论简析》，《人民论坛·学术前沿》2015 年第 10 期；李延均《公共服务及其相近概念辨析——基于公共事务体系的视角》，《复旦学报》（社会科学版）2016 年第 4 期。

② 柏良泽：《公共服务研究的逻辑和视角》，《中国人才》2007 年第 5 期。

而，该界定角度容易陷入公共服务供给要素和需求要素的具体罗列窘境，造成与严格意义上的概念界定发生偏离。

以上充分印证，公共服务委实是一个难以界定的概念。对此，本研究力图在前人研究基础上，对公共服务①的概念与内涵作一总括性整合与把握，具体如下所述。

其一，公共服务有动词和名词、广义和狭义之分。不少学者探讨公共服务概念时，首先区分了公共服务一词的词性。比如，当与经济调节、市场监管、社会管理并列作为政府职能时，公共服务是动词；当与"提供""供给"等动词搭配构成"提供公共服务""公共服务供给"等短句时，公共服务是名词。与此同时，一些学者在含义层次上区分了广义和狭义的公共服务概念：广义的公共服务包括政府的全部职能，比如至少包括经济调节、市场监管、社会管理和公共服务四大职能；狭义的公共服务仅指政府四大职能中的公共服务职能，具体表现为公共教育、基本医疗、社会保障、公共文化、基础设施、环境保护等领域的基本公共服务。

其二，公共服务与公共产品两个概念不能相互混同，且前者不是无形服务、后者也不是有形产品的指代。作为西方经济学中的专业术语，公共产品概念是与私人产品概念相对应的，其核心特性在于兼具非排他性和非竞争性。同时，公共产品概念中的"产品"并非实指有形产品，而是同时包括有形产品和无形服务。如萨缪尔森对公共产品的举例既包括有形的灯塔、交通设施，也包括无形的法治、秩序、安全。与公共产品的核心特性在于非排他性和非竞争性不同，公共服务的本质特性是公共性。也就是说，只要能体现或实现公共性，则无论是公共产品还是私人产品，也无论是有形产品还是无形服务，均能成为公共服务的内容。

其三，应当更多地从政治学、公共行政学的学科视角解读公共服务概念的内涵，并将公共利益、公共需求、公共政策、公共权力、公共资源、公共行为、公共关系等纳入公共服务的内涵范畴。公共服

---

① 需要指出，这里着重探讨的是狭义的公共服务的概念。当然，文中有特别说明的除外。

作为现代政府的基本职能，本质上"不是一个经济思维的产物，而是一个政治思维的产物"①。首先，维护公共利益是公共服务的价值标准，这是由公共服务的本质特性——公共性所决定的；其次，满足公共需求是公共服务的功能标准。这种公共需求是指全体公民生存和发展方面的需求，体现为衣、食、住、行、生存、生产、生活、发展、娱乐等方面的需求②；再次，运用公共权力、运行公共政策、配置公共资源、实施公共行为等是公共服务的过程标准。公共服务的责任提供主体是公共部门而非私营部门和第三部门③，决定了公共服务的提供过程必然交织着公共权力、公共政策、公共资源、公共行为等要素；最后，反映公共关系是公共服务的关系标准。提供公共服务是政府的基本职责，享有公共服务是公民的基本权利，这决定了公共服务必须能够反映"政府职责—公民权利"这一公共关系。

其四，应当基于过程和结果两个维度考察公共服务的概念与内涵。虽然从很大程度上可以说，作为动词的"公共服务"更多体现为过程，作为名词的"公共服务"更多体现为结果，但无论是动词还是名词的"公共服务"，都应同时从过程和结果双维度进行考察。根据前文分析，公共服务的过程维度可以解读为公共利益维护、公共需求满足、公共政策运行、公共权力运用、公共资源配置、公共行为实施、公共关系反映等的过程，此时表现为动态的行为与活动；公共服务的结果维度则是以上系列过程的综合产出，此时表现为静态的产品与服务。

综上，本研究把狭义的公共服务即作为政府基本职能的公共服务界定为：政府基于公共利益考量，通过运用公共权力、运行公共政策、配置公共资源、实施公共行为等提供满足公民直接与具体的公共需求并可反映政府基本职责与公民基本权利之间公共关系的有形产品

---

① 姜晓萍、郭金云：《基于价值取向的公共服务绩效评价体系研究》，《行政论坛》2013年第6期。
② 赵黎青：《什么是公共服务》，《中国人才》2008年第15期。
③ 尚虎平、郭文琪：《"国家治理"式公共服务生产与提供图景——兼评〈国家与社会之间〉的理路》，《党政研究》2014年第4期。

和无形服务的活动（或过程或行为）。①

（二）基本公共服务

如前所述，狭义的公共服务概念对应的即是基本公共服务概念，二者在概念与内涵上均为一致。稍有不同的是，狭义的公共服务存在动词和名词之分，而基本公共服务只能是名词。但即便如此，正如上文指出，笔者仍强调同时从过程和结果、动态与静态的双维度来解读基本公共服务的概念与内涵。

需要指出，我国2012年7月颁布的《国家基本公共服务体系"十二五"规划》对基本公共服务的概念作出了官方界定："建立在一定社会共识基础上，由政府主导提供的，与经济社会发展水平和阶段相适应，旨在保障全体公民生存和发展基本需求的公共服务。"② 从学术角度来看，该概念界定优缺点并存。优点在于：（1）对基本公共服务的"基本"二字作出了明确阐释，有利于把握基本公共服务的范围；（2）将基本公共服务的提供主体表述为"政府主导提供"，指出了政府是基本公共服务的最重要的提供主体，同时并不排斥社会组织和市场组织可以成为基本公共服务的提供主体。缺点在于：（1）并未确切界定"公共服务"，不利于深层次把握基本公共服务的内涵；（2）将基本公共服务的提供客体表述为"全体公民"，虽然指出了基本公共服务归根结底是要满足公民个体的需求，但可能忽略了基本公共服务提供的漫长"链条"环节中存在的其他客体，如政府雇员、社区、社会组织、新闻媒体等。

基于此，本研究认同并吸收《国家基本公共服务体系"十二五"规划》中界定的基本公共服务概念的"基本"二字含义，但在"公共服务"概念上以前文分析的狭义的公共服务概念为准。鉴于前文已

---

① 需要说明两点：第一，这里界定的狭义的公共服务在词性上是动词，故其属概念被界定为"活动（或过程或行为）"。由此概念界定也不难得知，作为名词的狭义的公共服务，其属概念即为"有形产品和无形服务"。第二，该概念界定表明狭义的公共服务的提供主体是政府。但实际上，第三部门与私人部门也可能成为公共服务的提供主体，只不过其只有在受到公共权力和公共政策影响并动用公共资源时提供的才是公共服务，否则是社会服务和私人服务，因而此时政府可被视作公共服务的间接提供主体。

② 《国家基本公共服务体系"十二五"规划》，《光明日报》2012年7月20日第9版。

对狭义的公共服务概念的内涵作出了阐释,这里以表格方式简要呈现基本公共服务概念的内涵(如表 2.1 所示)。

表 2.1　　　　　　　　　基本公共服务概念的内涵

维度	具体内涵
主客体	(1) 基本公共服务的提供主体以公共部门①(政府)为主导,同时也包括私人部门与第三部门。但需指出,第三部门和私人部门只有在受到公共权力介入、公共政策影响并动用公共资源的情况下,其提供的才是公共服务,否则是社会服务和私人服务;② (2) 基本公共服务的客体除了社会公众外,还包括"不同的利益相关者,如雇员、纳税人、社区、非政府组织、非营利组织、新闻媒体等"③
价值	保障和维护公共利益,体现基本公共服务的本质属性——"公共性"
功能	满足社会公众的公共需求。这里的公共需求与广义的公共服务所满足的涵括社会公众所有方面的公共需求不尽相同,主要是指满足公民作为"自然人"和"社会人"在生存和发展方面直接的、具体的、基本的公共需求,体现为衣、食、住、行、生存、生产、生活、发展、娱乐等方面的需求
过程	(1) 七种过程:公共权力运用的过程、公共政策运行的过程、公共资源配置的过程、公共行为实施的过程、公共利益维护的过程、公共需求满足的过程和公共关系反映的过程; (2) 表现为动态的行为、活动或过程
结果	(1) 七种过程的结果:公共政策运行过程的结果、公共权力运用过程的结果、公共资源配置过程的结果、公共行为实施过程的结果、公共利益维护过程的结果、公共需求满足过程的结果和公共关系反映过程的结果; (2) 表现为静态的有形产品和无形服务
关系	反映政府基本职责与公民基本权利之间的公共关系

资料来源:笔者自制。

---

① 在本研究中,公共部门不仅包括各级政府及其职能部门,还包括国有企业、事业单位等,但不包括立法机关、司法机关和检察机关。
② 赵黎青:《什么是公共服务》,《中国人才》2008 年第 15 期。
③ Rhee S. and Rha J., "Public service quality and customer satisfaction: exploring the attributes of service quality in the public sector", *Service Industries Journal*, Vol. 29, No. 11, 2009, pp. 1491 – 1512.

关于基本公共服务的核心内涵要素，可通过图 2.1 直观呈现。

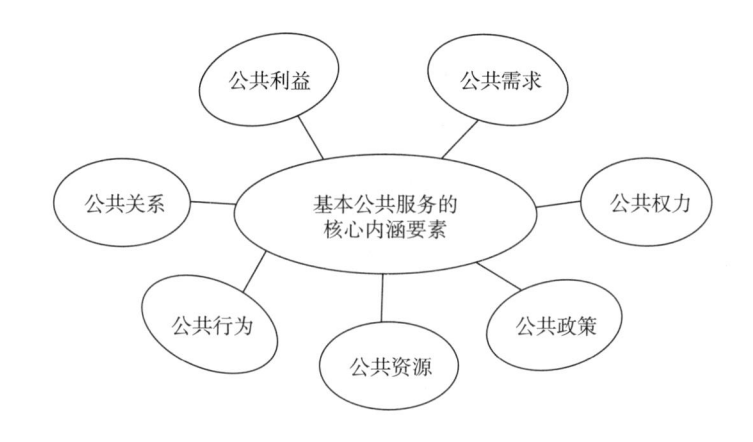

图 2.1　基本公共服务的核心内涵要素

资料来源：笔者自制。

三　基本公共服务质量与基本公共服务质量管理

（一）基本公共服务质量

根据前文文献综述可知，国内外学界迄今仍未就公共服务质量的概念达成共识，并且学者们所界定的公共服务质量概念主要是以广义的公共服务为对象。对此，亟须回答的一个问题是：广义的公共服务和狭义的公共服务，其质量概念是否一样？[①] 在本研究看来，它们是不一样的，原因在于广义的公共服务和狭义的公共服务作为两种不同的质量载体，其质量内涵必然存在差异。

虽然广义和狭义的公共服务的质量含义存在差异，但也存在一致和共通。这意味着既有的关于广义公共服务的质量概念界定对于本研究讨论狭义公共服务的质量概念将有所助益。为此，本研究将对已有公共服务质量的概念界定进行回顾与评析，以为本研究界定基本公共服务质量的概念提供启发。

---

① 之所以需要回答这一问题，是因为如果一样，则本研究可在既有公共服务质量概念界定的基础上探讨基本公共服务质量的概念。如果不一样，则需要重新就基本公共服务质量的概念进行探讨。

前文文献述评部分已经指出，国外学界一般借助商业服务质量的概念来理解公共服务质量概念，国内学界则对公共服务质量概念大体形成了"公众需求满足观""公共服务特性观""公众满意度观"和"综合质量观"四类观点。对此，本研究认为，国外学界遵循商业服务质量的思维和路径来界定公共服务质量是欠妥的，因为根据前文对公共服务概念与内涵的讨论，公共服务不能被简单视作一种服务，而必须充分考量其公共性。同时，国内学界对公共服务质量的概念界定不仅观点不一，而且存在诸多缺陷，包括：简单套用ISO9000：2000标准给质量下的定义，误把公共服务质量概念理解为公众对公共服务的满意度，把公共服务简单视作一种服务并利用商业服务质量的逻辑和思维来界定其质量，仅从客观性的角度来界定公共服务质量的概念，宽泛化地界定公共服务质量的概念等。[①] 上述不仅意味着广义公共服务的质量概念需要在未来研究中继续改进和完善，而且意味着本研究对基本公共服务质量的概念需要重新界定。

那么，该如何界定基本公共服务质量的概念呢？本研究认为，关键在于把握基本公共服务和质量两个子概念。

根据前文采用ISO9000：2000标准对质量的定义："一组固有特性满足要求的程度"可知，要界定基本公共服务质量的概念需回答两个问题：一是基本公共服务的"一组固有特性"是指哪些特性？存在于哪里？二是基本公共服务要满足的"要求"是指什么要求？对于前一个问题，实际是对基本公共服务的质量特性，也即基本公共服务质量维度构成的分析，本研究将在本章第二节进行。在这里，拟解答基本公共服务质量特性"存在于哪里"的问题。根据前文对基本公共服务内涵的分析可知，基本公共服务的质量特性不仅存在于基本公共服务的提供结果之中（反映"提供了什么基本公共服务"），也存在于基本公共服务的提供过程之中（反映"基本公共服务是怎么提供的"）。对于后一个问题，一般习惯将基本公共服务所满足的"要求"

---

① 参见陈朝兵《公共服务质量的概念界定》，《长白学刊》2017年第1期；陈朝兵《公共服务质量：一个亟待重新界定与解读的概念》，《中共天津市委党校学报》2017年第2期。

的主体理解为社会公众，但根据前文分析，还应该包括"不同的利益相关者，如雇员、纳税人、社区、非政府组织、非营利组织、新闻媒体等"[①]。至于"要求"的具体含义，根据ISO9000：2000标准，是指"明示的、通常隐含的或必须履行的需求或期望"。其中，明示的要求是指在文件中阐明的规定要求，隐含的要求是指组织、顾客和其他相关方的惯例或一般做法。据此，本研究将基本公共服务要满足的"要求"划分为相关规定要求和社会公众要求，前者指那些形成于文件中的明示的、文字化的、可见的要求，如公共服务方面的法律、法规、规章、政策、管理制度、报告、标准等对公共服务提出的要求，后者指公共服务的利益相关者，包括雇员、纳税人、社区、非政府组织、非营利组织、新闻媒体等对公共服务提出的要求。[②]

综上，本研究借鉴ISO9000：2000标准对质量的定义——"一组固有特性满足要求的程度"，同时结合基本公共服务概念的内涵，将基本公共服务质量的概念界定为：基本公共服务提供过程及结果中的固有特性满足相关规定要求和社会公众要求的程度。由于ISO9000：2000标准对质量的定义一般可分解为质量特性（即定义中的"固有特性"）、质量要求（即定义中的"要求"）和满足程度（即定义中的固有特性满足要求的程度）三个要素。据此，可从质量特性、质量要求和满足程度三个要素维度对公共服务质量的概念进行解读（如图2.2所示）。

首先，基本公共服务的"质量特性"是指存在于基本公共服务提供过程及结果中的固有特性，并且必须要一定程度上满足基本公共服务的相关规定要求和社会公众要求（也即"质量要求"）。由此，必须同时满足如下两个条件才能成为基本公共服务的"质量特性"：一是

[①] Rhee S. and Rha J., "Public service quality and customer satisfaction: exploring the attributes of service quality in the public sector", *Service Industries Journal*, Vol. 29, No. 11, 2009, pp. 1491-1512.

[②] 可见，这里的"社会公众"是从广义的层面进行理解的，不仅包括狭义的由公民个体组成的社会公众概念，还包括雇员、社区、非政府组织、非营利组织、新闻媒体等公共服务的利益相关者。后文使用"社会公众要求"时，其中的"社会公众"均作广义理解。

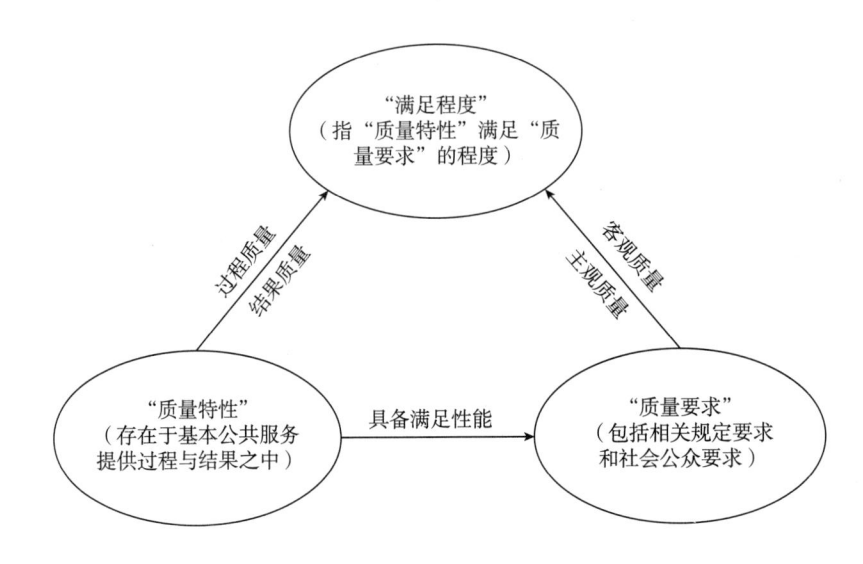

图 2.2　基本公共服务质量的概念要素

资料来源：笔者自制。

属于基本公共服务自身的固有特性，那些不属于基本公共服务自身的非固有特性不是基本公共服务的质量特性；二是对于基本公共服务的质量要求要具有满足性能，即便是基本公共服务自身的固有特性，若不能满足质量要求，也不能称为基本公共服务的质量特性。

其次，基本公共服务的质量要求具体分为相关规定要求和社会公众要求。此两种要求具有紧密内在联系：前者由后者转化而来。具体来讲，社会公众要求是一种存在于公民心目中的无形的、主观的，且在不经表达与调查的情况下是不可知和不可见的要求，因而必须通过公民表达、政府调查的方式将其获取并形成于相关文件之中，也即转化为相关规定要求，进而才是有形的、客观的、可知的、可见的要求。

最后，基本公共服务的满足程度直接反映基本公共服务质量的高低。从基本公共服务的质量特性出发，可把基本公共服务质量划分为过程质量和结果质量：前者指基本公共提供过程中的质量特性满足质量要求的程度，后者指基本公共提供结果中的质量特性满足质量要求的程度。从基本公共服务的质量要求出发，可把基本公共服务质量划分为客观质量和主观质量：前者指基本公共服务的质量特性满足相关规定要求的程度，后者指基本公共服务的质量特性满足社会公众要求的程度。①

（二）基本公共服务质量管理

学界关于公共服务质量管理的概念界定很少。学者王家合认为政府公共服务质量管理是指："地方政府以质量为中心、以全员参与为基础，开展旨在为社会公众提供满意服务和优质高效地实现对社会公共事务的系统管理的活动。"② 该概念界定应用的是全面质量管理③的思路。全面质量管理虽然不失为公共服务质量管理概念界定的一种可行思路和路径，但严谨地讲，其更接近于公共服务全面质量管理而非公共服务质量管理的概念界定。

基本公共服务质量管理作为一个学术概念，由基本公共服务和质量管理两个子概念组成。ISO9000：2000 标准把"质量管理"界定为"在质量方面指挥和控制组织的协调的活动"。该界定明确指出了质量管理的内容是"质量方面"，但"指挥和控制组织"这一表述更多显示出作为质量管理主体的组织的被动性和被动地位，而没有突出其应有的主动性和主体地位。同时，该界定没有指出质量管理的目标性。鉴于此，本研究把基本公共服务质量管理的概念界定为：基本公共服务提供组织在基本公共服务质量方面开展的一系列旨在实现特定基本公共服务质量管理目标的管理活动。

基本公共服务质量管理概念的内涵包括：首先，基本公共服务质量管理是一种目标导向下的管理活动。这意味着，基本公共服务质量管理同其他管理活动一样，有其达成与实现的目标，此目标即基本公共服务质量管理目标（具体目标内容参见本章第三小节）。其次，基本公共服务质量管理的实施主体是基本公共服务的提供组织。根据前

---

① 需要说明，由于"相关规定要求"是客观的，"社会公众要求"是主观的，因而基本公共服务的质量特性对二者的满足程度分别对应为客观质量和主观质量。
② 王家合：《论地方政府公共服务质量管理的制度创新》，《理论探讨》2011 年第 6 期。
③ ISO9000 族标准将全面质量管理定义为：一个组织以质量为中心，以全员参与为基础，目的在于通过让顾客满意和本组织所有成员及社会收益而达到长期成功的管理途径。

文分析，基本公共服务的提供组织是以政府为主导的公共部门，同时也包括第三部门和私人部门。这就需要结合特定领域的基本公共服务来分析其质量管理的主体。再次，基本公共服务质量管理活动的具体类型是以管理职能（如计划、组织、领导、控制、评价、激励、改进等）为基础的，具体需要结合基本公共服务质量形成与影响因素来确定。最后，基本公共服务质量管理应根据基本公共服务的具体情况，遵循质量管理的一般原则，并利用质量管理的一般工具与方法来开展。

第二节 基本公共服务质量的形成机理与影响因素

一 基本公共服务质量的维度分析

质量维度指能够满足质量要求的质量特性。根据 ISO9000：2000 标准对质量的定义"一组固有特性满足要求的能力"，质量维度即对应其中的"一组固有特性"。据此，基本公共服务的质量维度是指能够满足基本公共服务质量要求的质量特性，具体指存在于基本公共服务提供过程及结果中的能够满足相关规定要求和社会公众要求的固有特性。

学界对公共服务质量维度的研究建立在私人服务质量维度研究的基础之上，同时深深打上了私人服务质量的烙印。长期以来，"研究者们努力考察是否存在普遍的、可被识别的服务质量维度。这些研究工作得出了一些差异化的研究模型，但并没有形成清晰的答案"[①]。1988 年，Parasuraman、Zeithaml 和 Berry 提出了私人服务质量维度的经典模型——SERVQUAL 模型，将服务质量维度划分为有形性、可靠性、响应性、保证性和移情性。此后，学者们以 SERVQUAL 模型为基础，针对各个领域的服务质量维度开展广泛研究。

---

① Rowley J.,"Quality measurement in the Public Sector：Some Perspectives from the Service Quality Literature", *Total Quality Management*, Vol. 9, No. 9, 1998, pp. 321 – 333.

如表 2.2 所示，国内外不少学者对公共服务质量的维度进行了研究，并形成了诸种彼此不一的观点。从总体上讲，既有的关于公共服务质量维度的研究存在以下缺陷：一是习惯从一般服务质量维度出发来分析公共服务质量维度（突出表现是应用 SERVQUAL 模型），而比较缺乏基于公共服务的公共性来探索公共服务质量维度；二是并非严格基于公共服务质量特性来提出公共服务质量维度，导致一些公共服务要素或公共服务质量类型被当作公共服务质量维度来对待；三是泛化理解质量含义来提出公共服务质量维度；四是缺乏充分解释公共服务质量维度的提出依据；五是至今仍缺乏一个系统、完整和富有说服力的公共服务质量维度分析。

表 2.2　　国内外学界关于公共服务质量维度的观点

学者	观点
Curry and Herbert[①]	顾客质量（顾客期望所得）、专业质量（过程满足顾客需求）和管理质量（使用资源满足顾客需求）
Carlson and Schwarz[②]	便利、保障、可靠性、个人关注、问题解决途径、公众、财政责任、公民影响
Boyne[③]	投入的数量、投入的质量、效率、公平、产出、物有所值
Rhee and Rha[④]	过程质量（有形性、可靠性、回应性、保证性、移情性、公共性、干预性）、产出质量（效应、目标实现、生命质量）、设计质量（政策设计、政策执行、政策资源充分性）和关系质量（合作、协调、氛围）

---

① Curry A. and Herbert D., "Continuous Improvement in Public Services – A Way Forward", *Managing Service Quality: An International Journal*, Vol. 8, No. 5, 1998, pp. 339 – 349.

② ［美］珍妮特·登哈特、罗伯特·登哈特：《新公共服务——服务而不是掌舵》，丁煌译，中国人民大学出版社 2010 年版，第 44—45 页。

③ Boyne G. A., "Sources of Public Service Improvement: A Critical Review and Research Agenda", *Journal of Public Administration Research & Theory*, Vol. 13, No. 3, 2003, pp. 94 – 134.

④ Rhee S. and Rha J., "Public Service Quality and Customer Satisfaction: Exploring the Attributes of Service quality in the Public Sector", *Service Industries Journal*, Vol. 29, No. 11, 2009, pp. 1491 – 1512.

续表

学者	观点
张成福、党秀云①	可靠性、回应性、能力、服务通道、服务礼貌、沟通、可信度、安全感、善解人意和有形性
曹大友、熊新发②	可靠性、反应性、保证性、移情性和可感知性
杨永恒等③	有形性、移情性、可靠性、信任性、吻合性、及时性、服务能力和服务声望
罗晓光、张宏艳④	有形性、可靠性、反应性、保证性、关怀性、信息性和监督性
白长虹、陈晔⑤	供能质量（标准性、稳定性、安全性、服务补救）和过程质量（服务交互界面、员工服务表现、服务标准、服务流程、服务设施与工具、服务承诺、服务投诉、顾客期望管理）
吕维霞、王永贵⑥	守法性、透明性、便利性、响应性、实效性和保证性
陈振明、李德国⑦	可获得性、及时性、经济性、准确性和响应性
季丹等⑧	保障性、安全性、公益性、效率性和便捷性

资料来源：笔者根据相关文献自制。

基于以上反思，本研究力图对基本公共服务质量维度进行深入、系统、全面的分析。鉴于基本公共服务质量维度也即基本公共服务质量特性，可通过对基本公共服务质量特性的分析来指出基本公共服

---

① 张成福、党秀云主编：《公共管理学》，中国人民大学出版社2001年版，第313—314页。
② 曹大友、熊新发：《SERVQUAL在公共服务领域的应用初探》，《学术论坛》2006年第1期。
③ 杨永恒、王有强、王磊：《公共服务质量的评价维度和指标：市民与官员的认知对比》，《绩效评估与政府创新国际研讨会（浙江）论文集》，浙江，2007年，第229页。
④ 罗晓光、张宏艳：《政府服务质量SERVQUAL评价维度分析》，《行政论坛》2008年第3期。
⑤ 白长虹、陈晔：《一个公用服务质量测评模型的构建和分析：来自中国公用服务业的证据》，《南开管理评论》2005年第4期。
⑥ 吕维霞、王永贵：《公众感知行政服务质量对政府声誉的影响机制研究》，《中国人民大学学报》2010年第4期。
⑦ 陈振明、李德国：《基本公共服务的均等化与有效供给——基于福建省的思考》，《中国行政管理》2011年第1期。
⑧ 季丹、郭政、胡品洁：《公共服务质量第三方评价研究——基于华东地区的试点应用》，《中国行政管理》2016年第1期。

质量维度的具体构成。那么，基本公共服务质量特性具体包括哪些？

根据前文，基本公共服务质量特性指基本公共服务提供过程及结果中能够满足质量要求的固有特性。这表明，基本公共服务质量特性必须同时满足两个条件：一是属于基本公共服务的固有特性；二是能够满足基本公共服务的质量要求。实际上，在基本公共服务的诸种固有特性中，那些能够满足质量要求的正是质量特性。但问题在于：基本公共服务有哪些固有特性？其中又有哪些固有特性能够满足质量要求？

深入探究发现，基本公共服务的固有特性虽然存在于基本公共服务提供过程及结果之中，却根本地来源于基本公共服务概念的内涵。基于此，根据基本公共服务概念的内涵来分析基本公共服务固有特性，并将其中能够满足质量要求的固有特性确定为基本公共服务质量特性（如图2.3所示）。

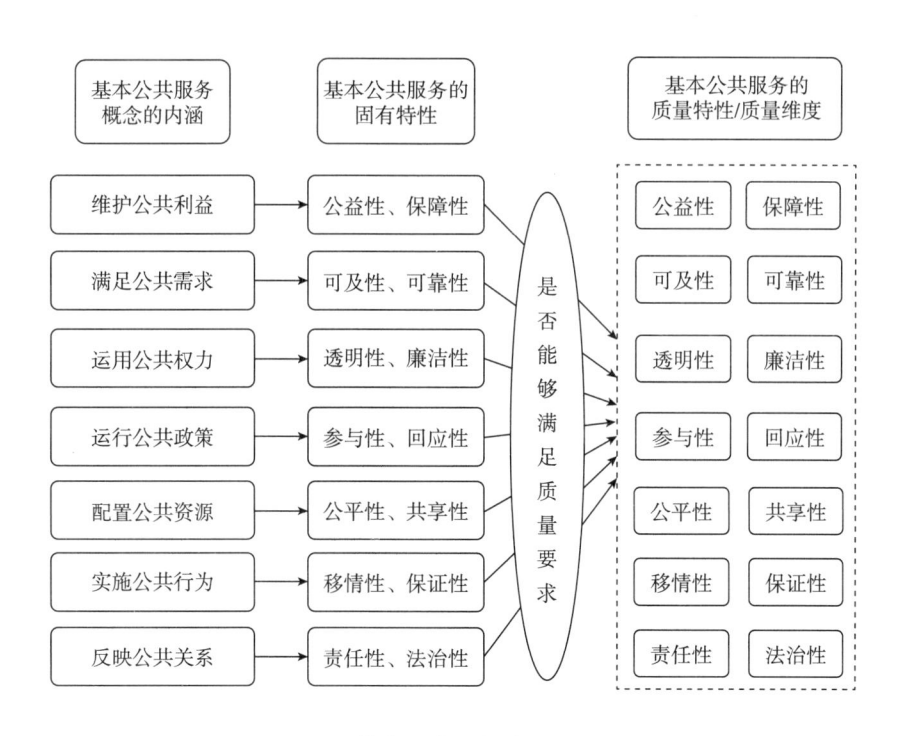

图 2.3　基本公共服务质量维度分析

资料来源：笔者自制。

根据图2.3，从基本公共服务维护公共利益的内涵出发，基本公共服务具有公益性和保障性的固有特性；从基本公共服务满足公共需求的内涵出发，基本公共服务具有可及性、可靠性的固有特性；从基本公共服务运用公共权力的内涵出发，基本公共服务具有透明性、廉洁性的固有特性；从基本公共服务运行公共政策的内涵出发，基本公共服务具有参与性和回应性的固有特性；从基本公共服务配置公共资源的内涵出发，基本公共服务具有公平性、共享性的固有特性；从基本公共服务实施公共行为的内涵出发，基本公共服务具有移情性、保证性的固有特性；从基本公共服务反映公共关系的内涵出发，基本公共服务具有责任性、法治性的固有特性。由于以上基本公共服务固有特性无一例外地具有满足质量要求（相关规定要求和社会公众要求）的性能，故它们均是基本公共服务质量特性，进而也构成了基本公共服务质量维度。现对这些基本公共服务质量特性简要阐释如下。

（1）公益性。公共部门提供基本公共服务以维护和实现公共利益为价值取向，最大限度地彰显公益性。（2）保障性。基本公共服务的提供强调以对社会公共利益、公民基本权利尤其是弱势群体权益的保障为结果导向。（3）可及性。基本公共服务提供者所提供的基本公共服务对服务对象而言应是方便、可及的，且消除一切不合理的显性和隐性障碍。（4）可靠性。基本公共服务提供者是可靠的，能向社会民众提供所承诺的产品和服务。（5）透明性。基本公共服务的提供过程是阳光、开放、透明的，保障纳税人对基本公共服务有关信息的知情权。（6）廉洁性。公共部门工作人员在提供基本公共服务的过程中奉公守法，清明廉洁，不以权谋私。（7）参与性。基本公共服务的公共决策环节要求吸纳利益相关者参与其中，所制定的基本公共服务政策要充分反映各方声音和意见。（8）回应性。基本公共服务的公共决策及政策制定要及时回应社会民众所需，并做出快速反应。（9）公平性。基本公共服务提供中涉及的公共资源配置要求遵循公平原则，努力实现结果公平。（10）共享性。基本公共服务作为一种"民生型"公共品，要求为全体公民共同享有。（11）移情性。基本公共服务提供人员在提供服务过程中能设身处地地为服务对象着想，努力满足服务对象的需求。(12) 保证性。基本公共服务提供人员在提供服务过程中是有礼貌和值得信任的，能让服务接受者感到亲切和放心。(13) 责任性。提供基本公共服务是政府义不容辞的责任，各级政府在提供基本公共服务过程中必须呈现出积极履行责任的姿态。(14) 法治性。公共部门及其工作人员在提供基本公共服务过程中需要遵守法律规定，依法向社会公众提供满足其需求的各项基本公共服务内容。

对于上述分析得出的 14 种基本公共服务质量特性，也即基本公共服务质量维度的构成，需补充说明如下几点：第一，基本公共服务的质量特性并非仅有 14 种。一方面，在经济社会的不同发展阶段，基本公共服务的质量特性是有所差异和侧重的。另一方面，基本公共服务包含多个领域，如公共教育、基本医疗、住房保障、劳动就业、公共文化等，不同领域的基本公共服务质量特性也是有差异和侧重的。故本研究提出的基本公共服务的 14 种质量特性需要在具体领域和具体情境下进行调整、补充和完善。第二，每一种质量特性满足质量要求的程度即为该质量特性的质量。因而，根据基本公共服务的 14 种质量特性，可将基本公共服务质量分解为公益性质量、保障性质量、可及性质量、可靠性质量、透明性质量、廉洁性质量、参与性质量、回应性质量、公平性质量、共享性质量、移情性质量、保证性质量、责任性质量和法治性质量。第三，图 2.3 显示基本公共服务的特定固有特性仅由基本公共服务的一种内涵得出，但实际上基本公共服务的特定固有特性可由基本公共服务的多种内涵得出。之所以图 2.3 如此表示，是为了强调基本公共服务的特定固有特性所对应的基本公共服务的核心内涵。第四，14 种基本公共服务质量特性或者存在于基本公共服务提供过程之中，或者存在于基本公共服务提供结果之中。如透明性、廉洁性、参与性、回应性、移情性、保证性、责任性、法治性等属于公共服务提供过程，公益性、保障性、可及性、可靠性、公平性、共享性等属于公共服务提供结果。第五，14 种基本公共服务质量特性满足质量要求的优先序列与能力程度是不相同的。比如，公益性、保障性、回应性、可及性、可靠性等在国家经济社会发展落后的情况下对社会民众更为重要，而参与性、透明性、公平性、共享性、法治性等在国家经济社会发展水平较高的情况下更受民众关注。第六，14种基本公共服务质量特性是经由理论推导的，尚需结合科学的实证分析加以检验和论证。对此，可借鉴Parasuraman、Zeithaml和Berry开发SERVQUAL模型时运用的关键事件技术法（Critical incident technique，CIT）来进行检验和论证。

二　基本公共服务质量的形成机理

"机理"一词通常有两种解释：一种是指为实现某一特定功能，一定的系统结构中各要素的内在工作方式以及诸要素在一定环境下相互联系、相互作用的运行规则和原理；另一种是指事物变化的理由和道理。[①] 作为一种科学研究方法，机理分析是通过对系统内部原因（机理）的分析研究，以找出其发展变化规律。[②] 本研究对基本公共服务质量形成机理的分析，旨在揭示基本公共服务质量的形成过程和形成原理，从而回答"基本公共服务质量是如何形成的"这一问题。

既有的研究对产品和服务质量的形成做出了较为成熟的解释。在早期，工业企业生产的产品的质量等价于一系列可测量的满足标准的质量特性参数，在此意义上，著名质量专家克劳斯比将"质量"定义为："质量就是符合要求"，其中的"要求"就是一组组数值化的规范（Specification）或标准（Standard）。[③] 此时，产品质量的形成就是拿客观制定的规范或标准与产出的质量特性水平相比较。这一产品质量形成观仅关注产品的客观规范与标准，虽然在工业生产时期满足了生产者的质量要求，但随着产品的接受者——顾客对产品质量的影响增大，其自身不可避免地暴露出一定缺陷和不足。进入20世纪70年代，服务经济逐渐形成并得到快速发展，服务质量随之成为学者们广泛关注的议题。与产品质量不同，由于服务具有无形性、不可储存

---

① 参见百度百科"机理"词条，http：//baike.baidu.com/link？url＝qiv5gG3Z FmG4mFzTj97YIM9YepxukWRM8iMxvaEa2pgjL1EXEXMsvU2OCfZfPaSO5FOLThxHA5ePdKZ5q_Iq_q，2017年1月20日。

② 参见百度百科"机理分析"词条，http：//baike.baidu.com/link？url＝hfVPjrksu-WJJCudGGG0wom83yJ3FjrzC0C7wED q5FtErPxs6ZIOal1VZSoJ6obcC_zAdL2FRhQJkQUixEX7scK，2017年1月20日。

③ 宝鹿：《关于质量定义的研究、讨论和探索》，《上海质量》2004年第3期。

性、不可分离性和异质性①，服务质量尤其强调顾客的中心地位和重要影响。围绕服务质量的形成，Gronroos 提出的顾客感知服务质量模型与 Parasuraman、Zeithaml 和 Berry 提出的服务质量差距模型作出了经典解释。其中，顾客感知服务质量模型认为服务质量是顾客感知的结果，具体是顾客对服务的期望和实际感知的服务二者之间的比较；服务质量差距模型进一步将顾客感知与期望差距细分为四种差距，更加细致地解释了服务质量的形成机理。这两个模型都将服务质量的形成置于顾客感知的主观范畴，代表了理论界对服务质量形成的主流认知。

上述产品和服务质量形成的观点，从很大程度上讲，是将产品质量置于客观评判范畴，而将服务质量置于主观感知范畴。但实际上，根据前文对质量的概念与内涵解析，质量本身即由客观质量和主观质量组成。这意味着，产品质量的形成不仅根据产品规范或标准来评判，而且需要考虑产品的使用者的感知评价。同样，服务质量的形成不仅由顾客作出感知评价，而且需要根据服务规范或标准来评判。基于此，通过对基本公共服务质量的客观质量和主观质量的形成分析，可揭示基本公共服务质量的形成机理（如图2.4所示）。

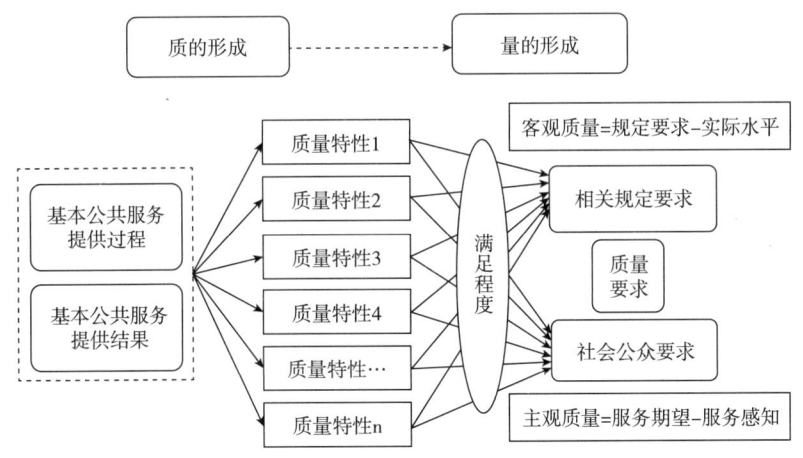

图2.4 基本公共服务质量形成机理

资料来源：笔者自制。

---

① Zeithaml V. A. and Berry L. L., "Problems and Strategies in Services Marketing", *Journal of Marketing*, Vol. 49, No. 2, 1985, pp. 33–46.

根据图2.4，首先从总体上将基本公共服务质量的形成划分为质的形成和量的形成两个部分，进而将量的形成分解为客观质量的形成和主观质量的形成，以此来整体、全面地呈现基本公共服务质量的形成机理。

(一) 质的形成

前文指出，质量一词可拆成质和量来理解。其中，质是指质量载体的质量特性（也称"品质特性"），量是指质量特性满足质量要求的程度。由此，质量要形成，则必须先要有质的存在。换言之，质的形成是质量形成的第一步。

那么，基本公共服务质量的质是怎么形成的呢？根据前文，基本公共服务的质即质量特性，是存在于基本公共服务的提供过程及结果中的。由此不妨说，基本公共服务的提供过程及结果产生了基本公共服务的质。

进一步地，由前文可知，基本公共服务的质具体包括公益性、保障性、可及性、可靠性、透明性、廉洁性、参与性、回应性、公平性、共享性、移情性、保证性、责任性、法治性等。其中，每一质量特性核心地对应于基本公共服务的某一内涵。从这个意义上讲，可以根据基本公共服务的内涵来考察基本公共服务各种特定质量特性的生成。比如，对于基本公共服务的参与性这一质量特性的生成，由于其主要对应基本公共服务制定公共政策的内涵，因而可知，政府制定基本公共服务政策的过程就是基本公共服务参与性质量特性形成的过程。又如，对于基本公共服务的共享性这一质量特性，由于其主要对应基本公共服务配置公共资源的内涵，因而可知，政府向社会民众提供基本公共服务、配置公共资源的结果生成了基本公共服务的共享性质量特性。

若把上述基本公共服务的提供过程及结果同基本公共服务的内涵结合起来看，可知基本公共服务的内涵分布或嵌入在基本公共服务的提供过程及结果之中。这进一步印证了，基本公共服务的内涵对应的基本公共服务若干质量特性是形成于基本公共服务提供过程及结果之中的。

(二) 量的形成

基本公共服务质量包括客观质量和主观质量，其各自有着不同的形成机理。

1. 客观质量的形成。基本公共服务客观质量指基本公共服务的质量特性满足相关规定要求的程度。其中，相关规定要求是指导、规范和约束基本公共服务提供的要求，一般存在于法律法规、政策、管理制度、规范、报告、标准等文件之中，具有文字化、有形、可见、客观存在等特征。一般地，相关规定要求既可以数值化地定量表达，也可以描述性地定性表达。

作为基本公共服务质量特性满足相关规定要求的程度，基本公共服务客观质量实际是在基本公共服务质量特性业已形成的条件下，用制定形成的相关规定要求对基本公共服务质量特性进行对比的结果。这就是说，基本公共服务客观质量的形成就是基本公共服务质量特性的实际产出水平与基本公共服务相关规定要求二者之间的比较。而比较的结果，就是基本公共服务客观质量的高低。由此，基本公共服务客观质量可用公式表示为：基本公共服务客观质量 = 基本公共服务相关规定要求 - 基本公共服务质量特性实际产出水平。

值得指出，上述在揭示基本公共服务客观质量形成机理的同时，也潜在地表明了基本公共服务客观质量的评价思路与原理。

2. 主观质量的形成。基本公共服务主观质量指基本公共服务的质量特性满足社会公众要求的程度。其中，社会公众要求指雇员、纳税人、社区、非政府组织、非营利组织、新闻媒体等利益相关者对基本公共服务的需求和期望。一般地，社会公众要求是存在于社会民众心目中的，具有主观、无形且不经调查就不可知的特征。

基本公共服务主观质量是社会民众（公民个体的集合）的感知结果。根据 Gronroos 提出的顾客感知服务质量模型与 Parasuraman、Zeithaml 和 Berry 三人提出的服务质量差距模型，基本公共服务主观质量是社会民众对基本公共服务的期望与实际感知的基本公共服务二者之间的比较或差距。由此，基本公共服务主观质量可用公式表示为：基本公共服务主观质量 = 社会民众对基本公共服务的期望 - 社会民众实际感知的基本公共服务。

同样地，根据上述揭示的基本公共服务主观质量的形成机理，可以为基本公共服务主观质量的评价提供基本思路和原理。

三 基本公共服务质量的关键影响因素

根据前文分析，基本公共服务质量的影响因素在总体上可分为两个方面：一是基本公共服务质的影响因素，二是基本公共服务量的影响因素。对基本公共服务质与量影响因素的分析，要求结合基本公共服务质与量的形成机理进行。下文旨在分析基本公共服务质量的关键性影响因素，而非全部影响因素。

（一）影响基本公共服务质的关键因素

基本公共服务质的影响因素指影响基本公共服务质量特性水平的影响因素。由于基本公共服务的质量特性形成于基本公共服务提供过程及结果之中，因而影响基本公共服务质量特性水平的因素也分布在基本公共服务提供过程及结果之中。

具体来讲，根据前文分析，基本公共服务的质量特性——公益性、保障性、可及性、可靠性、透明性、廉洁性、参与性、回应性、公平性、共享性、移情性、保证性、责任性、法治性等是来源于基本公共服务的公共利益、公共需求、公共政策、公共权力、公共资源、公共行为、公共关系等内涵要素的，并相应地形成于公共利益维护、公共需求满足、公共政策运行、公共权力运用、公共资源配置、公共行为实施、公共关系反映等的过程及结果之中。由此可知，基本公共服务的内涵要素是基本公共质量特性影响因素的重要来源。据此，本研究把影响基本公共服务质的关键因素概括并阐述如下。

1. 价值取向。基本公共服务的公益性和保障性质量特性主要来源于作为基本公共服务价值标准的公共利益内涵，并形成于公共利益维护的过程及结果之中。因而，政府提供基本公共服务是否以及在多大程度遵循维护和实现公共利益的价值取向，坚持公益、民本、公平等原则，对基本公共服务的公益性和保障性质量特性产生直接影响。比如，若政府摒弃公共利益而选择商业价值作为基本公共服务的价值取向，则可能对基本公共服务的公益性和保障性质量特性造成损害。

2. 功能目标。基本公共服务的可及性和可靠性质量特性主要来源于作为基本公共服务功能标准的公共需求内涵要素，并形成于公共需求满足的过程及结果之中。因而，政府提供基本公共服务是否以及多大程度上以满足社会民众的基本需求作为功能目标，对基本公共服务的可及性和可靠性质量特性产生重要影响。比如，若政府提供基本公共服务以追求政绩、达成政治意图为功能目标，而并非直接追求满足社会民众的需求与利益，则可能导致对基本公共服务可及性和可靠性质量特性的偏离。

3. 公共政策因素。基本公共服务的参与性和回应性质量特性主要来源于基本公共服务的公共政策内涵要素，并形成于公共政策运行的过程及结果之中。因而，政府在制定和执行基本公共服务公共政策的过程中，是否以及在多大程度上吸纳公民参与、响应民众诉求，对基本公共服务的参与性和回应性质量特性产生重要影响。比如，若政府制定基本公共服务时采取漠视民意的姿态、关闭民众利益表达通道，则将严重降低基本公共服务参与性和回应性质量特性水平。

4. 公共权力因素。基本公共服务的透明性和廉洁性质量特性主要来源于基本公共服务的公共权力内涵要素，并形成于公共权力运用的过程及结果之中。因而，政府在提供基本公共服务的过程中是否以及多大程度上规范公共权力的运用，对基本公共服务的透明性和廉洁性质量特性产生重要影响。比如，若政府提供基本公共服务的权力过分集中于党政领导"一把手"，涉及公共权力运作的事项、环节以暗箱操作形式进行，则必然折损基本公共服务的透明性和廉洁性质量特性。

5. 公共资源因素。基本公共服务的公平性和共享性质量特性主要来源于基本公共服务公共资源内涵要素，并形成于公共资源配置的过程及结果之中。因而，政府提供基本公共服务是否拥有足够的公共资源（包括财力、物力、人力等资源），以及采取何种方式配置这些公共资源，对基本公共服务的公平性和共享性产生重要影响。比如，中央政府通过转移支付和专项支付的方式向全国配置基本公共服务的公共财政资源，在很大程度上影响着基本公共服务的均等化程度和国民共享水平。

6. 公共行为因素。基本公共服务的移情性和保证性质量特性主要来源于基本公共服务的公共行为内涵要素，并形成于公共行为实施的过程及结果之中。因而，提供基本公共服务的组织及其工作人员的公共行为表现如何，对基本公共服务的移情性和保证性产生重要影响。比如，公务员、医生、教师等提供基本公共服务的一线工作人员的公共行为直接关系到社会民众对基本公共服务的移情性和保证性质量特性的感知。

7. 关系定位。基本公共服务的责任性和法治性质量特性主要来源于作为基本公共服务关系标准的公共关系要素，并形成于公共关系反映的过程及结果之中。因而，政府是否以及在多大程度上基于"政府职责—公民权利"的公共关系定位并依法向社会公众提供基本公共服务，对基本公共服务的责任性和法治性质量特性产生重要影响。比如，若政府将向社会公众提供基本公共服务当作一种"施予"，保持"家长制"作风，惯于"为民做主"，同时把接受基本公共服务社会民众视作"被施予"对象，则这种背离"政府职责—公民权利"公共关系的关系定位必将偏失于基本公共服务的责任性和法治性质量特性。

（二）影响基本公共服务量的关键因素

在基本公共服务的质已经生成和客观既定的情况下，基本公共服务的量（指质量特性满足质量要求的程度）主要取决于相关规定要求和社会公众要求两方面的质量要求，并分别形成基本公共服务的客观质量和主观质量。进一步讲，相关规定要求和社会公众要求各自受到不同因素的影响，从而表明基本公共服务客观质量和主观质量的影响因素各有不同。

1. 基本公共服务客观量的影响因素。根据"基本公共服务客观质量＝基本公共服务相关规定要求－基本公共服务质量特性实际产出水平"可知，在基本公共服务质已经生成和客观既定的情况下，影响相关规定要求的因素也就是影响基本公共服务客观质量的因素，主要包括如下两项。

其一,制度环境。包括法律法规、政策、管理制度、规范等组成的制度体系对基本公共服务作出的规定和要求,体现为对基本公共服务提供过程及结果的指导、约束和规范。

其二,目标与标准的设定。即围绕基本公共服务"如何提供""提供什么"制定的目标和标准,具有供基本公共服务提供过程及结果遵循、参照、比较的作用和效力。

2. 基本公共服务主观量的影响因素。根据"基本公共服务主观质量 = 社会民众对基本公共服务的期望 − 社会民众实际感知的基本公共服务"可知,在基本公共服务"质"已经生成和客观既定的情况下,影响社会公众期望和服务感知的因素就是影响基本公共服务主观质量的因素,主要包括以下几项。

其一,基本公共服务的过去提供经历。社会公众对基本公共服务的期望不可避免地受到政府过去所提供基本公共服务的影响。

其二,政府承诺。政府向社会公众作出的基本公共服务提供的承诺也将对社会公众的基本公共服务期望产生影响。

其三,社会公众之间的沟通与交流。社会公众之间关于基本公共服务的沟通与交流,对公民个体形成基本公共服务的期望有着一定影响。

其四,公民个体自身需求。根本地讲,社会公众对基本公共服务的期望是受公民个体自身在生存和发展方面的需求的影响。

其五,公民个体特征。每一公民个体对基本公共服务的感知都与其自身的性别、年龄、民族、受教育程度、收入水平、家庭结构等密切相关。不同特征的公民个体即便对同一基本公共服务的实际感知也会存在差异。

其六,服务提供者与服务接受者之间的交互过程。在特定时空背景下,基本公共服务提供者与接受者之间的接触、互动过程对服务接受者的服务感知产生直接影响。

其七,服务救济、公民满意度调查、公民意见反馈、持续改进服务等后续服务行为。政府向社会公众提供基本公共服务后,通过服务救济、公民满意度调查、公民意见反馈、持续改进服务等后续服务行为对公民感知基本公共服务产生影响。

综上，可将影响基本公共服务质量的关键因素汇总如表2.3所示。总的来说，本研究分析得出的影响因素都基于理论层面的规范分析，尚需通过实证研究作进一步的验证、补充和完善。

表 2.3　基本公共服务质量的关键影响因素

层面	关键影响因素
影响基本公共服务"质"的关键因素	价值取向
	功能目标
	公共政策因素
	公共权力因素
	公共资源因素
	公共行为因素
影响基本公共服务客观"量"的关键因素	关系定位
	制度环境
	目标与标准的制定
影响基本公共服务主观"量"的关键因素	过去提供经历
	政府承诺
	社会公众之间的沟通与交流
	公民个体自身需求
	公民个体特征
	服务交互过程
	后续服务行为

资料来源：笔者自制。

第三节　基本公共服务质量管理的原则与功能

一　基本公共服务质量管理的目标与内容

目标，一般有两种含义：一是射击、攻击或寻求的对象，二是想要达到的境地或目的。① 在"管理目标"这一术语中，使用的是目标的第二种含义，此时"管理目标"可界定为：管理活动所要达到的目的。管理目标是管理活动的方向和指南，并为管理活动提供动力和依据，因而在管理活动中，管理目标居于十分重要的地位。对于基本公共服务质量管理活动而言，也必须先从基本公共服务质量管理目标谈起。

基本公共服务质量管理目标是通过基本公共服务质量管理的一系列活动所要达到的目的，其与基本公共服务质量目标（即基本公共服务在质量方面追求的目的）具有内在、根本的一致性和相通性。一方面，基本公共服务质量管理目标由基本公共服务提供组织依据组织总的基本公共服务质量方针制定，以为整个组织开展基本公共服务质量管理活动指明方向、提供遵循和创造动力；另一方面，基本公共服务质量管理目标是对基本公共服务质量要求，尤其是对社会公众对基本公共服务质量要求的反映。

基于前文对基本公共服务质量相关理论的分析，可把基本公共服务质量管理的目标归纳为三个层面：第一个层面是基本公共服务质的层面。该层面的目标是最适宜的基本公共服务质量特性水平。为什么基本公共服务质量特性水平是最适宜呢？因为单纯就基本公共服务质量特性来讲，固然是水平越高的基本公共服务质量特性越能够满足社会公众的质量要求，但问题在于，高水平的基本公共服务质量特性必然伴随高成本的投入（典型的如财政投入），因而长期来讲是不可持续的。从这个意义上讲，基本公共服务质量特性层面的目标应是一种理性目标，体现为既能够有效满足基本公共服务的质量要求，又能够立足实际、现实可行和可持续。在这里，"最适宜"即是对这种理性目标的确切描述。第二个层面是基本公共服务量的层面。该层面的目标是基本公共服务的质量特性最大限度地满足质量要求。其结果是实

---

① 参见百度百科"目标"词条，http：//baike.baidu.com/link？url＝vVrUmm4xReZG6Zr5bseimtuWSxSN_ GVG2IWv5EW0qkqruQg6GNk3xC－ztmROsEq8_ h8MOR4P0W5cACw－5sJSUx3lRro－K1LsvT－0jOW_ ylK，2017年1月20日。

现最高或最优的基本公共服务质量。之所以基本公共服务量的层面的目标可以设定为"最高"或"最优",原因在于其是基本公共服务的质量特性和质量要求二者互相约束、互相协调的结果,毕竟单方面的高质量特性和高质量要求都不适应彼此,而只有当基本公共服务质量特性越满足、越符合、越接近质量要求时,基本公共服务的"量"才有意义。此时,在结果上即体现为高或优的基本公共服务质量。第三个层面是基本公共服务价值的层面。该层面的目标是社会公众对基本公共服务质量的最高满意度。实际上,当达成上述基本公共服务质量在质和量两个层面的目标时,结果必然就是社会公众对基本公共服务质量的最高满意度。但这里之所以将社会公众对基本公共服务质量的满意度再单列出来作为基本公共服务质量管理的目标,原因在于其除了作为基本公共服务质量管理产出结果的一种"副产品"出现,还可以对基本公共服务质量管理的过程、方式、理念等产生深刻影响(比如其要求基本公共服务质量管理强调以人为本、利益表达、需求导向、公民参与等)。

围绕上述基本公共服务质量管理三个层面的目标,基本公共服务质量管理的内容相应地可分为以下三个方面。

第一,对基本公共服务质量特性的管理。基本公共服务质量特性,即存在于基本公共服务提供过程及结果中且满足基本公共服务质量要求的固有特性,包括公益性、保障性、可及性、可靠性、透明性、廉洁性、参与性、回应性、公平性、共享性、移情性、保证性、责任性、法治性等。由于在经济社会发展的不同阶段,社会民众对基本公共服务质量特性的关注和要求存在差异,甚至对一些基本公共服务质量特性毫无诉求。这就要求政府及相关组织在提供基本公共服务时对基本公共服务质量特性进行管理。主要涉及两个方面:一是确定提供哪些基本公共服务质量特性,同时确定所提供的基本公共服务质量特性之间的重要性排序。在分析基本公共服务提供过程及结果中存在的固有特性的基础上,结合社会公众对基本公共服务的质量要求,确定当前及未来一个时期内所提供的基本公共服务质量特性种类。进而,对这些确定提供的基本公共服务质量特性,应考量其重要性序列，从而在具体提供过程中对那些重要性高的基本公共服务质量特性予以重点对待。二是确保生成一定水平的基本公共服务质量特性。一般地，基本公共服务质量目标的达成要求基本公共服务质量特性必须达到一定水平。因而，要根据基本公共服务质量的目标与要求，以及基本公共服务质量特性的生成机理、影响因素等对基本公共服务质量特性进行管理，确保其达到一定水平。

第二，对基本公共服务质量要求的管理。基本公共服务质量要求包括相关规定要求和社会公众要求。要结合两类要求的不同特点进行管理。其中，基本公共服务的相关规定要求是对社会公众要求的转化，因而对基本公共服务相关规定要求的管理首先就要尽可能真实、全面地反映基本公共服务的社会公众要求。但由于社会公众的要求具有主观性、理想化的特点，因而相关规定要求还必须立足实际情况（如组织质量方针、公共资源匹配能力、组织体制机制等），以符合现实要求，具备可行性。在此基础上，从法律法规、政策、管理制度、质量标准等方面制定基本公共服务相关规定要求。对基本公共服务社会公众要求的管理，首先要通过多元、畅通的利益表达通道尽可能全面、完整地获取社会公众的需求、期望、意见和声音，使主观存在于公民心目中的基本公共服务公众要求得以有效反映出来；其次是对基本公共服务各方利益相关者的不同要求进行处理，通过公民参与、利益表达、民主协商、现场辩论、听证会等多种方式平衡各方诉求，最终使最优化的基本公共服务社会公众要求进入政府政策议程，并反映在基本公共服务相关规定要求之中。

第三，对基本公共服务质量特性满足质量要求的程度的管理。基本公共服务质量特性满足质量要求的程度包括基本公共服务质量特性满足相关规定要求的程度和基本公共服务质量特性满足社会公众要求的程度。前者是基本公共服务的客观质量，也是一种评定型质量，是基本公共服务相关规定要求与基本公共服务质量特性实际水平对比的结果；后者是基本公共服务的主观质量，也是一种感知型质量，是社会公众对基本公共服务的期望与实际感知的基本公共服务二者之间对比的结果。由此，对基本公共服务质量特性满足质量要求的程度的管理也即对基本公共服务客观评定型质量和主观感知型质量的管理。其中，对基本公共服务客观评定型质量的管理强调由具备专业评定资质的主体来实施评定，既可以由基本公共服务提供组织内部实施评定，也可以由独立第三方实施评定。对基本公共服务主观感知型质量的管理强调社会公众对基本公共服务质量的感知评价，既可通过分别测量社会公众对基本公共服务的期望值与实际感知值的方式，也可直接采取评价社会公众对基本公共服务质量满意度的方式。在同时对基本公共服务客观质量和主观质量予以测量的基础上，按照一定权重比例将二者进行整合，即是对基本公共服务质量的完整获取，从而完成对基本公共服务质量特性满足质量要求的程度的管理。

二 基本公共服务质量管理的基本原则

所谓原则，是指"以客观规律为基础的，根据实践主体的意志提出的主观要求"[①]。一般地，原则的建立是为了指导人们按照某种准则从事某项活动，以便更好地达成该项活动的目标。据此，基本公共服务质量管理的基本原则可以理解为根据基本公共服务质量管理的目标和客观规律提出的用以指导基本公共服务质量管理活动的基本要求。

基本公共服务质量管理的基本原则是质量管理一般原则在基本公共服务质量管理中的具体体现。长期以来，在质量管理理论研究与实践发展的过程中，一些质量管理专家或组织不断总结提出了质量管理的一般原则。1987年，美国质量管理专家戴明提出了质量管理的14条原则（简称"戴明十四条"），它们是：持之以恒地改进产品和服务质量；采用新的观念，绝不容忍劣质产品；停止依靠大规模检查去获得质量，转而依靠统计质量控制技术；结束只以价格为基础的采购习惯，减少成本开支；持续改进生产和服务系统；实行岗位职能培训；建立领导力企业管理；排除恐惧，使每一个员工都可以为公司有效地工作；打破部门之间的障碍，鼓励跨部门协作解决问题；取消对员工的标语训词和告诫；取消定额管理和目标管理，用领导力代替；

---

① 王燕如：《我国研究生培养应遵循的质量管理原则》，《中国高教研究》2006年第10期。

消除打击员工工作情感的考评；鼓励学习和自我提高；采取行动实现转变。[1] 1994 年，美国质量管理专家朱兰强调面向未来的质量管理必须遵循八个方面的原则，包括：管理层必须接受质量管理的教育培训；高层经营者必须亲自负责质量管理；经营计划中必须有质量目标；管理质量必须像管理生产一样；必须坚持开展质量改进；高层经营者必须采取新措施，能够在用户满意、质量成本方面不断取得进展；员工必须接受培训和必要的授权；必须改革奖励体系。[2] 2000 年，国际标准化组织（ISO）基于世界各国质量管理的实践经验与理论研究，尤其是吸纳了包括前述戴明、朱兰等著名质量管理专家的思想观点，在其发布的 ISO9000：2000 标准中确立了质量管理的八项原则，包括以顾客为关注焦点、领导作用、全员参与、过程方法、管理的系统方法、持续改进、基于事实的决策方法和与供方互利的关系。[3]

鉴于上述 ISO9000：2000 标准确立的八项质量管理原则是"质量管理的最基本、最通用的一般性规律，适用于所有类型的产品和组织"[4]，本研究将基于这八项质量管理原则并结合基本公共服务的具体情况提出基本公共服务质量管理的基本原则。具体如下所述。

其一，以满足社会公众要求[5]为中心。基本公共服务的出发点和落脚点在于满足社会公众要求。同样，基本公共服务质量管理也以社会公众要求为中心，具体要求基本公共服务提供必须全面、及时、准确地获取和理解社会公众的要求，满足甚至超越社会公众的需求和期

---

[1] 参见百度百科"戴明管理十四条原则"词条，http：//baike.baidu.com/link?url=n-7XBq4wYuXq0nYzuAwFOAYPOqHjgjYkdFWsRs5l-AInoS-vGU6VTmfMMk1VoDq BLNXLbFARxMs-vbEWGuZHtAq，2017 年 1 月 20 日。

[2] 马万民：《高等教育服务质量管理的理论与应用研究》，博士学位论文，南京理工大学，2004 年，第 19 页。

[3] 参见 MBA 智库百科"ISO9000：2000"词条，http：//wiki.mbalib.com/wiki/ISO9000%EF%BC%9A2000，2017 年 1 月 20 日。

[4] 马万民：《高等教育服务质量管理的理论与应用研究》，博士学位论文，南京理工大学，2004 年，第 20 页。

[5] 在这里，"社会公众"除了指由社会公民个体组成的集合体以外，还包括雇员、社区、非政府组织、非营利组织、新闻媒体等基本公共服务的利益相关者。"要求"指社会公众对基本公共服务在质量方面的需求与期望。

望。一是调查获取顾客的需求和期望，具体可通过政府主动向社会公众进行调查和社会公众自行表达利益诉求两种途径；二是理解顾客的需求和期望，并将其转化为组织质量方针与目标，制定指导、约束和规范基本公共服务提供的相关规定要求；三是构建社会公众要求在基本公共服务提供组织内部沟通和传递机制，确保社会公众要求为基本公共服务提供组织内部知晓；四是在基本公共服务提供完毕后开展社会公众要求满足情况调查，并采取相应的补救与改进措施；五是注重系统、全面、宏观、整体地管理基本公共服务提供组织与社会公众要求之间的关系。

其二，持续改进。社会公众对基本公共服务的质量要求不断增长，加之特定时间段内的基本公共服务质量不可能一步到位抵达最优状态，这就需要基本公共服务质量管理坚持持续改进的原则，不断改进基本公共服务质量。一是将持续改进基本公共服务质量确立为组织的目标任务；二是在整个组织内部建立一套旨在持续改进基本公共服务质量的基本公共服务质量管理体系，包括现状分析、问题查找、采取措施、实现改进等环节；三是为组织员工提供有关持续改进的方法、工具和手段的培训，并将持续改进落实到每位组织员工的岗位职责。

其三，领导作用。在任一组织，领导作用均显重要，尤其在涉及我国政治和行政体制提供基本公共服务的组织中更是如此。对于基本公共服务质量管理活动而言，既可能因为领导的重视而强力推动，也可能因为领导的不重视而困难重重。充分发挥领导在基本公共服务质量管理过程中的作用，就是要确立本组织的质量宗旨、质量方针和质量目标，并负责决策组织的重要事项；总括性地考虑、权衡基本公共服务利益相关者的需求和期望；确定提供的基本公共服务质量特性及其重要性序列；明确组织员工从事基本公共服务质量管理活动的权责，并为其提供所需的资源和培训；营造良好的基本公共服务质量管理环境氛围和组织文化。

其四，全员参与。全员参与是基本公共服务质量管理活动有效开展的保障性力量。这里的"全员"，是指基本公共服务提供组织的内部员工。由于基本公共服务质量管理涉及每一个岗位及每一个员工，因而需要将全员参与确立为基本公共服务质量管理的基本原则，充分发挥组织内每个员工的作用。一是让每一个员工明确其自身在基本公共服务质量管理活动中的职能、责任、权力与权利，尤其要使其认识到其自身的重要性以及对基本公共服务质量管理的重要贡献；二是培养员工在组织中的主人翁意识，使其富有责任感去解决或反映基本公共服务质量管理过程中的各种问题；三是支持每一个员工根据自身的目标对其工作业绩状况进行评估；四是鼓励员工积极寻找机会增强自身能力、知识和经验；五是重视与基本公共服务接受者互动、接触的一线员工，倾听并处理其意见与建议。

其五，协作供给。基本公共服务的提供既需要上级政府与下级政府之间、平级政府之间、政府内部不同职能部门之间的协作，也需要政府与私人部门、第三部门等之间的协作。因而，需要确立协作供给的基本原则，确保组织与组织之间、部门与部门之间共同开展基本公共服务质量管理。一是厘清不同层级政府、不同职能部门、政府与其他组织之间的权、责、利关系，确立相互之间协作提供基本公共服务和开展基本公共服务质量管理的互利互惠关系，增强相互间价值共创能力；二是破除多元协作主体之间的协作障碍，实现相互之间在资源、技术、信息等多方面的共享；三是政府部门要坚持开放、透明，摒弃控制、束管思维，努力扮演好协作供给格局中引导者、促进者的角色。

其六，事实决策。一定程度上讲，基本公共服务质量管理过程就是不断决策的过程，因而决策对于基本公共服务质量管理的影响深远。要确保决策的科学性、合理性与准确性，防止决策失误，则要求必须基于事实，即要求基于准确、真实的信息和数据，这是质量管理的重要原则之一。事实决策，要求基本公共服务质量管理过程做到：确保正式作出决策前能获取足够精确和可靠的数据和信息；让决策者（或数据和信息需要者）能方便、及时地获得所需数据和信息；分析数据和信息的方法、技术和工具要科学可行；在基于事实作出决策的同时，要对经验直觉进行权衡，进而做出决策并采取行动措施。

其七，过程控制。在质量管理中，过程方法①作为一种重要原则而得到广泛应用，其实质是对过程②进行管理。在基本公共服务质量管理中，实行过程控制就是要做到：系统地识别基本公共服务质量管理活动的全部过程，并明确每一个过程的输入、转化与输出；明确基本公共服务质量中每一个过程管理的职责和权限；分析基本公共服务质量管理每一个过程的影响因素，并将其纳入控制范围，分配其所需的相应资源；注重识别基本公共服务质量管理过程与过程之间的接口，并进而把握其衔接机理；将基本公共服务质量管理的总目标分解至每一个过程，从而通过每一个过程目标的达成来最终实现基本公共服务质量管理的总目标。

其八，系统管理。作为质量管理的原则，质量管理的系统方法旨在针对制定的目标，识别、理解并管理一个由相互联系的过程所组成的体系。其实质是对系统管理思想的运用。基本公共服务质量管理是一个复杂的系统，要求运用系统管理的思想和方法帮助组织提高实现基本公共服务质量目标的效率和有效性，并具体在基本公共服务质量改进、奠定组织持续改进基础、提高社会公众满意度等方面收获成效。一是建立以最佳效果和最高效率实现基本公共服务质量目标的体系；二是分析体系内各个部分之间的相互依赖关系；三是理解基本公共服务质量目标所必须的作用和责任，减少组织与组织、部门与部门之间的交叉障碍；四是对体系作出评估和测量，进而作出分析和改进。

三 基本公共服务质量管理的功能作用

基本公共服务质量管理是以基本公共服务质量为对象和内容的管理，故基本公共服务质量管理的功能作用首先体现为基本公共服务质量本身，进而体现为与基本公共服务质量相关的事物。基于这一分析思路，本研究认为基本公共服务质量管理的功能作用主要包括如下四

---

① 所谓"过程方法"，就是系统地识别和管理组织所应用的过程，特别是这些过程之间的相互作用。

② 所谓"过程"，就是通过利用资源和实施管理，将输入转化为输出的一组活动。

个方面。

第一，有利于在现有条件下改善基本公共服务质量特性的水平。基本公共服务质量特性是伴随基本公共服务行为与活动而产生的，存在于基本公共服务提供过程及结果之中，并受到基本公共服务内涵要素的综合影响。长期以来，我国基本公共服务的发展强调数量、规模、效率，对质量的关注比较缺乏。在这一情况下，基本公共服务质量特性处于一种未被察觉的状态。尽管基本公共服务一经提供就必然地生成满足社会公众要求的一定水平的质量特性。然而，在不对基本公共服务质量特性以及社会公众所需的基本公共服务质量特性进行深入探究的情况下，基本公共服务质量特性的生成难免自身水平偏低，或者残缺不全，使社会公众对基本公共服务的质量要求无法得到有效满足。因而，强调基本公共服务的质量内涵，并运用质量管理的方法与手段来对基本公共服务进行管理，将无疑对基本公共服务质量特性水平的提升产生促进作用。其主要原因如下：一是基本公共服务质量管理能明确基本公共服务质量特性的具体构成、分布及影响因素，进而有助于把握甚至控制基本公共服务的任一质量特性的生成；二是基本公共服务质量管理能根据社会公众对基本公共服务的质量要求，明确基本公共服务质量特性的重要性排序，从而对那些高程度满足社会公众质量要求的基本公共服务质量特性予以重点关注，确保其生成水平；三是基本公共服务质量管理能对基本公共服务质量特性的影响因素、生成环节等进行综合管理和控制，尤其是运用质量管理的技术、手段和工具来保障和促进基本公共服务质量特性水平的整体提升。综上，基本公共服务质量管理能在基本公共服务投入成本不变的情况下，通过运用质量管理的一般理论与方法，提升基本公共服务质量特性的水平，实现基本公共服务优异品质。

第二，有利于提高基本公共服务质量特性满足质量要求的程度。除了促进基本公共服务质量特性自身水平的提升外，基本公共服务质量管理能不断提高基本公共服务质量特性满足质量要求的程度，从而提高基本公共服务的质量水平。具体可从以下两方面来看：一是基本公共服务质量管理对于提高基本公共服务质量特性满足相关规定要求的程度的作用，即提高基本公共服务客观质量。这主要在于基本公共服务质量管理能够根据基本公共服务相关规定要求对基本公共服务质量特性进行管理，从而既能发挥基本公共服务质量相关规定要求对基本公共服务质量特性生成的指导、约束和规范作用，又能保证基本公共服务质量特性的生成有效满足基本公共服务相关规定要求。二是基本公共服务质量管理对于提高基本公共服务质量特性满足社会公众要求的程度的作用，即提高基本公共服务主观质量。基本公共服务质量管理通过公众识别、需求调查、要求理解、利益权衡等对基本公共服务的社会公众要求进行管理。同时，针对社会公众感知基本公共服务的特点，着重对基本公共服务提供者与接受者之间的互动接触"界面"进行管理，合理控制影响社会公众感知基本公共服务的因素，有效提升社会公众对基本公共服务的感知和体验，从而使基本公共服务质量特性更易于满足基本公共服务的社会公众要求。

第三，有利于回应和满足社会公众对基本公共服务的质量诉求。基本公共服务质量的根本内涵在于满足社会公众的质量要求。与该内涵一致，基本公共服务质量管理十分强调社会公众的中心地位。首先，基本公共服务质量管理既把满足社会公众的质量要求作为出发点和落脚点，也把满足社会公众的质量要求作为基本原则，这就使满足社会公众的质量要成为贯穿基本公共服务质量管理过程的主线。其次，基本公共服务质量管理强调社会公众的中心地位及其参与作用。基本公共服务质量管理的实施主体虽然是基本公共服务提供组织，但离不开社会公众的参与。比如，社会公众参与与表达其对基本公共服务的质量要求是基本公共服务提供组织获取社会公众质量要求的前提。又如，基本公共服务质量特性在多大程度上满足了社会公众的质量要求，也需要社会公众作为评价主体参与到基本公共服务质量评价中去。再如，基本公共服务质量的改进需要通过公民参与表达其不满以及发现的问题，为持续改进和提升基本公共服务质量提供动力。最后，基本公共服务质量管理在功能目标上追求不断满足社会公众质量要求，在价值目标上追求获得最大程度的社会公众满意度，这就使得社会公众质量要求的被满足程度以及社会公众满意度成为衡量基本公共服务质量管理工作的重要标尺。

第四，有利于塑造和增强基本公共服务提供组织供给基本公共服务的核心能力。基本公共服务提供组织开展基本公共服务质量管理首先折射出的是基本公共服务提供组织对基本公共服务质量问题的关心和重视。相较于长期以来强调投入资源，注重产出规模、效率和业绩，基本公共服务质量管理把重心转移到基本公共服务质量层面，极大凸显对基本公共服务的对象——社会公众的关心，这是基本公共服务提供组织在基本公共服务管理方面的重要变化。其次，基本公共服务质量管理是运用质量管理理论与方法的过程，不仅遵循特定的价值取向和基本原则，而且体现出强烈的工具理性和专业色彩，能为基本公共服务提供组织注入新的管理思维与模式，一定程度上塑造其基本公共服务供给业务能力。再次，在基本公共服务质量管理模式下，社会公众与基本公共服务提供组织的互动、接触机会大大增多，这就促使社会公众更为方便、直接地获取和感知基本公共服务提供组织业务能力的改进。最后，基本公共服务提供组织有效实施基本公共服务质量管理的结果是促进基本公共服务质量特性水平、基本公共服务质量特性满足质量要求程度的改善和提升，这为基本公共服务提供组织增强其供给基本公共服务核心能力提供了有力印证。

第四节　基本公共服务质量管理的理论基础

基本公共服务质量管理是公共领域的基本公共服务与私人领域的质量管理相结合的产物，因而基本公共服务质量管理的理论基础主要来源于基本公共服务方面的理论和质量管理方面的理论。具体来讲，整体诠释如何开展质量管理的全面质量管理理论，深入揭示服务质量差距形成的服务质量差距理论，凸显政府管理工具理性的新公共管理理论和强调公共服务内在价值的新公共服务理论等均可纳入基本公共服务质量管理的理论基础范畴。

一 全面质量管理理论

质量管理发展在经历 18 世纪末以前的质量检验阶段和 19 世纪初至 20 世纪 40 年代的统计质量控制阶段后,从 20 世纪 50 年代起进入全面质量管理阶段。1961 年,美国质量管理专家费根鲍姆(A. V. Feigenbum)在《全面质量管理》一书中最早提出了"全面质量管理"概念,并将其定义为"为了能够在最经济的水平上,并考虑到充分满足用户要求的条件下进行市场研究、设计、生产和服务,把企业内部门研制质量、维持质量和提高质量的活动构成为一体的一种有效体系"[1]。在 ISO9000 族标准中,全面质量管理概念被定义为:"一个组织以质量为中心,以全员参与为基础,目的在于通过让顾客满意和本组织所有成员及社会受益而达到长期成功的管理途径。"[2] 从以上两个定义可以看出,全面质量管理强调用户要求、质量中心、经济效益、全员参与、顾客满意、组织成员及社会受益等内涵要素。

一般认为,全面质量管理具有"三全一多样"的基本特点,即全过程的质量管理、全员参与的质量管理、全企业的质量管理、多方法的质量管理。[3] 其中,全过程的质量管理指质量管理要覆盖产品质量形成的各个环节和全部过程;全员参与的质量管理指组织产品质量的实现要求组织内部所有部门和所有层次的员工共同参与;全企业的质量管理指质量管理既涉及企业上层、中层和基层各管理层次的组织,也涉及横向的各个质量职能部门;多方法的质量管理指质量管理必须广泛使用各种先进的管理方法、技术和工具以保障质量目标的实现。此外,全面质量管理还强调以预防为主、持续改进、为顾客服务等基本理念,系统原则、科学原则、预防原则等基本工作原则,以及计划、实施、检查和处理(PDCA)的运行模式。[4] 由此不难看出,前文所述的 ISO9000 族标准的八大原则也大体反映了全面质量管理理论

---

[1] 梁工谦主编:《质量管理学》,中国人民大学出版社 2014 年版,第 102 页。
[2] 梁工谦主编:《质量管理学》,中国人民大学出版社 2014 年版,第 102 页。
[3] 马林、罗国英:《全面质量管理基本知识》,中国经济出版社 2001 年版,第 31—35 页。
[4] 董丽:《基本公共服务质量评价问题研究》,博士学位论文,吉林大学,2015 年,第 64—65 页。

的基本思想和原则。①

全面质量管理虽然是总结和提炼于企业产品质量管理实践的理论，但其对于公共领域的基本公共服务质量管理却具有良好的适用性。事实上，全面质量管理的基本思想和原则早已突破私人部门的界限，而在公共部门中得到广泛应用，如发端于 20 世纪 70 年代末 80 年代初的新公共管理运动即明确主张在公共部门中导入全面质量管理。具体而言，全面质量管理理论在以下方面为基本公共服务质量管理提供了理论支持。

第一，"以顾客为中心"和"持续改进"的基本理念。强调以质量为中心的全面质量管理理论把顾客置于中心位置，并把满足顾客的质量要求作为质量管理目标。而为了实现质量管理的目标，全面质量管理又主张贯彻持续改进的理念。对于基本公共服务质量管理，同样强调以社会公众质量要求为中心，并把持续改进作为不断满足社会公众质量要求的重要原则和途径。由此可见，全面质量管理理论的顾客中心和持续改进理念为基本公共服务质量管理提供了理论资源。

第二，"全过程管理"和"全员参与管理"的思想和原则。全面质量管理强调对产品质量形成的全过程和全环节进行管理，同时要求组织内部全体员工参与质量管理。同样，在基本公共服务质量管理中，也要求针对基本公共服务质量形成的各个环节和全部过程进行管理，并需要基本公共服务提供组织内部的领导和工作员工共同参与。这表明，在基本公共服务质量管理中强调的全过程管理和全员参与管理实际来源于全面质量管理理论的思想与原则。

第三，"系统管理"和"综合管理"的方法与工具。全面质量管理是遵循系统原理和体现系统思想的管理，也是运用综合多样化的工具与技术实施的管理。从基本公共服务质量管理来看，也强调应用系统的原理和方法来构建基本公共服务质量管理体系，同时要求充分应用各种质量管理技术和工具来实现质量管理目标。可见，全面质量管理理论在系统管理和综合管理的方法与工具方面为基本公共服务质量

---

① 王家合：《城市政府质量管理研究》，博士学位论文，同济大学，2006 年，第 24 页。

管理提供了理论供给。

二 服务质量差距理论

1984年,芬兰学者Gronroos指出服务质量可分解为功能质量(指消费者在服务交互中感受到的服务水平)和技术质量(指顾客在服务结束后得到的服务结果),并在此基础上提出顾客感知服务质量模型,认为顾客对服务质量的感知评价过程实际是顾客对服务的期望和顾客实际感知的服务二者之间比较的结果。具体包括三种情形:一是实际感知的服务超出了期望服务,此时顾客感知的质量是上乘的、令人惊喜的;二是实际感知的服务大致满足了期望服务,此时顾客感知的质量是满意的、不错的;三是实际感知的服务不能满足期望服务,此时顾客感知的质量是不好的、不可接受的。[①]

沿着Gronroos的思路,美国营销学家Parasuraman、Zeithaml和Berry(简称PZB)于1985年构建了服务质量差距分析模型(Service Quality Gap Analysis Model),把顾客感知与服务期望之间的差距(Gap5)细分为四种差距(Gap1—4),进而形成PZB五差距模型。其中,差距1是指顾客对服务的期望与服务提供者对顾客期望的理解之间的差距;差距2是指服务提供者掌握的顾客期望与设计的服务标准之间的差距;差距3是指服务提供者设计的服务标准与实际提供的服务之间的差距;差距4是指服务提供者实际提供的服务与承诺提供的服务之间的差距;差距5是指顾客期望的服务与实际感知的服务之间的差距。[②]

服务质量差距理论不仅展示了服务质量的形成过程[③],而且为服务质量评价提供了基本思路,此外还为服务质量的改进指明了具体方向。正是基于上述意义,服务质量差距理论为基本公共服务质量管理

---

① Gronroos C., "A Service Quality Model and Its Marketing Implications", *European Journal of Marketing*, Vol. 18, No. 4, 1984, pp. 36 – 44.

② Parasuraman A., Zeithaml V. A. and Berry L. L., "A Conceptual Model of Service Quality and Its Implications for Future Research", *Journal of Marketing*, Vol. 49, No. 4, 1985, pp. 41 – 50.

③ 洪志生、苏强、霍佳震:《服务质量管理研究的回顾与现状探析》,《管理评论》2012年第7期。

提供了重要的理论支持。

首先,服务质量差距理论部分解释基本公共服务质量的形成机理。前文分析指出,基本公共服务质量的形成具体包括质的形成和量的形成,其中量的形成又可分为客观量的形成和主观量的形成。而所谓主观量的形成,即是社会公众对基本公共服务的期望与实际感知的基本公共服务之间的差距。由此可见,基本公共服务主观量的形成即是应用服务质量差距理论的结果。

其次,服务质量差距理论为基本公共服务质量评价提供一定思路。基本公共服务质量评价属于基本公共服务质量管理的重要内容。前文分析指出,基本公共服务质量评价包括客观质量评价和主观质量评价。其中,基本公共服务主观质量评价即是社会公众对基本公共服务的期望与实际感知的基本公共服务二者之间比较的结果,而这正是应用服务质量差距理论的体现。

最后,服务质量差距理论为基本公共服务质量改进提供了可行的分析路径。基本公共服务质量改进属于基本公共服务质量管理的应有之义。要实现基本公共服务质量的改进,前提是明确基本公共服务质量的问题所在,即找准基本公共服务质量存在的差距。对此,服务质量差距理论可为基本公共服务质量差距的定位和质量问题的查找提供可行的分析进路,进而帮助基本公共服务质量管理实现对既有质量的改进和提升。

三 新公共管理理论

20世纪70年代末80年代初,面对财政、舆论、竞争等压力,资源、需求、环境等挑战,以及社会公众对公共部门绩效的诸多质疑,西方诸多发达国家致力探索新的政府管理和服务模式,掀起了一股学习私营部门中良好商业实践来对政府进行重塑和再造的新公共管理(又称为"管理主义""后官僚制典范""市场导向的公共行政")浪潮。

作为"新公共管理"这一称谓的最早提出者,英国著名学者胡德(Hood)归纳了新公共管理的七大特质:实施专业化管理并独自承担责任;确立明确的目标,设定绩效测量标准并且进行严格的绩效测量；强调产出控制，对实际成果的重视甚于对过程或程序的关注；打破本位主义，对部门进行分解与重组，破除单位与单位之间的藩篱；引入竞争机制，降低管理成本，提高服务质量；吸收和运用私营部门管理方法和经验；强调对资源的有效利用和开发。①

拉森（Ranson）和斯图亚特（Stewart）认为新公共管理应包括如下主张：视民众为顾客，并强调顾客的价值；创造市场或准市场的竞争机制；扩大个人以及私人部门自理的范围；把购买者的角色从供给者的角色中剥离出来；契约或半契约配置的增加；由市场来测定目标；弹性工资。②

奥斯本（Osborne）和盖布勒（Gaebler）在其合著的《重塑政府》一书中指出重塑政府管理和服务至少需要十个方面变革：掌舵而不是划桨；重妥善授权而非事必躬亲；注重引入竞争机制；注重目标使命而非繁文缛节；重产出而非投入；具备"顾客意识"；有收益而不浪费；重预防而不是治疗；重参与协作的分权模式而非层级制的集权模式；重市场机制调节而非仅靠行政指令控制。③

欧文·休斯（Owen Hughes）从一般管理框架的角度出发，认为新公共管理包括战略、管理的内部要素和管理的外部要素三部分内容构成的综合性框架，并指出新公共管理的目标是完全取代传统的行政模式，不仅意味着对公共部门进行变革，而且代表了公共部门以及公共部门与政府和社会关系的某种转变。④

综合以上学者的观点可知，新公共管理理论主张运用顾客导向、专业化管理、竞争机制、流程再造、放松管制、分权授权、参与协作、控制产出等私人部门的管理理念、方法、工具与途径来重塑政府，实现政府公共服务效率与质量的提升。将新公共管理理论作为基

---

① C. Hood, "Public Management for all Seasons?" *Public Adminstration*, Vol. 69, No. 1, 1991, pp. 198 – 199.
② 张成福：《公共行政的管理主义：反思与批判》，《中国人民大学学报》2001 年第 1 期。
③ 丁煌：《西方行政学说史》，武汉大学出版社 2004 年版，第 375—386 页。
④ 欧文·休斯：《公共管理导论》，张成福译，中国人民大学出版社 2001 年版，第 63—64 页。

本公共服务质量管理的理论基础，主要基于以下判断。

其一，新公共管理与基本公共服务质量管理具有共同、一致的目标追求——提高政府公共服务的质量。新公共管理主张在公共部门中引入私人部门管理的理念、做法与经验，目的在于提高公共部门服务效率与质量。基本公共服务质量管理通过在基本公共服务管理中引入质量管理的一般理论与方法，目的也在于提高基本公共服务质量。

其二，新公共管理强调政府部门树立的"顾客导向"理念为基本公共服务质量管理坚持"以社会公众要求为中心"的基本原则提供了理论支持。新公共管理主张政府部门向私人部门一样，将其服务对象视作"顾客"，并根据顾客需求驱动来提供公共服务。基本公共服务质量管理坚持一切从社会公众质量要求出发，通过不断满足社会公众质量要求来实现基本公共服务质量的持续提升。

其三，新公共管理主张的一些改革举措根本地与基本公共服务质量管理途径相通，甚至相一致。比如，新公共管理主张政府通过流程再造的方式来提高政府服务效率和质量，与之相似，基本公共服务质量管理也强调对基本公共服务质量形成的各个环节与全部过程进行管理；又如，新公共管理主张在政府部门直接导入ISO9000质量管理体系标准来实行管理的流程化、标准化和规范化，而这是基本公共服务质量管理的题中之义；再如，新公共管理主张在政府部门引入市场竞争机制，实行参与协作、放松管制、分权授权等，其最终目标指向是提升政府公共服务效率与质量，因而它们在很大程度上可以直接纳入以改进和提升基本公共服务质量为中心目标的基本公共服务质量管理途径范畴。

需要指出，新公共管理过于强调学习私人部门的管理主义典型地属于工具理性，这可能造成公共部门应用过程中价值理性的缺失。故在将新公共管理理论作为基本公共服务质量管理的理论基础时，必须辩证地看到其优点与缺陷，进而加以批判性地借鉴与吸收。

四　新公共服务理论

新公共服务理论是在反思和批判新公共管理理论的基础上提出的一种新的公共行政理论。美国著名公共管理学者罗伯特·B. 登哈特

(Robert B. Denhardt)是新公共服务理论的主要提出者。2000年，登哈特夫妇在吸收各种针对新公共管理理论提出的批评意见后，在其发表的《新公共服务：以服务代替掌舵》一文中系统提出了新公共服务理论。① 作为一种全新的现代公共行政理论，新公共服务理论以民主公民权理论、社区与公民社会理论、组织人本主义与新公共行政、后现代公共行政等为理论基础，并主要包括以下观点②。

1. 政府的职能是服务，而不是掌舵。政府的主要职能不是"掌舵"或者"划桨"，而是服务。这是因为，虽然政府过去在"掌舵"方面扮演着十分重要的角色，但当今社会实质是由作为复杂利益博弈后生成的公共政策发挥领航作用，这就要求现今政府的角色"从控制转变为议程安排、使相关各方坐到一起，为促进公共问题的解决进行协商、提供便利"③。

2. 公共利益是目标而非副产品。公共行政必须将公共利益观念置于优先主导地位，政府需要促进广泛的公众对话和协商，并有责任确保经由这些程序产生的解决方案符合公平和公正的要求。④

3. 在思想上要具有战略性，在行动上要具有民主性。集体意识的实现需要规定角色和责任，并确立具体的行动步骤。而这些，既需要富有远见的战略计划，也离不开民主参与的操作执行。

4. 为公民服务，而不是为顾客服务。政府提供公共服务必须郑重考虑公正与公平因素，绝不能仅仅关注顾客自私的短期利益，而必须关注、回应公民的需要和利益，并在与公民以及公民之间建立信任、协商与合作关系。

5. 责任并不简单。当今现实中公共行政官员面临极为复杂的责任问题，需要对包括公共利益、宪法法令、其他机构、其他层次的政府、媒体、职业标准、社区价值观念和价值标准、环境因素、民主规

---

① 李德国：《走向实践的新公共服务：行动指南与前沿探索》，《国家行政学院学报》2013年第3页。
② 丁煌：《西方行政学说史》，武汉大学出版社2004年版，第409—415页。
③ 丁煌：《西方行政学说史》，武汉大学出版社2004年版，第410页。
④ 丁煌：《西方行政学说史》，武汉大学出版社2004年版，第410页。

范、公民需要在内的各种制度和标准等复杂因素负责。①

6. 重视人，而不只是重视生产率。试图控制人类行为的理性做法在组织成员的价值和利益并未同时得到充分关注的情况下很可能失败，因而，需要通过分享领导权的途径来激发公民和公共雇员的公共服务动机和价值，并使其基本需求及利益得到重视和维护。②

7. 公民权和公共服务比企业家精神更重要。政府的所有者是公民，而非公共行政官员。同时，公共行政官员始终担负着这样一种责任，即"通过担当公共资源的管理员、公共组织的监督者、公民权利和民主对话的促进者、社区参与的催化剂以及基层领导等角色来为公民服务"③。

综合来看，新公共服务理论呈现了一个由民主、公民权和公共利益组成的理论框架。新公共服务理论的基本观点对基本公共服务质量管理具有以下理论准备意义。

一是，新公共服务理论强调以公民为中心的观点契合了基本公共服务质量管理以社会公众质量要求为中心的原则要求。新公共服务理论认为是公民而非顾客的自我利益聚集形成了公共利益，因而政府必须集中精力对公民的利益需求作出回应，以实现对公共利益的维护。同样，基本公共服务质量管理也以社会公众及其质量要求为核心对象，强调通过不断满足社会公众质量要求来实现基本公共服务质量的提升。

二是，新公共服务理论强调政府的职能是服务与基本公共服务质量管理要求政府部门提高基本公共服务质量具有一致性。新公共服务理论主张政府的主要职能是向社会提供满足其需求的公共服务，这就必然要求不断提高公共服务的效率与质量。与之一致，作为基本公共服务质量管理的主要实施主体，政府部门正是以改进和提升基本公共服务质量为中心目标。

---

① 丁煌：《西方行政学说史》，武汉大学出版社 2004 年版，第 412 页。
② 丁煌：《西方行政学说史》，武汉大学出版社 2004 年版，第 412 页。
③ 丁煌：《西方行政学说史》，武汉大学出版社 2004 年版，第 413 页。

三是，新公共服务理论强调的公民参与、民主、公民权利、公共利益等均可纳入基本公共服务质量管理范畴。强调以公民为中心的新公共服务理论，同时也强调公民参与、民主、公民权利、公共利益等。基本公共服务质量管理在控制质量特性生成，满足社会公众质量要求，以及改进质量水平的过程中，必然需要将公民参与、民主决策、公民权利表达和实现、公共利益维护等纳入进来。

第三章 基本公共服务质量管理体系的要素与构建过程

如同基本公共服务质量管理是对质量管理一般理论与方法的运用,基本公共服务质量管理体系构建是对质量管理体系的应用。事实上,基本公共服务质量管理体系就是工商领域质量管理体系构建依据与参照应用于基本公共服务管理的结果。本章首先对基本公共服务质量管理体系的概念、内涵与特征进行解析,并探讨基本公共服务质量管理体系的构成要素与核心要素。然后,在梳理工商领域质量管理体系并探析其构建依据的基础上,选择基本公共服务质量管理体系的构建依据与参照。进而,以质量管理内容和质量管理职能的复合为依据,同时参照改进的以过程为基础的质量管理体系,构建了复合型基本公共服务质量管理体系。最后,分析指出复合型基本公共服务质量管理体系的主要构成、特色、运行逻辑以及创新价值。

第一节 基本公共服务质量管理体系的概念与特征

一 基本公共服务质量管理体系的概念与内涵

要界定基本公共服务质量管理体系的概念,离不开对体系、管理体系和质量管理体系三个子概念的解析。

在 ISO9000:2000 标准中,体系、管理体系和质量管理体系均得到明确界定。其中,体系被界定为"相互关联或相互作用的一组要素";管理体系被界定为"建立方针和目标并实现这些目标的体系";

质量管理体系被界定为"在质量方面指挥和控制组织的管理体系"。

本研究采用上述 ISO9000：2000 标准对体系、管理体系和质量管理体系的界定。但就"体系"一词而言，需补充说明：其与"系统""框架""模式"等概念十分相近①，因而本研究将它们视作同义并可相互替换的一组概念。

若直接在 ISO9000：2000 标准定义的质量管理体系基础上界定基本公共服务质量管理体系的概念，则基本公共服务质量管理体系不难界定为：在基本公共服务质量方面指挥和控制基本公共服务提供组织的管理体系。然而，如此界定使用的是管理体系和体系的整体概念，尚未做到对基本公共服务质量管理体系概念的细致界定。故应再结合 ISO9000：2000 标准对管理体系和体系的解释，把基本公共服务质量管理体系的概念界定为：在基本公共服务质量方面指挥和控制基本公共服务提供组织的旨在实现基本公共服务质量目标的一系列相关过程、活动、资源、制度等的总和。

相应地，基本公共服务质量管理体系的内涵主要包括以下几点。

第一，基本公共服务质量管理体系的总体内涵是：基本公共服务质量管理体系致力于建立基本公共服务质量方针和目标，并为实现基本公共服务质量目标确定相关的过程、活动、资源、制度等。简言之，基本公共服务质量管理体系就是关于基本公共服务质量管理目标确立以及目标实现的体系。

第二，基本公共服务质量管理体系以基本公共服务质量目标的建立及实现为中心。基本公共服务质量管理体系是关于基本公共服务质量管理的体系。基本公共服务质量管理的若干活动围绕基本公共服务质量管理目标展开，决定了基本公共服务质量管理体系以基本公共服务质量目标为中心，并集中体现在两个方面：一是根据基本公共服务质量方针来确立基本公共服务质量目标；二是围绕基本公共服务质量

---

① 当然，仔细分辨，体系、系统、框架、模式这四个概念之间仍是有所差异和侧重的。比如，"体系"和"系统"强调一种整体性，"框架"强调一种内在结构性，"模式"强调一种标准样式性。

目标来安排和确定相关的过程、活动、资源与制度。

第三，基本公共服务质量管理体系作为一种总和，并非单一的基本公共服务质量管理的相关过程、活动、资源、制度等，而是它们的全面聚拢与有机结合。这表明，考察基本公共服务质量管理体系必须运用一种系统、整体的视角，不可"只见树木，不见森林"。

第四，基本公共服务质量管理体系具有一定的内在结构性。比如，从基本公共服务质量管理的过程或活动来看，基本公共服务质量管理体系包含着质量决策、质量控制、质量监测[①]的过程或活动结构；又如，从基本公共服务质量管理的资源来看，基本公共服务质量管理体系包含着有形与无形，或硬件与软件，或人财物的资源结构；再如，从基本公共服务质量管理的制度来看，基本公共服务质量管理体系包含着法规、政策、管理制度、管理文件等构成的制度结构。

第五，基本公共服务质量管理体系包含一系列相对独立的次级子体系。后文将分析指出，根据基本公共服务质量管理的过程与活动，基本公共服务质量管理体系可分解为基本公共服务质量决策子体系，基本公共服务质量控制子体系，基本公共服务质量监测子体系。进一步地，这些构成基本公共服务质量体系的二级子体系，又可分解出若干三级子体系。比如，基本公共服务质量决策子体系可分解为基本公共服务质量要求表达子体系，基本公共服务质量政策制定子体系和基本公共服务质量目标策划子体系等。

二 基本公共服务质量管理体系的基本特征

基本公共服务质量管理体系的基本特征是由"体系""管理""质量管理"等决定的，同时与"基本公共服务质量管理"紧密交织并得以呈现。

1. 目标性。基本公共服务质量管理体系作为一种"管理"之体系，首先具备鲜明的目标性。基本公共服务质量管理体系的目标性特征意味着基本公共服务质量管理体系既是围绕某一目标来构建与展开的，又是服务于该种目标的实现的。具体来讲，基本公共服务质量管

---

① 详见本章第三、第四小节分析。

理体系的目标与基本公共服务质量管理的目标具有根本一致性。这是因为，基本公共服务质量管理体系作为基本公共服务质量管理之体系，是以基本公共服务质量管理的目标确立及实现为目标的。正如前文分析指出，基本公共服务质量管理体系的总体内涵是建立基本公共服务质量管理的目标，并为实现这一目标确定相关的过程、活动、资源、制度等。据此，基本公共服务质量管理体系的目标应置于基本公共服务质量管理的目标之中，既使基本公共服务质量管理体系紧紧围绕基本公共服务质量管理目标来构建，又使基本公共服务质量管理体系反过来有利于促进基本公共服务质量管理目标的实现。

2. 系统性。基本公共服务质量管理体系的系统性特征是指基本公共服务质量管理体系不是零碎、散乱的，而是结构化和体系化的。首先，基本公共服务质量管理体系有着内在的结构化组成，具体体现在基本公共服务质量管理的过程、活动、资源、制度等方面。正是基本公共服务质量管理体系在这些方面的内在结构，形成了基本公共服务质量管理体系的系统性特征。其次，基本公共服务质量管理体系是一种体系化的存在。这是由于，基本公共服务质量管理的相关过程、活动、资源、制度等是按照一定秩序和内在联系组合而成的，进而从整体上构成了富有系统性的基本公共服务质量管理体系。

3. 整体性。基本公共服务质量管理体系是一个由多个部分构成的完整整体，并呈现出整体性的基本特征。基本公共服务质量管理体系的整体性特征是相对于部分性而言的，也即基本公共服务质量管理体系虽然由存在内在关系或相互作用的各个部分组成，但总体上表现出的却是一个整体性的体系对象。具体来讲，基本公共服务质量管理体系涉及基本公共服务质量管理的相关过程、活动、资源、制度等多个方面，只有当这些方面的内容或要素按照一定秩序或关系组合而成，才能构成一个完整的具有整体性特征的基本公共服务质量管理体系。

4. 相对稳定性。基本公共服务质量管理体系的相对稳定性特征是由基本公共服务质量管理体系的内在结构决定的。正如前文分析指出，基本公共服务质量管理体系有着一定的内在结构性，并存在于基本公共服务质量管理体系的过程、活动、资源、制度等方面。正是由于基本公共服务质量管理体系内嵌了诸种结构，使得基本公共服务质量管理体系表现出相对稳定性的特征。

5. 可分解性。基本公共服务质量管理体系的可分解性是指基本公共服务质量管理体系可分解为一系列的子体系。若把从基本公共服务质量管理体系分解出的基本公共服务质量管理体系视作基本公共服务质量管理体系二级子体系，那么基本公共服务质量管理体系二级子体系还可进一步分解为三级子体系。依此类推。一般地，基本公共服务质量管理体系的分解是以基本公共服务质量管理的过程、活动、资源、制度等为依据的。比如，根据基本公共服务质量管理的过程或活动，基本公共服务质量管理体系可分解为基本公共服务质量决策体系、基本公共服务质量控制体系和基本公共服务质量监测体系。

第二节 基本公共服务质量管理体系的构成要素

一 体系构成要素的分析进路

（一）体系与要素的关系

体系与要素是一组具有密切内在关联的词组。对于"体系"一词，《辞海》定义为"若干有关事物互相联系互相制约而构成的一个整体"[①]；《现代汉语词典》定义为"若干有关事物或某些意识互相联系而构成的一个整体"[②]；百度百科定义为"一定范围内或同类的事

[①] 辞海编辑委员会主编：《辞海》，上海辞书出版社2000年版，第274页。
[②] 中国社会科学院语言研究所词典编辑室主编：《现代汉语词典》，商务印书馆2006年第5版，第1342页。

物按照一定的秩序和内部联系组合而成的整体，是不同系统组成的系统"①；ISO9000：2000 标准定义为"相互关联或相互作用的一组要素"②。可见，体系是作为一个整体或一种系统而存在的，强调整体性、系统性，并由相关事物、意识等要素构成。

对于"要素"一词，《现代汉语词典》定义为"构成事物的必要因素"③；百度百科定义为"构成一个客观事物的存在并维持其运动的必要的最小单位，是构成事物必不可少的因素，又是组成系统的基本单元，是系统产生、变化、发展的动因"④。可见，"要素"是作为事物的构成因素或系统的构成单元而存在的。

综上，"体系"与"要素"的关系可以概括为：体系是要素构成的结果，要素是构成体系的基本单位。

（二）体系构成要素的分析思路

如何分析体系的基本构成要素呢？

首先，需要明确体系的主体。只有当具体到某一特定体系时，体系构成的基本要素的分析才变得可能、可行。

其次，需要针对体系主体的具体情况展开分析。比如，管理体系、制度体系、评价体系、政策体系等的体系主体分别是管理、制度、评价和政策，这些不同的体系主体决定了它们的体系构成要素各不相同。由此，不同体系的构成要素分析须遵循"具体情况具体分析"原则。

再次，对于特定体系的基本构成要素分析，一般是从体系主体的环境、主体、客体、目的（或目标）、对象（或内容）、方式（或方

---

① 参见百度百科"体系"词条，http：//baike.baidu.com/link？url=d8OeQhM2TvTBFxl8dGMq0oJbBBDvnZTDtGHno‐T7Bh3oplIIsb4pdcwCbCnWQd_W1vYAG7_aOfG96nefwj OzSK，2017 年 1 月 20 日。

② 参见 MBA 智库百科"ISO9000：2000"词条，http：//wiki.mbalib.com/wiki/ISO9000%EF%BC%9A2000，2017 年 1 月 20 日。

③ 中国社会科学院语言研究所词典编辑室主编：《现代汉语词典》，商务印书馆 2006 年第 5 版，第 1466 页。

④ 参见百度百科"要素"词条，http：//baike.baidu.com/link？url=0oWo‐GAzbntAv9‐R9biHlwBEhtV‐uQp17b1zQOHPS8PDH9LutwpYB3DMq‐Rn6qesQ09cLkwlECSIJSrkQ4ML3_，2017 年 1 月 20 日。

法)、手段(或工具、技术、机制)、范围、程序(或流程、环节)、原则、标准、价值、原因(或动机)、结果等方面入手。这从学者们分析的特定体系构成要素的学术文献中可以得到印证。比如,姜晓萍在《行政问责的体系构建与制度保障》一文中指出,行政问责体系的构成要素包括问责主体、问责对象、问责范围和问责程序四个方面[①];徐绍刚在《建立健全政府绩效评价体系的构想》一文中指出,政府绩效评价体系包括评价标准、评价指标、评价方法、评价对象、评价主体、评价结果等构成要素[②];鲍海君、吴次芳在《论失地农民社会保障体系建设》一文中指出,社会保障体系由资金来源、运行机制、模式类型、内容构成等要素构成。[③]

最后,体系构成的不同要素在重要性方面存在差异。按重要性程度的高低,可将任一特定体系的构成要素划分为核心要素和一般要素。其中,核心要素是具有高重要性的要素,一般要素是指低重要性的要素。体系构成要素的重要性差异意味着,对特定体系构成要素的分析应识别其中的核心要素。

二 管理体系和质量管理体系的构成要素

沿着上文关于体系构成要素的分析思路,同时结合学者们的相关观点,可对管理体系的一般构成要素进行分析。由于质量管理体系隶属于管理体系,进一步地可对质量管理体系的构成要素进行分析。这些,均为基本公共服务质量管理体系构成要素的分析铺垫基础。

(一)管理体系的构成要素

管理体系的体系主体是管理。在管理学科中,管理一般指"管理主体组织并利用其各个要素(人、财、物、信息和时空),借助管理手段,完成该组织目标的过程"[④]。根据该定义,管理的内涵包括管理

---

① 姜晓萍:《行政问责的体系构建与制度保障》,《政治学研究》2007年第3期。
② 徐绍刚:《建立健全政府绩效评价体系的构想》,《政治学研究》2004年第3期。
③ 鲍海君、吴次芳:《论失地农民社会保障体系建设》,《管理世界》2002年第10期。
④ 参见百度百科"管理"词条,http://baike.baidu.com/link? url = mqlyq8xxApXeoi18y9ZbTudQGaIfYLbd4ViIipvTHYN9NT0h2Ls6r2o8xHTftYS5yCjvD69FNprqz2 _ Flj1HRZonxFZsv7UN – 7Hnr2f5IxG,2017年1月20日。

主体（谁来管理）、管理对象（管理什么）、管理职能（怎么管理）、管理手段（依靠什么来管理）、管理目标（管理的目标是什么）五个方面。显而易见地，这五个方面的管理内涵构成了管理体系的基本要素。除此外，管理体系的构成要素还包括管理环境（在何种环境下进行管理）、管理动机（为什么要管理）、管理结果（管理得怎么样）等。

综上，管理体系的构成要素一般包括：管理主体、管理内容（或管理对象、管理客体）、管理职能（或管理活动、管理环节）、管理手段（包括管理方法、管理技术、管理工具、管理手段、管理原则、管理方式、管理机制、管理平台、管理信息、管理制度等）①、管理目标（或管理目的）、管理环境（或管理条件）、管理动机（或管理原因）、管理绩效（或管理结果）等。这些要素虽然没有完全囊括管理体系的全部构成要素，但在很大程度上可以代表管理体系的基本构成要素。

上述观点可在学者们分析的相关管理体系的构成要素中得到验证。比如，黄宪和金鹏在《商业银行全面风险管理体系及其在我国的构建》一文中认为，商业银行全面风险管理体系由风险管理环境、风险管理目标与政策设定、风险监测与识别、风险评估、风险定价与处置、内部控制、风险信息处理和报告、后评价和持续改进等要素构成②，这实际对应了管理体系的管理环境、管理目标和管理活动的构成要素。李军在《高校教师绩效管理体系的构建》一文中指出，高校教师绩效管理体系包括绩效考核目标、绩效考核主体、绩效考核组织、绩效考核内容、绩效考核结果等构成要素③，这实际对应了管理体系的管理目标、管理主体、管理内容和管理结果的构成要素；薛庆根和褚保金在《美国食品安全管理体系对我国的启示》一文中指出，食品安全

---

① 这里的"管理手段"是对管理的工具、技术、方法、方式、原则、制度、机制、平台、信息等的总称，主要侧重于回答"依靠什么开展管理"的问题。
② 黄宪、金鹏：《商业银行全面风险管理体系及其在我国的构建》，《中国软科学》2004年第11期。
③ 李军：《高校教师绩效管理体系的构建》，《高等教育研究》2007年第1期。

管理体系的构成要素包括食品安全组织管理体系、食品安全法律法规体系、食品安全风险分析体系和食品安全质量管理体系①，这实际对应了管理体系的管理主体、管理手段和管理内容的构成要素。

(二) 质量管理体系的构成要素

参照前文分析的管理体系的构成要素，质量管理体系的构成要素相应地包括：（1）质量管理主体，对应"由谁开展质量管理"的问题；（2）质量管理内容（或质量管理对象、质量管理客体）对应"质量管理管理什么"的问题；（3）质量管理职能（或质量管理活动、质量管理环节）对应"如何开展质量管理"的问题；（4）质量管理手段②（包括质量管理的方法、技术、工具、手段、原则、机制、制度、平台等）对应"依靠什么开展质量管理"的问题；（5）质量管理目标（或质量管理目的）对应"质量管理的目标是什么"的问题；（6）质量管理环境（或质量管理条件）对应"质量管理在何种环境下开展"的问题；（7）质量管理动机（或质量管理原因）对应"为什么要开展质量管理"的问题；（8）质量管理绩效（或质量管理结果）对应"质量管理的绩效如何"的问题。同样地，这些要素并不能完整地代表质量管理体系的全部构成要素，但在很大程度上构成了质量管理体系的基本要素。

学者们对特定质量载体的质量管理体系的构成要素分析可以对以上质量管理体系的构成要素加以检视。王章豹等在《高校教学全面质量管理体系的研究与构建》一文中的分析显示，高校教学全面质量管理体系的构成要素包括教学指挥系统、教学运行系统、教学评估系统和教学信息管理与质量监控系统③，这实际对应了质量管理体系的质量管理职能要素；尤建新和王家合在《政府质量管理体系建构：要素、要求和程序》一文中指出，政府质量管理体系的构成要素包括管

---

① 薛庆根、褚保金：《美国食品安全管理体系对我国的启示》，《经济体制改革》2006年第3期。

② 需要指出，这里的"质量管理手段"是对质量管理的工具、技术、方法、方式、原则、制度、机制、平台、信息等的总称。主要侧重于回答"依靠什么开展质量管理"的问题。

③ 王章豹、李巧林、郑治祥：《高校教学全面质量管理体系的研究与构建》，《中国高等教育》2003年第19期。

理职责、资源管理、服务实现过程、测量、分析和改进[①]，这实际对应了质量管理体系的质量管理内容和质量管理职能要素；雷晓康等在《应急质量管理体系的构建》一文中指出，应急质量管理体系的构成要素包括预案管理、风险源管理、应急处置、应急后处置和持续改进[②]，这实际对应了质量管理体系的质量管理内容和质量管理职能要素；等等。

（三）质量管理体系的核心要素

根据质量管理体系中不同要素的重要性差异，可把质量管理体系的构成要素划分为核心要素和一般要素。其中，质量管理体系的核心要素是指那些对质量管理体系重要程度高的要素；质量管理体系的一般要素是指那些对质量管理体系重要程度低的要素。

哪些要素是质量管理体系的核心要素？本研究认为，质量管理内容和质量管理职能是质量管理体系的核心要素。判断依据如下。

正如第一章文献综述指出，从质量管理体系构成要素的角度出发，分析工商领域中已经形成的产品和服务质量管理体系的构建依据，发现它们要么依据质量管理内容构建，要么依据质量管理职能构成，要么依据质量管理内容和质量管理职能的复合构建。可见，相较于质量管理体系的其他要素，质量管理内容和质量管理职能在质量管理体系构建中占有更为重要和关键的作用，因而是质量管理体系众多要素中的核心要素。

从质量管理体系回答问题的角度来看，与质量管理内容和质量管理职能对应的质量管理"管理什么"和"怎么管理"两个核心问题，分别是理论层面理解质量管理和实践层面开展质量管理对应的问题。其中，质量管理"管理什么"是质量管理在认识论层面的聚焦，质量管理"怎么管理"是质量管理在方法论层面的聚焦。由此表明，质量管理内容和质量管理职能是质量管理体系构成要素中的核心要素（如图 3.1 所示）。

---

① 尤建新、王家合：《政府质量管理体系建构：要素、要求和程序》，《中国行政管理》2006 年第 12 期。

② 雷晓康、朱松梅、贺凯丰：《应急质量管理体系的构建》，《中国行政管理》2013 年第 9 期。

质量管理体系的一般要素 → 质量管理主体、质量管理目标、质量管理内容、质量管理手段、质量管理职能、质量管理环境、质量管理动机、质量管理绩效 ← 质量管理体系的核心要素

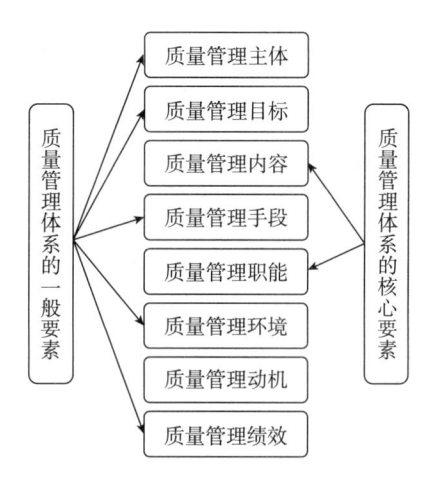

图 3.1　质量管理体系的核心要素与一般要素

资料来源：笔者自制。

三　基本公共服务质量管理体系的构成要素与核心要素

基本公共服务质量管理体系是以基本公共服务为质量载体的质量管理体系。根据前文分析可知，基本公共服务质量管理体系构成要素是质量管理体系构成要素的延续与继承。为此，结合质量管理体系的构成要素，本研究将基本公共服务质量管理体系的构成要素概括并阐述如下。

1. 基本公共服务质量管理主体。指负责和开展基本公共服务质量管理的组织。作为基本公共服务的可能提供主体，公共部门（政府）、私人部门（企业）、第三部门（社会组织）均是基本公共服务质量管理的主体。

2. 基本公共服务质量管理内容。从字面上看，基本公共服务质量管理的内容就是基本公共服务质量。根据前文对基本公共服务质量概念的分析，基本公共服务质量包括基本公共服务质量特性、基本公共服务质量要求和基本公共服务质量满足程度（指基本公共服务质量特性满足质量要求的程度），因而基本公共服务质量管理的内容包括基本公共服务质量特性、基本公共服务质量要求和基本公共服务质量满足程度三个方面。进一步讲，基本公共服务质量涉及基本公共服务的

组织、政策、财政、权力、人员、行为、设施、信息、关系、制度等要素，因而基本公共服务管理的内容也必然涉及这些要素。

3. 基本公共服务质量管理职能。管理的职能一般包括计划、组织、指挥、协调、控制、决策、人员配备、领导激励、创新等。① 当管理与质量结合为质量管理时，质量管理的职能一般包括质量策划（或质量计划）、质量实施、质量控制、质量保证、质量测量、质量分析、质量检查、质量激励、质量改进等；② 具体到基本公共服务质量管理的职能，其一方面与管理职能、质量管理职能一脉相承，即管理与质量管理的任一职能都可纳入基本公共服务质量管理的职能范畴，另一方面又必须遵循和体现基本公共服务的特殊性。基本公共服务质量管理的职能可确定为：（1）基本公共服务质量需求获取、理解与转化；（2）基本公共服务质量决策；（3）基本公共服务质量目标策划；（4）基本公共服务质量标准制定；（5）基本公共服务质量系统设计；（6）基本公共服务质量特性生成；（7）基本公共服务质量评价；（8）基本公共服务质量问责；（9）基本公共服务质量奖励；（10）基本公共服务质量改进。③ 为便于把握，本研究把以上（1）至（3）、（4）至（6）、（7）至（10）的基本公共服务质量管理职能依次概括为基本公共服务质量决策、基本公共服务质量控制和基本公共服务质量监测。④

4. 基本公共服务质量管理手段。⑤ 包括应用于开展基本公共服务

---

① 例如，法国管理学者法约尔最初提出把管理的基本职能分为计划、组织、指挥、协调和控制。美国学者赫伯特·西蒙把管理定义为"管理就是决策"。后来，又有学者认为人员配备、领导激励、创新等也是管理的职能。

② 例如，ISO9000：2000 标准中质量管理的职能就包括质量策划、质量控制、质量保证、质量测量、质量分析、质量改进；PDCA 原理表明质量管理职能包括质量计划、质量实施、质量检查和质量改进；"卓越绩效"模式表明质量激励属于质量管理职能。

③ 关于基本公共服务质量管理的这 10 个职能，将在后续章节展开阐述，而此处仅列出。

④ 作如此概括的原因在于基本公共服务质量决策、基本公共服务质量控制和基本公共服务质量监测三大职能可以较好地与基本公共服务质量要求、基本公共服务质量特性和基本公共服务质量满足程度三大内容相对应，并构成后文构建的复合型基本公共服务质量管理体系模式的核心主体。

⑤ 需要指出，这里的"基本公共服务质量管理手段"是对基本公共服务质量管理的工具、技术、方法、方式、原则、制度、机制、平台、信息等的总称。主要侧重于回答"凭借什么开展基本公共服务质量管理"的问题。

质量管理的方法、技术、工具、原则、方式、机制、平台、信息、制度等。基本公共服务质量管理的手段应用于基本公共服务质量管理过程之中,比如基本公共服务质量管理的"八项原则"[①]贯穿于基本公共服务质量管理全过程。与此同时,不同的基本公共服务质量管理职能所应用的工具与方法有所不同。比如,在基本公共服务质量决策环节,可使用使用者介入机制、政策议程设置、SWOT分析、目标管理等机制和工具;在基本公共服务质量控制环节,可使用ISO标准、业务流程再造、电子政务、全员参与等方法和手段;在基本公共服务质量监测环节,可使用质量奖、质量问责机制、质量改进模型、标杆机制等模型与机制。

5. 基本公共服务质量管理目标。指在基本公共服务质量管理方面追求的目标。根据前文分析,基本公共服务质量管理目标分为基本公共服务质量的质、量和价值三个层面。对不同组织和不同层级的基本公共服务质量管理主体而言,其设定的基本公共服务质量管理目标存在差异。

6. 基本公共服务质量管理环境。指开展基本公共服务质量管理所处的环境条件,分为内部环境和外部环境。其中,内部环境是指基本公共服务质量管理组织的制度、观念、文化、设施、职责、权限等要素构成的整体情况;外部环境是指基本公共服务提供组织在特定时空背景下所处的政治、经济、社会、文化、习俗等构成的总体情况。

7. 基本公共服务质量管理动机。指驱动基本公共服务质量管理活动开展的动力条件。一般来讲,基本公共服务质量管理主体开展基本公共服务质量管理是为了实现基本公共服务质量水平的改进和提升,这既是基本公共服务质量管理的目标,也是基本公共服务质量管理的动机。

8. 基本公共服务质量管理绩效。指基本公共服务质量管理活动的

[①] 前文分析指出了基本公共服务质量管理的八项原则:以满足社会公众要求为中心、持续改进、领导作用、全员参与、协作供给、基于事实的决策方法、过程方法和管理的系统方法。

实际效果。从管理的角度讲，将基本公共服务质量管理总体绩效科学合理分解至各个部门、岗位及每一员工，若后者各自达到所规定的绩效要求，则基本公共服务质量管理总体绩效得以达成。

以上八个要素构成了基本公共服务质量管理体系的基本要素。参照前文对质量管理体系核心要素与一般要素的划分结果，基本公共服务质量管理内容和基本公共服务质量管理职能是基本公共服务质量管理体系的两个核心要素，它们分别回答基本公共服务质量管理"管理什么"和"怎么管理"两个核心问题（如图3.2所示）。

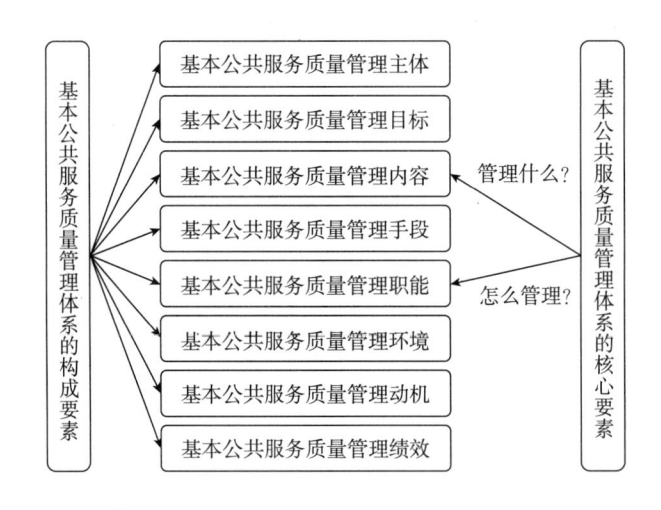

图3.2　基本公共服务质量管理体系的构成要素与核心要素

资料来源：笔者自制。

第三节　基本公共服务质量管理体系的构建过程

作为质量管理体系在公共领域的应用和延伸，基本公共服务质量管理体系的构建可以在工商领域中已经形成的质量管理体系中寻求理论依据与借鉴参照。工商领域中已经形成的质量管理体系的构建依据一般有质量管理内容、质量管理职能、质量管理内容和质量管理职能的复合三种，这对基本公共服务质量管理体系的构建具有重要借鉴价值。同时，在工商领域中已经形成的诸多质量管理体系中，由国际标准化组织（ISO）提出的极具权威性和适用性的以过程为基础的质量管理体系模式，可以为基本公共服务质量管理体系的构建提供借鉴参照，但同时需要结合基本公共服务的特质属性以及基本公共服务质量管理的自身要求作出一定调试和改进。

一 工商领域中的质量管理体系及其借鉴

质量管理体系在工商领域中有着比较成熟的发展与应用。梳理、考察工商领域中已经形成的质量管理体系，发掘其背后的构建依据，可为公共领域中基本公共服务质量管理体系的构建提供借鉴。

（一）工商领域中的质量管理体系及其构建依据

追溯质量管理发展的历史源流，可发现其最早产生于工业企业中的产品生产实践，当时的质量管理即以产品生产为中心。从 19 世纪末到 20 世纪中后期近一个世纪的时间里，产品质量管理一度在质量管理中居于主导地位。进入 20 世纪 80 年代以后，工业企业组织开启了从以往单纯注重产品生产到越来越强调产品销售的转向，这直接刺激了市场营销和服务的繁荣与发展，进而也推动质量管理对象从产品转向服务，促使服务质量管理成为与产品质量管理并重的质量管理分支。基于上述质量管理发展历程，本研究认为质量管理的发展之源是工商领域，并大致可把工商领域中的质量管理划分为产品质量管理和服务质量管理。

从质量管理体系的角度梳理工商领域中积累的质量管理理论知识，可发现目前已经形成了不少的质量管理体系。深入分析这些质量管理体系，可知它们或者回答质量管理"管理什么"的问题，或者回答质量管理"怎么管理"的问题，或者同时回答质量管理"管理什么"和"怎么管理"的问题。换句话说，这些质量管理体系是围绕质量管理内容和质量管理职能这两方面的质量管理体系要素构建的。基于此，本研究从质量管理体系构成要素的角度入手，揭示工商领域中质量管理体系的构建依据，并以此为依据对工商领域中的质量管理体系进行分类。

其一,"质量管理内容型"质量管理体系——以质量管理内容为构建依据。该类质量管理体系依据质量管理内容这一质量管理体系要素构建,旨在回答质量管理"管理什么"的问题。从工商领域中已经形成的质量管理内容型质量管理体系来看,其所依据的质量管理内容这一质量管理体系要素具体呈现为质量形成的过程、环节、要素或因素。(1)质量螺旋曲线。朱兰提出的质量螺旋曲线[①]表明,产品质量管理内容是产品质量的形成过程,包括市场研究、产品计划、设计、产品规格制定、工艺制定、采购、仪器仪表及设备配置、生产、工序控制、检验、测试、销售和服务13个环节。(2)质量循环圈。桑德霍姆提出的"质量循环圈"[②] 表明,产品质量管理内容是产品质量的形成过程,包括市场调研、产品开发、采购、工艺准备、生产制造、检验、销售和服务8个内部环节与供应单位和用户2个外部环节。(3)全面质量管理的过程要素模型。全面质量管理理论(Total Quality Management,TQM)蕴含的全面质量管理过程要素模型[③]表明,质量管理内容是质量形成的相关要素,包括软件要素,如质量文化、上层领导的重视及对全面质量的承诺、有效的沟通和交流等和硬件要素,如有效的质量体系、质量管理团队、质量管理工具的使用等。(4)服务"金三角"模型。卡尔·艾伯修提出的服务"金三角"模型[④]表明,服务质量管理内容是服务质量形成的相关要素,包括服务策略、服务系统、服务人员和顾客等。(5)顾客感知服务质量模型。格朗鲁斯提出的顾客感知服务质量模型[⑤]表明,服务质量管理内容是服务质量形成的相关要素与因素,包括顾客对服务的期望质量和对服务实际感知,前者涉及市场沟通、企业形象、口碑、顾客需要以及过去经验等因素,后者涉及企业提供服务的技术质量和功能质量。(6)服务

---

① 龚益鸣主编:《现代质量管理学》,清华大学出版社2003年版,第35页。
② 梁工谦主编:《质量管理学》,中国人民大学出版社2014年版,第12页。
③ 梁工谦主编:《质量管理学》,中国人民大学出版社2014年版,第105—106页。
④ 参见 MBA 智库百科 "服务金三角", http: //wiki.mbalib.com/wiki/%E6%9C%8D%E5%8A%A1%E9%87%91%E4%B8%89%E8%A7%92, 2017年1月20日。
⑤ Grönroos C., "A Service Quality Model and its Marketing Implications" *European Journal of Marketing*, Vol. 18, No. 4, 1984, pp. 36–44.

质量差距模型。帕拉苏拉曼等提出的服务质量差距模型①表明，服务质量管理内容是服务质量形成的相关因素，包括服务质量形成的五种差距：顾客感知与期望之间的差距及其细分出的服务质量感知差距、服务质量标准差距、服务传递差距和服务沟通差距。

其二，质量管理职能型质量管理体系——以质量管理职能为构建依据。该类质量管理体系依据质量管理职能这一质量管理体系要素构建，旨在回答质量管理"怎么管"的问题。从工商领域中已经形成的"质量管理职能型"质量管理体系来看，其所依据的质量管理职能这一质量管理体系要素，具体呈现为质量计划、质量组织、质量控制、质量保证、质量检查、质量改进等质量管理职能类型的确定。（1）质量管理三部曲。朱兰提出的质量管理三部曲②表明，产品质量管理职能包括质量计划、质量控制和质量改进。（2）PDCA 循环。戴明提出的 PDCA 循环③表明，产品质量管理职能包括质量计划、质量实施、质量检查和质量改进。（3）ISO 质量管理。国际标准化组织制定的 ISO9000：2000 标准④对质量管理的阐释表明，质量管理职能包括制定质量方针和质量目标、质量策划、质量控制、质量保证和质量改进。

其三，复合型质量管理体系——以质量管理内容和质量管理职能的复合为构建依据。该类质量管理体系依据质量管理内容和质量管理职能这两方面的质量管理体系要素构建，旨在同时回答质量管理"管理什么"和"怎么管"两个问题。从工商领域中已经形成的复合型质量管理体系来看，其所依据的质量管理内容和质量管理职能这两方面的质量管理体系要素，具体呈现为质量形成的过程、环节、要素或因素与质量管理职能类型的有机复合。（1）服务质量环。朱兰提出

---

① Parasuraman A., Zeitthaml V. A. and Berry L. L., "A Conceptual Model of Service Quality and Its Implications for Future Research", *Journal of Marketing*, Vol. 49, No. 4, 1985, pp. 41 - 50.
② 梁工谦主编：《质量管理学》，中国人民大学出版社 2014 年第 2 版，第 13—14 页。
③ 梁工谦主编：《质量管理学》，中国人民大学出版社 2014 年第 2 版，第 14—15 页。
④ 参见 MBA 智库百科 "质量管理体系" 词条，http：//wiki.mbalib.com/wiki/ISO9000%EF%BC%9A2000，2017 年 1 月 20 日。

的服务质量环①表明，服务质量管理是服务质量管理内容——从识别需求到评价这些需求是否得到满足的各个阶段的服务质量形成过程与环节，与服务质量管理职能——服务质量策划、服务质量控制和服务质量改进的复合。（2）以过程为基础的质量管理体系模式。国际标准化组织制定的 ISO9000：2000 标准提出的以过程为基础的质量管理体系模式②表明，质量管理是管理职责，资源管理，产品实现，测量、分析及改进，顾客及其他利益相关者要求等质量管理内容和质量管理职能的复合。（3）卓越绩效模式。国际三大质量奖——美国波多里奇国家质量奖、日本戴明奖和欧洲质量奖的评价标准蕴含的卓越绩效模式③表明，质量管理是组织概述，业绩管理系统，测量、分析和知识管理，激励层，过程层，结果层等质量管理内容和质量管理职能的复合。

综上，可把工商领域中已经形成的质量管理体系及其构建依据汇总如下（如表 3.1 所示）。

表 3.1　　　　工商领域中的质量管理体系及其构建依据

具体体系	体系分类	构建依据	回答问题
质量螺旋曲线	质量管理内容型质量管理体系	质量管理内容（具体体现为质量形成的过程、环节、要素或因素）	管理什么
质量循环圈			
全面质量管理的过程要素模型			
服务"金三角"模型			
顾客感知服务质量模型			
质量差距模型			
质量管理三部曲	质量管理职能型质量管理体系	质量管理职能（具体体现为相关质量管理职能的有机组合）	怎么管理
PDCA 循环			
ISO 质量管理			

---

① 梁工谦主编：《质量管理学》，中国人民大学出版社 2014 年版，第 295 页。
② 参见 MBA 智库百科"质量管理体系"词条，http：//wiki.mbalib.com/wiki/ISO9000%EF%BC%9A2000，2017 年 1 月 20 日。
③ 邢媛：《研究生教育卓越质量管理研究》，博士学位论文，天津大学，2009 年，第 34 页。

续表

具体体系	体系分类	构建依据	回答问题
服务质量环	复合型质量管理体系	质量管理内容和质量管理职能的复合（具体体现为质量形成的过程、环节、要素或因素，与相关质量管理职能的复合）	管理什么和怎么管理
以过程为基础的质量管理体系模式			
卓越绩效模式			

资料来源：笔者自制。

（二）对基本公共服务质量管理体系构建的借鉴意义

以上分析表明，工商领域中已经形成的质量管理体系均以质量管理内容和质量管理职能这两个质量管理体系要素为构建依据，相应地主要回答质量管理"管理什么"和"怎么管理"两个问题。具体来说，工商领域中已经形成的质量管理体系在以质量管理内容为构建依据，即在回答质量管理"管理什么"的问题时，是通过解析质量形成的过程、环节、要素或因素的方式来呈现的；在以质量管理职能为构建依据，即在回答质量管理"怎么管理"的问题时，是通过确定质量管理职能类型的方式来呈现的；在以质量管理内容和质量管理职能的复合为构建依据，即在同时回答质量管理"管理什么"和"怎么管理"时，是通过将质量形成的过程、环节、要素或因素与具体的质量管理职能类型进行复合的方式来呈现的。

由于工商领域与公共领域中的质量管理体系在构建依据上具有相通性，故在构建属于公共领域中的基本公共服务质量管理体系时，可从工商领域中质量管理体系的构建依据方面获取如下两点借鉴意义。

一是可选取质量管理体系的核心要素作为构建依据。工商领域中已经形成的质量管理体系表明，质量管理体系的构建依据可有三种：一是质量管理内容，二是质量管理职能，三是质量管理内容和质量管理职能的复合。鉴于这三种构建依据均属质量管理体系的核心要素，因而基本公共服务质量管理体系完全可以质量管理体系的核心要素作为构建依据。当然，同工商领域中已经形成的质量管理体系一样，基本公共服务质量管理体系的构建依据也可分为三种情形，即或者以质量管理内容为构建依据，或者以质量管理职能为构建依据，或者以质量管理内容和质量管理职能的复合为构建依据。至于选择何种构建依据，则取决于拟构建的基本公共服务质量管理体系所要回答的问题：回答质量管理"管理什么"，选择质量管理内容；回答质量管理"怎么管理"，选择质量管理职能；同时回答质量管理"管理什么"和"怎么管理"，选择质量管理内容和质量管理职能的复合。

二是可通过解析质量形成和确定质量管理职能类型的方式来呈现构建依据。基本公共服务质量管理体系在选择质量管理体系的核心要素，即质量管理内容和质量管理职能作为构建依据后，可通过解析质量形成和确定质量管理职能类型的方式来呈现该构建依据，这是源于工商领域中已经形成的质量管理体系的另一启示。具体来说，基本公共服务质量管理体系若选择质量管理内容作为构建依据，则要求对特定质量载体的质量形成过程、环节、要素或因素进行解析；若选择质量管理职能作为构建依据，则要求根据特定质量载体的实际情况来确定具体的质量管理职能类型；若选择质量管理内容和质量管理职能的复合作为构建依据，则要求将质量形成的过程、环节、要素或因素与具体的质量管理职能类型进行复合。值得指出，由于作为质量载体的基本公共服务不同于工商领域中的质量载体——前者具有公共性，后者具有私人性，因而所解析出的基本公共服务质量的形成过程、环节、要素或因素和确定的质量管理职能类型与工商领域中的质量载体有所不同。这意味着，即便是遵循同一构建依据，最终构建出的基本公共服务质量管理体系也必定与工商领域中的质量管理体系存在差异。

以上源于工商领域中已经形成的质量管理体系的两点借鉴意义，并非是绝对的和一成不变的。首先，构建依据除了质量管理体系的核心要素外，也还可吸纳质量管理体系的一般要素。只是质量管理体系的核心要素对应了质量管理体系所要回答的核心问题，因而是必不可少的。若仅以质量管理体系的一般要素作为构建依据，那么所构建出的质量管理体系的意义比较局限。其次，作为构建依据的质量管理内容和质量管理职能,并非仅可通过解析质量形成和确定质量管理职能类型的方式来呈现。实际上,只要能够正确回答质量管理内容和质量管理职能对应的质量管理"管理什么"和"怎么管理"问题,无论是哪一种呈现方式,都是可行的。

二　基本公共服务质量管理体系的构建依据与参照选择

基本公共服务质量管理体系的构建依据和构建参照分别回答基本公共服务质量管理体系"依据什么构建"和"参照什么构建"的问题。其中,基本公共服务质量管理体系的构建依据可从工商领域中质量管理体系的构建依据中获取借鉴,基本公共服务质量管理体系的构建参照可从工商领域中已经形成的质量管理体系中进行选择。

(一)基本公共服务质量管理体系的构建依据及其呈现方式

上文对工商领域中质量管理体系的构建依据及其对基本公共服务质量管理体系的借鉴意义分析表明,基本公共服务质量管理体系的构建依据可从质量管理体系的核心要素,即质量管理内容和质量管理职能中进行选择。具体存在三种选择方式:一是质量管理内容,二是质量管理职能,三是质量管理内容与质量管理职能的复合。那么,基本公共服务质量管理体系应该选择哪一种作为构建依据呢?本研究旨在构建一个同时回答基本公共服务质量管理"管理什么"和"怎么管理"的基本公共服务质量管理体系,为此将选择质量管理内容和质量管理职能的复合作为构建依据。

首先,选择质量管理内容和质量管理职能的复合作为基本公共服务质量管理体系的构建依据,可以同时兼顾基本公共服务质量管理体系的两个核心要素——基本公共服务质量管理内容和基本公共服务质量管理职能。单独以质量管理内容作为依据构建基本公共服务质量管理体系,仅能回应基本公共服务质量管理内容这一核心要素。同样,单独以质量管理职能作为依据构建基本公共服务质量管理体系,也仅能回应基本公共服务质量管理职能这一核心要素。

其次,选择质量管理内容和质量管理职能的复合作为基本公共服务质量管理体系的构建依据,可以同时回答基本公共服务质量管理的两个核心问题——基本公共服务质量管理"管理什么"和"怎么管理"。单独以质量管理内容作为依据构建的基本公共服务质量管理体系，仅能回答基本公共服务质量管理"管理什么"这一核心问题。同样，单独以质量管理职能作为依据构建的基本公共服务质量管理体系，也仅能回答基本公共服务质量管理"怎么管理"这一核心问题。

综上，选择质量管理内容和质量管理职能的复合作为构建依据，所构建出的基本公共服务质量管理体系才更为完整，也更具解释力。

进一步地，有必要对选择的基本公共服务质量管理体系的构建依据——质量管理内容与质量管理职能的复合的具体呈现方式作出交代，这也是构建基本公共服务质量管理体系时必须回答的一个问题。

从前文梳理的工商领域中的质量管理体系来看，作为质量管理体系构建依据之一的质量管理内容与质量管理职能的复合，其呈现方式一般为将质量形成的过程、环节、要素或因素与具体的质量管理职能类型进行复合。以此为借鉴，本研究将以基本公共服务质量形成的过程、环节、要素或因素与具体的基本公共服务质量管理职能类型的复合作为基本公共服务质量管理体系构建依据的呈现方式，具体如下。

首先是基本公共服务质量形成的过程、环节、要素或因素的解析。通过对基本公共服务质量形成的过程、环节、要素或因素进行解析，实际是回答基本公共服务质量管理"管理什么"的问题。根据本书第二章第二小节对基本公共服务质量形成过程与影响因素的分析可知，基本公共服务质量的形成分为质的形成和量的形成，其中量的形成又分为主观量的形成和客观量的形成。而综合来看，基本公共服务质量的形成过程或环节实际就是基本公共服务提供的过程与环节。至于基本公共服务质量形成的要素或因素，也即基本公共服务质量的影响因素，包括价值取向、功能目标、公共政策因素、公共权力因素、公共资源因素、公共行为因素、关系定位、制度环境、目标与标准的制定、过去提供经历、政府承诺、社会公众之间的沟通与交流、公民个体特征、服务交互过程、后续服务行为等。综合上述，本研究将基本公共服务质量的形成简化表述为基本公共服务质量要求、基本公共服务质量特性、基本公共服务质量特性满足质量要求的程度，以此回答基本公共服务质量管理"管理什么"的问题。

其次是基本公共服务质量管理职能类型的确定。通过确定基本公共服务质量管理职能的类型，实际是回答基本公共服务质量管理"怎么管理"的问题。对于基本公共服务质量管理职能类型的确定，首先需要考察工商领域中的质量管理体系有哪些质量管理职能。根据前文梳理，质量管理的一般职能类型有质量策划、质量计划、质量目标制定、质量组织、质量协调、质量领导、质量控制、质量保证、质量评价、质量分析、质量改进等。对此，立足基本公共服务的公共性特质属性与提供过程环节，本研究将基本公共服务质量管理职能类型划分为整体职能和整体职能包含的细分职能。其中，整体职能包括基本公共服务质量决策、基本公共服务质量控制和基本公共服务质量监测，整体职能包含的细分职能为：基本公共服务质量决策包括质量要求获取、质量政策制定和质量策划，基本公共服务质量控制包括质量标准制定、质量系统设计、质量特性生成，基本公共服务质量监测包括质量评价、质量奖励、质量问责、质量改进。后文还将就这些整体职能及其细分职能的由来与具体所指作进一步交代。

最后是基本公共服务质量形成的过程、环节、要素或因素与具体的基本公共服务质量管理职能类型的复合。把基本公共服务质量形成的过程、环节、要素或因素与具体的基本公共服务质量管理职能类型进行复合，旨在更好地回答基本公共服务质量管理"管理什么"和"怎么管理"两个问题。这主要在于：对基本公共服务质量管理"管理什么"的回答和基本公共服务质量管理"怎么管理"的回答，二者并不是孤立互斥的，而是彼此交叉结合的，这就需要将基本公共服务质量管理内容——基本公共服务质量形成的过程、环节、要素或因素，与基本公共服务质量管理职能——具体的基本公共服务质量管理职能类型进行复合。经过分析可知，基本公共服务质量管理内容与基本公共服务质量管理职能的复合集中表现为：基本公共服务质量决策整体职能及其细分职能——质量要求获取、质量政策制定和质量策划，以基本公共服务质量要求为中心展开，基本公共服务质量控制整体职能及其细分职能——质量标准制定、质量系统设计、质量特性生成，以基本公共服务质量特性为中心展开，基本公共服务质量监测整体职能及其细分职能——质量评价、质量奖励、质量问责、质量改进，以基本公共服务质量特性满足质量要求的程度为中心展开。

（二）基本公共服务质量管理体系的构建参照选择

与基本公共服务质量管理体系的构建依据一样，基本公共服务质量管理体系的构建参照也应从工商领域中已经形成的质量管理体系中寻找。

根据本研究文献述评部分以及上文的梳理，工商领域中已经形成的产品和服务质量管理体系主要包括：（1）质量螺旋曲线；（2）质量循环圈；（3）全面质量管理的过程要素模型；（4）服务"金三角"模型；（5）顾客感知服务质量模型；（6）服务质量差距模型；（7）质量管理三部曲；（8）PDCA循环；（9）ISO质量管理；（10）服务质量环；（11）以过程为基础的质量管理体系模式；（12）卓越绩效模式等。这就是说，基本公共服务质量管理体系的构建参照可从这12个质量管理体系中进行选择。

进一步地，这12个质量管理体系按照构建依据的不同，可划分为三类：第一类是以质量管理内容为构建依据的质量管理内容型质量管理体系，包括质量螺旋曲线、质量循环圈、全面质量管理的过程要素模型、服务"金三角"模型、顾客感知服务质量模型和质量差距模型；第二类是以质量管理职能为构建依据的质量管理职能型质量管理体系，包括质量管理三部曲、PDCA循环、ISO质量管理；第三类是以质量管理内容和质量管理职能的复合为构建依据的复合型质量管理体系，包括服务质量环、以过程为基础的质量管理体系模式和卓越绩效模式。本研究将基本公共服务质量管理体系的构建依据确定为质量管理内容和质量管理职能的复合，意味着构建参照应从以质量管理内容和质量管理职能的复合为构建依据的复合型质量管理体系，即服务质量环、以过程为基础的质量管理体系模式和卓越绩效模式中进行选择。

比较而言，首先，朱兰提出的服务质量环的显著特点之一，正如其名称表明，是针对服务的，且是以企业组织为主体提供的服务。服务质量环通过揭示服务质量的形成过程，包括从识别需求到评价这些需求是否得到满足的各个阶段，以及具体的质量管理职能类型，包括服务质量策划、服务质量控制和服务质量改进(即"质量管理三部曲"),回答了服务质量管理"管理什么"和"怎么管理"的核心问题。

其次,国际标准化组织(ISO)提出的以过程为基础的质量管理体系模式的最大特点,正如 ISO9000:2000 标准指出的,"质量管理体系要求是通用的,适用于所有行业或经济领域,不论其提供何种类别的产品"[1][2]。以过程为基础的质量管理体系模式通过其中间部分——由管理职责,资源管理,产品实现,测量、分析及改进四个环节组成的循环体,左侧部分——顾客及其他利益相关者的要求,右侧部分——经过循环体产品实现环节输出的产品,回答了任一组织提供的产品或服务的质量管理"管理什么"和"怎么管理"的核心问题。

最后,国际三大质量奖(美国波多里奇国家质量奖、日本戴明奖和欧洲质量奖)的评价标准所蕴含的卓越绩效模式的突出特点是针对组织的,这与质量奖所奖励的对象为组织相一致。卓越绩效模式通过其三部分的构成,即组织概述部分,包括组织所处环境、工作关系和面临的挑战;业绩管理系统部分,包括领导、战略策划、以顾客和市场为中心、以人为本、过程管理和经营结果,以及测量、分析和知识管理部分,回答了组织质量管理"管理什么"和"怎么管理"的核心问题。

综上可知,相较于针对服务的服务质量环和针对组织的卓越绩效模式,以过程为基础的质量管理体系模式具有更为广泛的适用对象,即不仅适用于有形产品,也适用于无形服务,此外还适用于提供任一产品或服务的组织。实际上,以过程为基础的质量管理体系模式的提出方——国际标准化组织,在世界范围内具有较高的权威性和专业性,尤其是其所制定发布的 ISO 族系列标准得到了各行各业的广泛认可、推广和应用。目前,以过程为基础的质量管理体系模式不仅在工商领域得到了大量应用,而且正逐渐被应用至公共领域(如政府、企事业单位)和第三领域(如 NGO 组织)。总之,大量的国内外及各行

---

[1] 在 ISO9000:2000 标准中,"产品"是指过程的结果,不仅包括有形的产品,也包括无形的服务。

[2] 参见 MBA 智库百科"ISO9000:2000"词条,http://wiki.mbalib.com/wiki/ISO9000%EF%BC%9A2000,2017 年 1 月 20 日。

各业的实践已经证明，以过程为基础的质量管理体系模式是一种名副其实的经典的质量管理体系。由此来看，以过程为基础的质量管理体系模式是基本公共服务质量管理体系构建参照的不二之选。本研究即选择以过程为基础的质量管理体系模式作为基本公共服务质量管理体系的构建参照。

三 ISO 模式①的特色与引入基本公共服务质量管理的价值

（一）ISO 模式简述与其特色

2000 年，国际标准化组织在其发布的 ISO9000：2000 质量管理体系标准中明确提出了"以过程为基础的质量管理体系模式"（后文简称"ISO 模式"，如图 3.3 所示）。在众多的质量管理体系模式中，ISO 模式堪称经典模式，这不仅是因为 ISO 模式在很大程度上是对既有质量管理理论知识的有效集成（典型的如运用了 PDCA 循环原理），又因为 ISO 模式作为 ISO9000 质量管理体系标准的构成内容而具有极强的权威性、规范性和标准性。

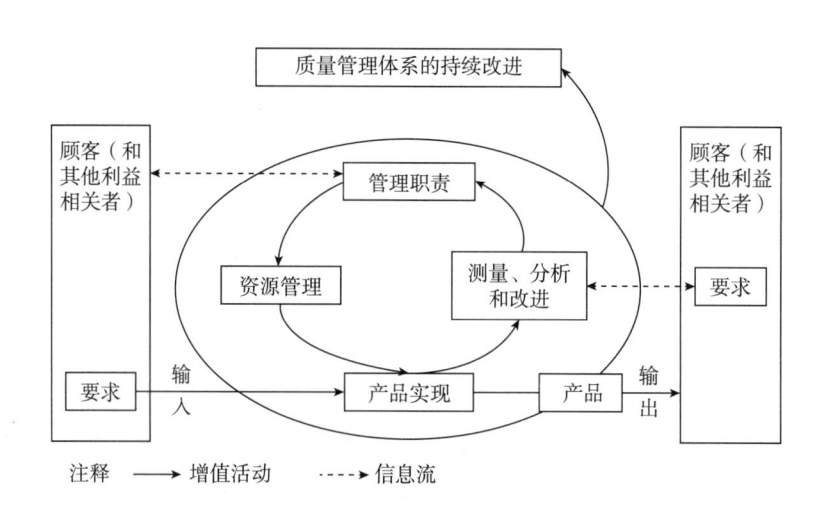

图 3.3 以过程为基础的质量管理体系模式

资料来源：参见 MBA 智库百科"ISO9000：2000"词条，http：//wiki.mbalib.com/wiki/ISO9000%EF%BC%9A2000。

---

① 为方便行文，以过程为基础的质量管理体系模式被简称为 ISO 模式。

ISO 模式在总体上按照输入、处理和输出三个环节展开，这三个环节同时也构成了一个完整的过程。在这里，过程是指"任何使用资源将输入转化为输出的活动或一组活动"①。具体地，ISO 模式左右两侧部分均为顾客和其他利益相关者的要求。其中，左侧的"要求"是作为过程的输入内容而存在的，右侧的"要求"则是作为过程的输出所满足的对象。最为核心的是中间部分，也即过程的"处理"环节，是由管理职责，资源管理，产品实现和测量、分析和改进四个依次递进并构成一个封闭循环的子环节构成。其中，管理职责的确定需要以顾客和其他利益相关者的要求为根据；产品实现既需要以顾客和其他利益相关的要求作为输入条件，又离不开管理职责和资源管理的内部保障；测量、分析和改进是对过程的结果——产品是否以及多大程度上满足顾客和其他利益相关者要求的处理，并为新一轮的更好满足顾客和其他利益相关者要求的循环提供依据。

总的来说，ISO 模式具有如下特色。

第一，以质量管理内容和质量管理职能的复合作为构建依据，同时回答质量管理"管理什么"和"怎么管理"两个核心问题。按照本研究划分的质量管理体系的三种构建依据，ISO 模式是以其中的质量管理内容和质量管理职能的复合作为构建依据的，也即围绕质量管理内容和质量管理职能这两个质量管理体系要素来构建。由此 ISO 模式集中回答了质量管理"管理什么"和"怎么管理"两个核心问题。其中，对质量管理"管理什么"的问题，ISO 模式表明，包括顾客和其他利益相关者及其要求、组织的职能与责任、产品实现过程的相关资源等；对质量管理"怎么管理"的问题，ISO 模式表明，包括质量策划（对应于管理职责和资源管理），质量实现（对应于产品实现），质量测量、分析和改进（对应于测量、分析和改进）。

第二，以过程为基础，强调过程控制与管理。正如 ISO 模式的命名"以过程为基础的质量管理体系模式"所表明，ISO 模式是以过程

---

① 参见 MBA 智库百科"ISO9000：2000"词条，http://wiki.mbalib.com/wiki/ISO9000％EF％BC％9A2000，2017 年 1 月 20 日。

为基础的，这集中体现在整个 ISO 模式是严格按照一个完整过程的输入、处理和输出三个环节构建的。其中，ISO 模式较详细地呈现了过程的核心环节——处理环节。通过处理环节的四个子环节可以看出，ISO 模式强调以管理职责、资源管理、质量测量与改进为核心内容的过程控制与管理，以确保输出更能满足顾客和其他利益相关者要求的产品。

第三，内部控制与外部条件的互通。ISO 模式不是一个封闭的组织内部质量管理体系，而是实现了组织内部质量控制与组织外部环境条件的互通。这是因为组织内部的质量管理过程是依循顾客和利益相关者的要求的，而后者在很大程度上构成了组织开展质量管理的关键外部条件。与此同时，独立于组织之外的顾客和利益相关者的要求，还作为组织内部过程的结果——产品所满足的对象而存在，这也表明组织内部质量控制与外部环境条件所存在的互动关联。

第四，体系自身持续改进。ISO 模式中间部分运用戴明提出的 PDCA 循环原理，形成了一个由管理职责、资源管理、产品实现和测量、分析和改进四个环节构成的封闭循环系统。该循环系统一方面通过与外界顾客和利益相关者要求形成互通关联，另一方面通过内部四个环节的递进与往复关系，在整体上促进了质量管理体系的持续改进。正是凭借持续改进的质量管理体系，质量管理的目标得以不断被接近和实现。

（二）ISO 模式引入基本公共服务质量管理的价值

ISO 模式回答了质量管理"管理什么"和"怎么管理"两个核心问题。这对于基本公共服务质量管理具有重要价值和意义。因为，同其他任何质量载体的质量管理一样，基本公共服务质量管理也必须回答质量管理"管理什么"和"怎么管理"的核心问题。具体讲，就质量管理"管理什么"的问题，ISO 模式表明，包括顾客和其他利益相关者的要求、组织管理职责、资源管理等；就质量管理"怎么管理"的问题，ISO 模式表明，包括质量策划、质量控制、质量测量、质量分析、质量改进等。这对于基本公共服务质量管理的价值意义在于：由于 ISO 模式是一种具有标准性质和普遍意义的质量管理体系模式，因而上述 ISO 模式关于质量管理"管理什么"和"怎么管理"两个核心问题的回答，在很大程度上也适用于基本公共服务质量管理。这就是说，基本公共服务质量管理在"管理什么"问题上，同样涉及对社会公众的要求、组织管理职责、资源管理等；在"怎么管理"问题上，同样涉及质量策划、质量控制、质量测量、质量分析、质量改进等。

ISO 模式的构建基础——过程，同样对基本公共服务质量管理具有重要的应用价值。因为，过程方法[①]是质量管理中十分重要的一种方法，过程的"输入—处理—输出"框架常被应用于质量管理过程及其包含的任一子过程的分析。正是将质量管理从整体上视作一个过程，ISO 模式才得以构建。同理，若把基本公共服务质量管理视作一个过程，也可类比 ISO 模式，按照过程的"输入—处理—输出"框架构建出一个"以过程为基础的基本公共服务质量管理体系模式"。同时，对基本公共服务质量管理中包含的任一子过程，也可按照过程的"输入—处理—输出"框架作出进一步的分析。

ISO 模式明确体现的一些质量管理原则也值得基本公共服务质量管理遵循。除上述已经分析的过程方法的质量管理原则以外，ISO 模式还体现了以顾客为关注焦点和持续改进的质量管理原则。其中，以顾客为关注焦点的质量管理原则表现在 ISO 模式将顾客和其他利益相关者的要求作为质量管理过程的输入内容，并且将其作为组织管理职责确立和产品质量测量、分析与改进的依据。持续改进的质量管理原则表现为 ISO 模式运用 PDCA 原理，将组织内部过程管理分解为管理职责，资源管理，产品实现和测量、分析和改进四个环节，通过此四个环节组成的循环体的内部循环及其与组织外部的顾客和其他利益相关者要求的相互作用，实现了质量管理体系的持续改进。

(三) ISO 模式引入基本公共服务质量管理的局限

ISO 模式虽然在基本公共服务质量管理中具有良好的应用价值，

---

① 所谓过程方法，是指系统地识别和管理组织所应用的过程，特别是这些过程之间的相互作用。

但由于其作为一种具有一般和普遍意义的质量管理体系模式，导致在具体应用于基本公共服务质量管理时不免存在一定局限。

首先，ISO模式不能帮助基本公共服务质量管理完整回答"管理什么"和"怎么管理"两个核心问题。实际上，单就质量管理"管理什么"和"怎么管理"两个核心问题而言，ISO模式并没有作出完整回答，而是仅作出了部分回答。根据前文分析，质量管理以质量为管理内容。也就是说，对于质量管理"管理什么"这一问题，"质量"即是其答案。进一步地，由于"质量"包括质量要求、质量特性和满足程度（即质量特性满足质量要求的程度）三大内容，因而质量管理的内容包括质量要求、质量特性和满足程度三个方面。这才是对质量管理"管理什么"的完整回答。具体到ISO模式，其指出的质量管理的内容——顾客和其他利益相关者的要求、管理职责、资源管理等，仅可与质量要求相对应，而无法对应到质量特性和满足程度。这表明，ISO模式并没有完整回答质量管理"管理什么"的问题。再就质量管理"怎么管理"问题来看，根据前文分析，主要体现为管理所包含的职能类型，并结合特定的质量管理情境来确定质量管理职能类型。ISO模式显示的质量管理职能包括质量策划、质量控制、质量测量、质量分析和质量改进，但这仍然不足以代表质量管理的全部职能，比如质量领导、质量激励、质量问责等未被考虑。综上，在ISO模式未对质量管理"管理什么"和"怎么管理"两个核心问题作出完整回答的情况下，将其引入基本公共服务质量管理也必然导致基本公共服务质量管理不能完整回答"管理什么"和"怎么管理"。

其次，若应用ISO模式构建的过程基础，会导致基本公共服务质量管理对"管理什么"和"怎么管理"两个核心问题的回答交叉混合，并弱化其内在逻辑关联。正如前文指出，ISO模式是以过程为基础，并按照过程的"输入—处理—输出"框架来进行架构。由于过程是ISO模式的核心和基础，决定了ISO模式对质量管理"管理什么"和"怎么管理"两个核心问题的回答只能融入过程的"输入—处理—输出"框架之中。然而，值得指出的是，质量管理体系是以回答"管理什么"和"怎么管理"两个核心问题为中心的，其虽然可以按照

"过程"提供的框架来进行布局和架构，但却不能因此牺牲对"管理什么"和"怎么管理"两个核心问题的回答。但事实恰恰如此：ISO模式虽然根据"过程"的"输入—处理—输出"框架呈现了清晰的构建逻辑，却未能较好完成对质量管理"管理什么"和"怎么管理"问题的回答。这体现在除了如上文指出未能完整回答质量管理"管理什么"和"怎么管理"问题以外，ISO模式实际还使得质量管理"管理什么"和"怎么管理"二者交叉混合，边界模糊。本研究认为，回答质量管理"管理什么"和"怎么管理"的理想状态应为：一方面对质量管理内容与质量管理职能作出完整回答，另一方面使质量管理内容与质量管理职能形成大致对应。由于ISO模式在这两方面均未给出让人满意的回答，因而将其引入基本公共服务中，也必然造成基本公共服务质量管理"管理什么"和"怎么管理"问题的模糊回答，不能厘清二者内在逻辑关联。

最后，ISO模式不能满足由基本公共服务这一质量载体对基本公共服务质量管理所提出的特殊要求。毫无疑问，作为质量载体的基本公共服务，必然不同于私人领域中的质量载体（如企业产品和服务），这也决定了基本公共服务质量管理必然与私人领域中相关质量载体的质量管理存在差异。具体来讲，基本公共服务涉及公共利益、公共政策、公共权力、公共资源、公共需求、公共行为、公共关系等不同于私人领域中质量载体的特殊要素，因而基本公共服务质量管理有其特殊性。比如，在基本公共服务质量管理中，当社会公众表达质量要求后，公共部门需要通过公共政策的方式决定提供哪些以及何种水平的质量特性，因而基本公共服务质量管理必须考虑公共政策这一要素。但对私人领域中的质量管理而言，由于质量管理主体一般可以直接对市场顾客的质量要求作出反应，而无须像公共部门那样经历程序复杂的公共政策过程，故私人领域中的质量管理并不涉及复杂的决策环节。对于上述基本公共服务质量管理的特殊性，ISO模式不能适应和满足，这不仅因为ISO模式是经由大量的私人领域的质量管理理论与实践总结而成，而且因为ISO模式是作为一种具有一般和普遍意义的质量管理体系而存在的，必然遭遇"一般"应用于"具体"的困境。

四 基于 ISO 模式改进的基本公共服务质量管理体系构建

上文对 ISO 模式引入基本公共服务质量管理的价值与局限分析表明，参照 ISO 模式构建基本公共服务质量管理体系需要对 ISO 模式有所扬弃，即在继承其应用价值的同时，对其局限之处作出改进。

本研究拟构建的基本公共服务质量管理体系，首先，继承了 ISO 模式对质量管理"管理什么"和"怎么管理"两个核心问题的集中回答。因为，根据前文分析，基本公共服务质量管理体系的构成至少包括基本公共服务质量管理的主体、内容、职能、手段、目标、环境、动机、绩效八个要素。然而，基本公共服务质量管理体系的构建不可能完全涵括这八个要素。对此，本研究参照 ISO 模式，集中回答基本公共服务质量管理"管理什么"和"怎么管理"两个核心问题，而这恰好分别对应了基本公共服务质量管理的内容和职能这两个核心要素。其次，继承了 ISO 模式明确体现的以顾客为关注焦点和持续改进两大质量管理原则。对应到基本公共服务质量管理体系，即是以社会公众要求为中心和持续改进。

关于 ISO 模式引入基本公共服务质量管理存在的局限，本研究将作出如下四个方面的改进：第一，将 ISO 模式以过程为基础，改进为以质量管理内容和质量管理职能两个核心要素为中心。为了更好地回答基本公共服务质量管理"管理什么"和"怎么管理"两个核心问题，拟构建的基本公共服务质量管理体系将摒弃 ISO 模式构建的过程基础，转而选择以质量管理内容和质量管理职能为中心。第二，将 ISO 模式对质量管理"管理什么"问题的回答——顾客和其他利益相关者的要求、组织管理职责、资源管理等，改进为质量要求、质量特性和满足程度（指质量特性满足质量要求的程度）。这是因为，质量管理是以质量为管理对象和内容的，而质量可以分解为质量要求、质量特性和满足程度（指质量特性满足质量要求的程度）。据此，基本公共服务质量管理的内容可以确定为基本公共服务质量要求、基本公共服务质量特性和基本公共服务质量特性满足质量要求的程度。第三，将 ISO 模式对质量管理"怎么管理"问题的回答——质量策划、质量控制、质量测量、质量分析、质量改进等，改进为针对基本公共服务质量管理的质量决策、质量控制和质量监测三种整体职能，以及每一种整体职能内部包含的细分职能。① 之所以将基本公共服务质量管理整体职能确定为质量决策、质量控制和质量监测，主要是因为这三种职能是基本公共服务质量管理中最为关键和核心的职能，同时也最能囊括其他相关的细分职能；而之所以将基本公共服务质量管理整体职能确定为三种，是因为这样能与基本公共服务质量管理三个方面的内容形成一一对应的关系（下文将作出具体分析）。第四，将 ISO 模式对质量管理"管理什么"和"怎么管理"两个核心问题的混杂回答，改进为建立起二者之间的内在逻辑对应关联。具体为：基本公共服务质量管理"管理什么"，也即基本公共服务质量管理的内容——基本公共服务质量要求、基本公共服务质量特性和基本公共服务质量特性满足质量要求的程度，分别与基本公共服务质量管理"怎么管理"，也即基本公共服务质量管理的职能——基本公共服务质量决策、基本公共服务质量控制和基本公共服务质量监测形成逻辑对应关联，也即基本公共服务质量决策与基本公共服务质量要求对应，基本公共服务质量控制与基本公共服务质量特性对应，基本公共服务质量监测与基本公共服务质量特性满足质量要求的程度对应（如表 3.2 所示）。

表 3.2　　　　　　　　ISO 模式改进前与改进后对比

比较维度＼比较对象	ISO 模式改进前	ISO 模式改进后（针对基本公共服务质量管理）
基础/中心	以过程为基础	以质量管理内容和质量管理职能为中心
质量管理内容	顾客和其他利益相关者的要求、组织管理职责、资源管理等	质量要求、质量特性和质量特性满足质量要求的程度

---

① 需要说明，本研究将基本公共服务质量管理职能整合为基本公共服务质量决策、基本公共服务质量控制和基本公共服务质量监测三种整体职能，每一种整体职能之下又包含了具体的细分职能。如基本公共服务质量决策包含了质量要求获取、质量策划等细分职能，基本公共服务质量控制职能包含了质量标准制定、质量系统设计等细分职能，基本公共服务质量监测职能包含了质量评价、质量奖励与问责、质量改进等细分职能。

续表

比较对象 比较维度	ISO 模式改进前	ISO 模式改进后 （针对基本公共服务质量管理）
质量管理职能	质量策划、质量控制、质量测量、质量分析、质量改进等	质量决策、质量控制和质量监测三大整体职能及其各自包含的细分职能
质量管理内容与质量管理职能之间的关联	交叉混杂	逻辑对应

资料来源：笔者自制。

综上，本研究以改进的 ISO 模式为参照，构建了以质量管理内容和质量管理职能的复合为依据的基本公共服务质量管理体系，即复合型基本公共服务质量管理体系（如图 3.4 所示）。

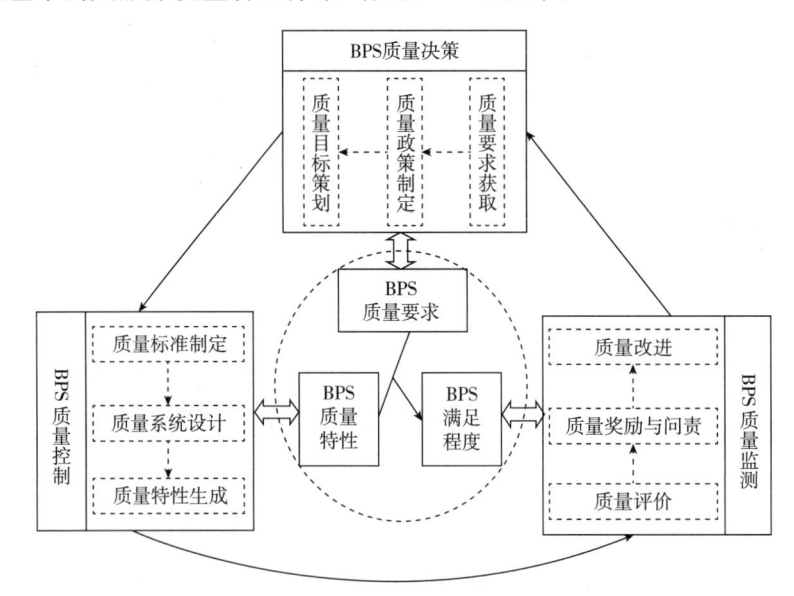

图 3.4　复合型基本公共服务质量管理体系的理论框架[①]

注：图中"BPS"为"基本公共服务"的英文首字母缩写，"BPS 满足程度"是指基本公共服务质量特性满足质量要求的程度。

资料来源：笔者自制。

---

① 关于该图的核心构成——基本公共服务质量决策、基本公共服务质量控制、基本公共服务质量监测、基本公共服务质量要求、基本公共服务质量特性、基本公共服务质量特性满足质量要求的程度等的由来、指代内容及内在逻辑，将在本章第四节作出细致分析。

第四节 复合型基本公共服务质量管理体系的创新价值与关键环节

基于改进后的 ISO 模式构建的复合型基本公共服务质量管理体系直接表明了基本公共服务质量管理内容和基本公共服务质量管理职能之间的逻辑对应关联，以及基本公共服务质量管理整体职能及其细分职能之间的内在运行逻辑，这充分彰显了复合型基本公共服务质量管理体系的特色与创新价值。同时，按照基本公共服务质量管理职能要素，可以从复合型基本公共服务质量管理体系中分解出基本公共服务质量决策、基本公共服务质量控制和基本公共服务质量监测三大关键环节，这三大环节之间的运行过程呈现了复合型基本公共服务质量管理体系的运行过程。

一 复合型基本公共服务质量管理体系的构成与特色

复合型基本公共服务质量管理体系可大致划分为两个部分：一是中心部分，包括基本公共服务质量要求、基本公共服务质量特性和基本公共服务质量特性满足质量要求的程度，对应了基本公共服务质量管理内容这一核心要素，回答了基本公共服务质量管理"管理什么"这一核心问题。需要指出，基本公共服务质量要求、基本公共服务质量特性和基本公共服务质量特性满足质量要求的程度三者之间并非独立存在和彼此区隔关系，而是互相依存、缺一不可，共同构成了基本公共服务质量整体。

二是外围部分，包括基本公共服务质量决策、基本公共服务质量控制和基本公共服务质量监测三大整体职能及其各自细分职能，对应了基本公共服务质量管理职能这一核心要素，回答了基本公共服务质量管理"怎么管理"的核心问题。为什么基本公共服务质量管理的整体职能是三种，且是基本公共服务质量决策、基本公共服务质量控制和基本公共服务质量监测呢？整体职能之所以是三种而非四种、五种或其他，是为了与基本公共服务质量管理的三大内容——基本公共服务质量要求、基本公共服务质量特性和基本公共服务质量特性满足质量要求的程度形成对应关系；之所以是基本公共服务质量决策、基本公共服务质量控制和基本公共服务质量监测，是由于它们能分别与基本公共服务质量管理三方面的内容紧密对应，且它们也代表了基本公共服务质量管理的核心职能，各自还可容纳相关基本公共服务质量管理职能。比如，基本公共服务质量决策职能以基本公共服务质量要求为中心，同时可容纳基本公共服务质量要求获取、基本公共服务质量政策制定、基本公共服务质量目标策划等基本公共服务质量管理职能。又如，基本公共服务质量控制职能以基本公共服务质量特性为中心，同时可容纳基本公共服务质量标准制定、基本公共服务质量系统设计、基本公共服务质量特性生成等基本公共服务质量管理职能。再如，基本公共服务质量监测职能以基本公共服务质量特性满足质量要求的程度为中心，同时可容纳基本公共服务质量评价、基本公共服务质量奖励与问责、基本公共服务质量改进等基本公共服务质量管理职能。

总体来看，复合型基本公共服务质量管理体系具有如下特色。

（1）依据基本公共服务质量管理体系的两大核心要素——基本公共服务质量管理内容和基本公共服务质量管理职能构建，集中回答基本公共服务质量管理"管理什么"和"怎么管理"两个核心问题。复合型基本公共服务质量管理体系不是以基本公共服务质量管理体系的全部构成要素，而是有选择性地以基本公共服务质量管理体系的核心要素，即基本公共服务质量管理内容和基本公共服务质量管理职能作为构建依据。同时，选择了改进后的 ISO 模式作为构建参照。由于基本公共服务质量管理内容对应于基本公共服务质量管理"管理什么"的问题，基本公共服务质量管理职能对应于基本公共服务质量管理"怎么管理"的问题，因而复合型基本公共服务质量管理体系同时回答了基本公共服务质量管理"管理什么"和"怎么管理"两个核心问题。其中，基本公共服务质量管理"管理什么"，就是对基本公共服务质量要求、基本公共服务质量特性和基本公共服务质量特性满足质量要求的程度三方面进行管理；基本公共服务质量管理"怎么管理"，就是通过基本公共服务质量决策、基本公共服务质量控制和基本公共服务质量监测三大整体职能及其细分职能进行管理。

（2）基本公共服务质量管理职能与基本公共服务质量管理内容之间形成逻辑对应关联。与 ISO 模式对质量管理"管理什么"和"怎么管理"二者的交叉混杂回答不同，复合型基本公共服务质量管理体系不但实现对基本公共服务质量管理"管理什么"与基本公共服务质量管理"怎么管理"二者回答的区隔性，而且建立起基本公共服务质量管理职能与基本公共服务质量管理内容二者之间的逻辑对应关联，即基本公共服务质量管理的三大整体职能——基本公共服务质量决策、基本公共服务质量控制和基本公共服务质量监测，分别与基本公共服务质量管理的三方面内容——基本公共服务质量要求、基本公共服务质量特性和基本公共服务质量特性满足质量要求的程度形成了一一对应的关系。这种逻辑对应关联表明，基本公共服务质量决策以基本公共服务质量要求为中心，基本公共服务质量控制以基本公共服务质量特性为中心，基本公共服务质量监测以基本公共服务质量特性满足质量要求的程度为中心。

（3）基本公共服务质量管理的三大整体职能及其细分职能之间具有内在递进性，并从总体上构成了一个持续不断的循环系统。基本公共服务质量管理的三大整体职能（基本公共服务质量决策、基本公共服务质量控制和基本公共服务质量监测）以及每一整体职能包含的细分职能（即基本公共服务质量决策包含的基本公共服务质量要求获取、基本公共服务质量政策制定、基本公共服务质量目标策划；基本公共服务质量控制包含的基本公共服务质量标准制定、基本公共服务质量系统设计和基本公共服务质量特性生成；基本公共服务质量监测包含的基本公共服务质量评价、基本公共服务质量奖励与问责、基本公共服务质量改进）之间并非是独立和相互区隔的，而是具有依次递进、互相依存的关系，体现为无论是基本公共服务质量管理的整体职能，还是每一种基本公共服务质量管理整体职能所包含的细分职能，前一种职能均是后一种职能的基础，后一种职能均是前一种职能的继续。正是基本公共服务质量管理整体职能及其细分职能之间的内在递进关系，使复合型基本公共服务质量管理体系从总体上构成了一个连续的循环系统。

二 复合型基本公共服务质量管理体系的创新价值

复合型基本公共服务质量管理体系是改进后的 ISO 模式应用于基本公共服务质量管理领域的产物，体现了质量管理一般理论知识与基本公共服务特殊性的有机结合。其主要有以下三方面的创新价值。

第一，较为系统、完整地回答了基本公共服务质量管理"管理什么"和"怎么管理"两个核心问题。

以过程为基础构建的 ISO 模式不能很好回答质量管理"管理什么"和"怎么管理"两个核心问题，因而采取了以质量管理内容和质量管理职能两个核心要素为中心来改进 ISO 模式，使其能更好回答质量管理"管理什么"和"怎么管理"的核心问题。基于改进后的 ISO 模式构建的复合型基本公共服务质量管理体系，也是围绕基本公共服务质量管理内容和基本公共服务质量管理职能两个核心要素展开的，并且对于回答基本公共服务质量管理"管理什么"和"怎么管理"两个核心问题更为系统和完整。从对基本公共服务质量管理"管理什么"问题的回答来看，复合型基本公共服务质量管理体系表明，主要是围绕基本公共服务质量要求、基本公共服务质量特性和基本公共服务质量特性满足质量要求的程度三个方面来进行管理。从对基本公共服务质量管理"怎么管理"问题的回答来看，复合型基本公共服务质量管理体系表明，主要是通过基本公共服务质量决策、基本公共服务质量控制和基本公共服务质量监测三大整体职能及其各自所包含的细分职能来实现。可见，复合型基本公共服务质量管理体系为基本公共服务质量管理"管理什么"和"怎么管理"两个核心问题提供了明确、系统和完整的解答。

第二，创造性地建立起基本公共服务质量管理职能与基本公共服务质量管理内容之间的横向逻辑对应关联。

ISO 模式对质量管理"管理什么"和"怎么管理"两个核心问题的回答是模糊不清和交叉混杂的。基于改进后的 ISO 模式构建的复合型基本公共服务质量管理体系则不仅较为系统、完整地回答基本公共服务质量管理"管理什么"和"怎么管理"的问题，而且建立起基本公共服务质量管理职能和基本公共服务质量管理内容之间的逻辑对应关联。具体体现为：基本公共服务质量管理的三大整体职能与基本公共服务质量管理的三方面内容形成了一一对应的关系，即基本公共服务质量决策与基本公共服务质量要求对应，基本公共服务质量控制与基本公共服务质量特性对应，基本公共服务质量监测与基本公共服务质量特性满足质量要求的程度对应。如此，对于任一基本公共服务质量管理整体职能及其包含的细分职能，将有助于该职能聚焦作用对象，定位功能目标，提升执行效果。类似地，对于任一基本公共服务质量管理内容，将有助于明确该内容在整个基本公共服务质量管理中的所处位置与环节，并使其与基本公共服务质量管理职能有机结合。

第三，比较清晰地显现出基本公共服务质量管理职能之间的纵向递进及动态运作过程。

复合型基本公共服务质量管理体系不仅直观地揭示了基本公共服务质量管理的若干整体与细分职能，而且进一步表明，基本公共服务质量管理的若干整体与细分职能之间不是彼此孤立和区隔存在的，而是存在一种内在的依序递进关系，并从总体上呈现出各整体与细分职能之间的动态运作过程。具体来说，基本公共服务质量管理的三大整体职能——基本公共服务质量决策、基本公共服务质量控制和基本公共服务质量监测之间的递进关系表现为基本公共服务质量决策为基本公共服务质量控制提供基础，基本公共服务质量控制为基本公共服务质量监测提供基础，基本公共服务质量监测为基本公共服务质量决策提供基础。与此同时，基本公共服务质量管理每一整体职能包含的细分职能之间也具有递进关系。比如，基本公共服务质量决策包含的细分职能中，基本公共服务质量要求获取为基本公共服务质量政策制定提供基础，基本公共服务质量政策制定为基本公共服务质量目标策划提供基础。又如，基本公共服务质量控制包含的细分职能中，基本公共服务质量标准制定为基本公共服务质量系统设计提供基础，基本公共服务质量系统设计为基本公共服务质量特性生成提供基础。再如，基本公共服务质量监测包含的细分职能中，基本公共服务质量评价为基本公共服务质量奖励与问责提供基础，基本公共服务质量奖励与问责为基本公共服务质量改进提供基础。正是上述基本公共服务质量管理三大整体职能及其各自包含的细分职能之间具备的逻辑递进关系，从总体上勾勒了一幅基本公共服务质量管理职能之间的动态运作图景，并在与基本公共服务质量管理内容有机结合下，使复合型基本公共服务质量管理体系较好地完成了对基本公共服务质量管理体系核心要素的诠释。

三　复合型基本公共服务质量管理体系的关键环节分解

基本公共服务质量管理体系的关键环节是表明基本公共服务质量管理体系运行过程、隶属于基本公共服务质量管理体系自身的关键构成内容。本研究引入"基本公共服务质量管理体系的关键环节"这一概念，并对基本公共服务质量管理体系的关键环节展开集中和深入分析[1]，旨在把握基本公共服务质量管理体系的运行过程，回答基本公共服务质量管理体系如何运行这一问题。

复合型基本公共服务质量管理体系的关键环节包括哪些？综观整个复合型基本公共服务质量管理体系，无非由中心部分和外围部分两个部分构成。其中，由基本公共服务质量要求、基本公共服务质量特性和基本公共服务质量特性满足质量要求的程度三方面的基本公共服务质量管理内容构成的中心部分，均是静态的内容构成，不能反映复合型基本公共服务质量管理体系的运行状态和运行过程。与之不同，由基本公共服务质量管理的三大整体职能及其细分职能构成的外围部分，凭借整体与细分职能之间的依序递进关系和形成的整体上的循环往复系统，则比较直观地呈现出复合型基本公共服务质量管理体系的运行图景。这意味着，作为基本公共服务质量管理职能这一基本公共服务质量管理体系核心要素的集中体现，复合型基本公共服务质量管理体系的外围部分蕴藏着复合型基本公共服务质量管理体系的关键环节。基于此，本研究围绕复合型基本公共服务质量管理体系内容构成的外围部分，从基本公共服务质量管理职能这一基本公共服务质量管理体系核心要素出发，按照基本公共服务质量管理的三大整体职能，将复合型基本公共服务质量管理体系的关键环节分解为基本公共服务

---

[1] 详见本书第四、第五、第六章。

质量决策、基本公共服务质量控制和基本公共服务质量监测。

必须说明，按照基本公共服务质量管理三大整体职能分解而得的是复合型基本公共服务质量管理体系的三大关键环节。至于基本公共服务质量管理的三大整体职能各自包含的若干细分职能（如基本公共服务质量决策整体职能包含的基本公共服务质量要求获取、基本公共服务质量政策制定和基本公共服务质量目标策划细分职能；基本公共服务质量控制整体职能包含的基本公共服务质量标准制定、基本公共服务质量系统设计和基本公共服务质量特性生成细分职能；基本公共服务质量监测整体职能包含的基本公共服务质量评价、基本公共服务质量奖励与问责和基本公共服务质量改进细分职能），它们对应于复合型基本公共服务质量管理体系的一般环节，并相应地归属于基本公共服务质量决策、基本公共服务质量控制和基本公共服务质量监测三大关键环节之中，也可称为复合型基本公共服务质量管理体系关键环节的子环节。

（1）关键环节之一：基本公共服务质量决策。[①] 对于基本公共服务质量决策这一复合型基本公共服务质量管理体系的关键环节，其对应基本公共服务质量决策这一基本公共服务质量管理整体职能。在复合型基本公共服务质量管理体系中，基本公共服务质量决策整体职能是基本公共服务质量管理三大整体职能的首要职能，包含基本公共服务质量要求获取、基本公共服务质量政策制定和基本公共服务质量目标策划三个细分职能，并与基本公共服务质量要求这一基本公共服务质量管理内容形成逻辑对应关系。相应地，基本公共服务质量决策关键环节是复合型基本公共服务质量管理体系三大关键环节中的首位环节，包含基本公共服务质量要求获取、基本公共服务质量政策制定和基本公共服务质量目标策划三个子环节，并与基本公共服务质量要求这一基本公共服务质量管理内容相对应。

（2）关键环节之二：基本公共服务质量控制。[②] 对于基本公共服

---

① 本书在第四章对基本公共服务质量决策这一关键环节进行了专题分析。
② 本书在第五章对基本公共服务质量控制这一关键环节进行了专题分析。

务质量控制这一复合型基本公共服务质量管理体系的关键环节，其对应基本公共服务质量控制这一基本公共服务质量管理整体职能。在复合型基本公共服务质量管理体系中，基本公共服务质量控制整体职能是基本公共服务质量管理三大整体职能的居中职能，包含基本公共服务质量标准制定、基本公共服务质量系统设计和基本公共服务质量特性生成三个细分职能，并与基本公共服务质量特性这一基本公共服务质量管理内容形成逻辑对应关系。相应地，基本公共服务质量决策关键环节是复合型基本公共服务质量管理体系三大关键环节中的居中环节，包含基本公共服务质量标准制定、基本公共服务质量系统设计和基本公共服务质量特性生成三个子环节，并与基本公共服务质量要求这一基本公共服务质量管理内容相对应。

（3）关键环节之三：基本公共服务质量监测。① 对于基本公共服务质量监测这一复合型基本公共服务质量管理体系的关键环节，其对应基本公共服务质量监测这一基本公共服务质量管理整体职能。在复合型基本公共服务质量管理体系中，基本公共服务质量监测整体职能是基本公共服务质量管理三大整体职能的末位职能，包含基本公共服务质量评价、基本公共服务质量奖励与问责和基本公共服务质量改进三个细分职能，并与基本公共服务质量特性满足质量要求的程度这一基本公共服务质量管理内容形成逻辑对应关系。相应地，基本公共服务质量决策关键环节是复合型基本公共服务质量管理体系三大关键环节中的末位环节，包含基本公共服务质量评价、基本公共服务质量奖励与问责和基本公共服务质量改进三个子环节，并与基本公共服务质量特性满足质量要求的程度这一基本公共服务质量管理内容相对应。

综上，基本公共服务质量决策、基本公共服务质量控制和基本公共服务质量监测对于基本公共服务质量管理而言是整体职能；对于基本公共服务质量管理体系而言则是关键环节。② 认识到这一点，有助

---

① 本书在第六章对基本公共服务质量监测这一关键环节进行了专题分析。
② 在本研究中，"基本公共服务质量决策、基本公共服务质量控制和基本公共服务质量监测"被称为关键环节，是相对于基本公共服务质量管理体系来讲的；被称为整体职能时，则是相对于基本公共服务质量管理来讲的。

于区分基本公共服务质量决策、基本公共服务质量控制和基本公共服务质量监测在基本公共服务质量管理和基本公共服务质量管理体系中的双重身份。但又由于二者具有高度重合性和契合性，本研究对基本公共服务质量管理体系三大关键环节的分析，经常从基本公共服务质量管理三大职能的角度进行，这使得它们在本研究中实质上是相一致的，只是称谓上不同而已。

四 质量决策、质量控制、质量监测①三大环节的运行逻辑

基本公共服务质量决策、基本公共服务质量控制和基本公共服务质量监测作为复合型基本公共服务质量管理体系的三大关键环节，在复合型基本公共服务质量管理体系中占有举足轻重的地位。解析基本公共服务质量决策、基本公共服务质量控制和基本公共服务质量监测之间的运行逻辑，可从总体上把握复合型基本公共服务质量管理体系的运行过程，回答复合型基本公共服务质量管理体系如何运行的问题。

从根本上讲，作为复合型基本公共服务质量管理体系的三大关键环节的基本公共服务质量决策、基本公共服务质量控制和基本公共服务质量监测的运行过程，就是作为基本公共服务质量管理整体职能的基本公共服务质量决策、基本公共服务质量控制和基本公共服务质量监测的开展过程。据此，从基本公共服务质量管理职能活动在实践层面开展的一般条件出发，可以按照主体、动力、分工和流程四个维度来分析基本公共服务质量决策、基本公共服务质量控制和基本公共服务质量监测三大关键环节之间的运行逻辑。

（一）主体：分别对应基本公共服务运行过程中三个环节的主体

基本公共服务质量决策、基本公共服务质量控制和基本公共服务质量监测的主体旨在回答基本公共服务质量管理体系三大关键环节"由谁执行"的问题。分析基本公共服务运行过程可知，复合型基本公共服务质量管理体系三大关键环节的主体分别对应了基本公共服务运行相应环节的主体。

世界银行在 2004 年发布的报告中提出的"公共服务与治理的分

---

① 限于标题篇幅，这里的质量决策、质量控制和质量监测均省略了"基本公共服务"。

析框架"① 直观呈现了公共服务运行的整个过程，其也即基本公共服务运行的整个过程（如图3.5所示）。根据图3.5，基本公共服务运行过程可以大致划分为三个环节：第一个环节为服务需求获取与决策环节，即中央政府和地方政府获取公民（或客户）表达的基本公共服务需求，同时根据所获取的需求进行基本公共服务决策，包括决定提供什么、提供多少、由谁提供、怎么提供等一系列问题；第二个环节为服务提供与实现环节，即由服务提供者（包括公共部门、非营利部门和私营部门）根据服务决策直接向公民（客户）提供基本公共服务；第三个环节为服务评价与反馈环节，即由服务提供者、公民（客户）、独立第三方等开展基本公共服务评估，或由公民（客户）直接向服务提供者反馈基本公共服务情况。

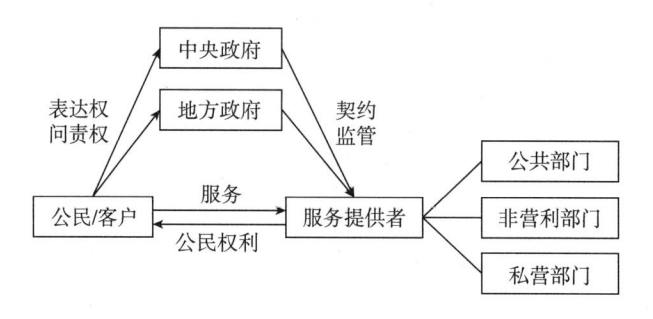

图3.5　公共服务与治理的分析框架

资料来源：转引自陈光《公共服务评价：理论与实践——首届中国公共服务评价国际研讨会综述》，《中国行政管理》2006年第2期。

基本公共服务质量管理体系的三大关键环节的主体分别与上述基本公共服务运行过程中三个环节的主体相对应，具体为：（1）基本公共服务质量决策的主体对应了基本公共服务需求获取与决策环节的主体。基本公共服务质量决策以基本公共服务质量需求为中心，包含基本公共服务质量要求获取、基本公共服务质量政策制定、基本公共服务质量目标策划等子环节。由此，基本公共服务质量决策的主体就是

---

① 转引自陈光《公共服务评价：理论与实践——首届中国公共服务评价国际研讨会综述》，《中国行政管理》2006年第2期。

基本公共服务质量要求获取、基本公共服务质量政策制定、基本公共服务质量目标策划的主体。显然，这对应了基本公共服务提供过程中需求获取与服务决策环节的主体，也即中央政府和地方政府。[①]（2）基本公共服务质量控制的主体对应了基本公共服务提供与实现环节的主体。基本公共服务质量控制以基本公共服务质量特性为中心，包含基本公共服务质量标准制定、基本公共服务质量系统设计、基本公共服务质量特性生成等子环节。由此，基本公共服务质量控制的主体就是基本公共服务质量标准制定、基本公共服务质量系统设计和基本公共服务质量特性生成的主体。显然，这对应了基本公共服务提供过程中服务提供与实现环节的主体——基本公共服务提供者，包括公共部门、非营利部门和私营部门。（3）基本公共服务质量监测的主体对应了基本公共服务评价与反馈环节的主体。基本公共服务质量监测以基本公共服务质量特性满足质量要求的程度为中心，包含基本公共服务质量评价、基本公共服务质量奖励与问责、基本公共服务质量改进等子环节。由此，基本公共服务质量监测的主体就是基本公共服务质量评价、基本公共服务质量奖励与问责、基本公共服务质量改进等的主体。显然，这对应了基本公共服务提供过程中服务评价与反馈环节的主体——基本公共服务提供者、公民（或客户）、独立第三方等。[②]

（二）动力：基本公共服务质量要求的驱动、约束与满足

从基本公共服务质量决策到基本公共服务质量控制，再到基本公共服务质量监测，始终有一核心贯穿其中，那就是基本公共服务质量要求。实际上，基本公共服务质量要求的驱动、约束与满足是"基本公共服务质量决策—基本公共服务质量控制—基本公共服务质量监

[①] 需要说明，本研究使用的"基本公共服务质量决策"中的"决策"一词强调基本公共服务的公共政策意蕴，故基本公共服务质量决策的主体只能由拥有公共权力的公共部门——中央政府和地方政府来充当。正是从这个意义上讲，基本公共服务质量决策与基本公共服务质量目标策划显著不同，后者的主体可以由任一提供基本公共服务的组织（包括公共部门、私人部门和第三部门）来充当。

[②] 具体来讲，基本公共服务质量评价的主体包括中央政府和地方政府、服务提供者、公民（客户）、独立第三方，基本公共服务质量奖励与问责的主体一般为中央政府和地方政府、服务提供者，基本公共服务质量改进的主体为服务提供者。

测"三大关键环节运行的不竭动力。

首先,基本公共服务质量要求驱动是基本公共服务质量管理体系三大关键环节运行的原始动力。这集中表现在:居于基本公共服务质量管理体系三大关键环节前列的基本公共服务质量决策需要以社会公众表达的基本公共服务质量要求为依据,并据此制定基本公共服务质量目标,规定相关必要的运行过程和相关资源以实现该质量目标。

其次,基本公共服务质量要求约束是基本公共服务质量管理体系三大关键环节运行的过程动力,这集中表现在:居于基本公共服务质量管理体系三大关键环节中间的基本公共质量控制需要在基本公共服务质量决策的基础上,以反映基本公共服务质量要求的基本公共服务质量目标及相关要求为根据,对基本公共服务质量特性的生成进行控制。

最后,基本公共服务质量要求满足是基本公共服务质量管理体系三大关键环节运行的最终动力,这集中表现在:居于基本公共服务质量管理体系三大关键环节最后的基本公共服务质量监测,在基本公共服务质量决策和基本公共服务质量控制的基础上,通过质量评估、质量奖励与问责、质量改进等促进基本公共服务质量特性对基本公共服务质量要求满足程度的不断提升。

(三) 分工:围绕基本公共服务质量管理的三类内容构成各司其职

基本公共服务质量决策、基本公共服务质量控制和基本公共服务质量监测三大关键环节及其各自包含的子环节分别围绕基本公共服务质量要求、基本公共服务质量特性和基本公共服务质量特性满足质量要求的程度展开,呈现出"各司其职"的职能分工特征。

首先,基本公共服务质量决策及其子环节围绕基本公共服务质量要求展开,具体涉及如下过程与环节:在获取社会公众表达的基本公共服务质量要求的基础上,通过公共政策的方式对基本公共服务质量进行决策并制定基本公共服务质量政策,以决定提供哪些以及何种水平的基本公共服务质量特性。进而,通过基本公共服务质量目标策划,制定基本公共服务质量目标并规定必要的运行过程和相关资源。

其次,基本公共服务质量控制及其子环节围绕基本公共服务质量特性展开,具体涉及如下过程与环节:根据基本公共服务质量决策的结果——基本公共服务质量政策、基本公共服务质量目标及相关要求，制定基本公共服务质量标准，设计基本公共服务质量系统，以控制基本公共服务质量特性的生成。

最后，基本公共服务质量监测及其子环节围绕基本公共服务质量特性展开，具体涉及如下过程与环节：对基本公共服务质量控制下生成的基本公共服务质量特性满足质量要求的程度进行评价，进而根据评价结果对基本公共服务质量供给主体施予奖励与问责，最后对基本公共服务质量存在的问题予以诊断和改进。

（四）流程：三大关键环节及其子环节既依次递进又往复循环

基本公共服务质量决策、基本公共服务质量控制和基本公共服务质量监测三大关键环节是依次递进的关系，体现为基本公共服务质量决策为基本公共服务质量控制奠定基础，基本公共服务质量控制为基本公共服务质量监测奠定基础，基本公共服务质量监测为基本公共服务质量决策奠定基础。

构成基本公共服务质量决策、基本公共服务质量控制和基本公共服务质量监测三大关键环节的子环节也呈现依次递进的关系。在基本公共服务质量决策的三个子环节（即基本公共服务质量要求获取、基本公共服务质量政策制定和基本公共服务质量目标策划）中，基本公共服务质量要求获取为基本公共服务质量政策制定奠定基础，基本公共服务质量政策制定为基本公共服务质量目标策划奠定基础；在基本公共服务质量控制的三个子环节（基本公共服务质量标准制定、基本公共服务质量系统设计和基本公共服务质量特性生成）中，基本公共服务质量标准制定为基本公共服务质量系统设计奠定基础，基本公共服务质量系统设计为基本公共服务质量特性生成奠定基础；在基本公共服务质量监测的三个子环节（即基本公共服务质量评价、基本公共服务质量奖励与问责、基本公共服务质量改进）[①] 中，基本公共服

[①] 需要指出，基本公共服务质量监测的子环节可以分成三种，也可以分成四种。这取决于基本公共服务质量奖励与问责是被视作一个环节，还是被视作两个环节（即基本公共服务质量奖励和基本公共服务质量问责）。

质量评价为基本公共服务质量奖励与问责奠定基础，基本公共服务质量奖励与问责为基本公共服务质量改进奠定基础。

在呈现上述依次递进关系的同时，基本公共服务质量决策、基本公共服务质量控制和基本公共服务质量监测三大关键环节及其子环节还从总体上构成了一个连续往复循环的系统。正是凭借这一往复循环系统，复合型基本公共服务质量管理体系所致力于实现的目标——持续提升基本公共服务质量得以不断实现。

综上分析，可从子环节构成、执行主体、围绕中心和功能作用四个维度对基本公共服务质量决策、基本公共服务质量控制和基本公共服务质量监测三大关键环节作一比较，以更好对其加以区分、理解与把握（如表3.3所示）。

表3.3　　基本公共服务质量管理体系三大关键环节之比较

比较维度＼关键环节	基本公共服务质量决策	基本公共服务质量控制	基本公共服务质量监测
子环节构成	基本公共服务质量要求获取；基本公共服务质量政策制定；基本公共服务质量目标策划	基本公共服务质量标准制定；基本公共服务质量系统设计；基本公共服务质量特性生成	基本公共服务质量评价；基本公共服务质量奖励与问责；基本公共服务质量改进
执行主体	中央政府和地方政府	基本公共服务提供者，包括公共部门、非营利部门和私营部门	基本公共服务提供者、社会公众、独立第三方组织等
围绕中心	基本公共服务质量要求	基本公共服务质量特性	基本公共服务特性满足质量要求的程度
功能作用	根据基本公共服务质量要求决定提供哪些以及何种水平的基本公共服务质量特性	根据基本公共服务质量政策、目标、标准及相关规定要求，控制基本公共服务质量特性的生成	评价基本公共服务质量特性满足质量要求的程度，并致力于不断缩小这一程度

资料来源：笔者自制。

第四章 基本公共服务质量决策的环节与实施要求[①]

作为基本公共服务质量管理体系三大关键环节之首,基本公共服务质量决策关键环节紧紧围绕基本公共服务质量要求这一中心展开,旨在根据社会公众表达的基本公共服务质量要求和基本公共服务质量的相关规定要求,决定提供哪些以及何种水平的基本公共服务质量特性,从而为基本公共服务质量控制关键环节和基本公共服务质量监测关键环节准备基础和提供依据。由此可见,基本公共服务质量决策关键环节在基本公共服务质量管理体系三大关键环节中居于十分重要的先导地位。

本章首先从基本公共服务质量决策的概念入手,在阐释基本公共服务质量决策概念与内涵的基础上,着重辨析基本公共服务质量决策与基本公共服务质量策划两个相近概念。其次,对基本公共服务质量决策的构成环节展开分析,认为基本公共服务质量要求获取、基本公共服务质量政策制定和基本公共服务质量目标策划等构成了基本公共服务质量决策的子环节。最后,从质量要求表达、质量决策协商、质量决策原则和质量策划水平四个方面分析基本公共服务质量决策的实施要求,并指出基本公共服务质量决策关键环节的实施要求拓宽基本公共服务质量要求获取的民主管道、构建基本公共服务质量政策制定的协商机制、坚持基本公共服务质量政策制定的基本原则和提升基本

[①] 需要说明,基本公共服务质量决策在整体上属于基本公共服务质量管理体系的关键环节之一,这里所分析的基本公共服务质量决策的环节,是基本公共服务质量决策这一大环节的子环节。

公共服务质量目标策划的科学水平。

第一节　基本公共服务质量决策的概念界定

一　基本公共服务质量决策的概念与内涵①

界定基本公共服务质量决策的概念是把握其作为基本公共服务质量管理体系关键环节的基础和前提。要界定基本公共服务质量决策的概念，关键在于厘清质量决策的概念与内涵。

何为质量决策？从已有研究文献来看，仅有极少数学者对质量决策的概念进行了界定，且均以私人领域中的企业产品为语境。比如，熊梓柏认为质量决策是指"生产者决定生产何种质量水平的产品，以及购买者选择何种质量水平产品的决策活动"②。吴伟和唐晓青认为质量决策是指"为了达到提高产品质量的目标，对产品过程中可能会发生的或已经发生的各种质量问题进行分析诊断并采取相应措施做出决策的过程"③。米子川认为质量决策是指"关于企业产品质量、服务、流程及客户等的质量方面的决策，包括品牌策略、价格策略、抽样决策、售后服务决策等"④。根据以上定义，可以归纳出私人领域语境中质量决策的基本内涵，包括以提高产品质量为目标，以企业（生产者）为主体，以产品质量的各方面因素为决策内容等。

与上述界定的私人领域语境中的质量决策概念与内涵不同，本研究讨论公共领域语境中针对基本公共服务的质量决策的概念与内涵。实际上，如前文指出，本研究使用的基本公共服务质量决策这一概念，是基于基本公共服务的公共政策内涵考量的结果。这意味着，理

---

① 本小节在界定基本公共服务质量决策的概念，以及在辨析基本公共服务质量决策和基本公共服务质量目标策划时，是从基本公共服务质量管理体系一般环节的角度出发的，把基本公共服务质量决策和基本公共服务质量目标策划视作基本公共服务质量管理体系的两种相并列和平行的一般环节。
② 熊梓柏：《质量决策》，《机械工程》1987年第4期。
③ 吴伟、唐晓青：《面向产品过程的质量决策研究》，《中国机械工程》2006年第S2期。
④ 米子川：《基于全线质量成本分析的质量决策》，《中国质量》2006年第9期。

解基本公共服务质量决策中的质量决策概念，应当从基本公共服务的公共政策内涵入手。据此，基本公共服务质量决策中的"质量决策"概念就是指通过公共政策的方式来决定基本公共服务质量的提供情况。

基于以上对基本公共服务质量决策中质量决策概念的解析，同时结合前文对基本公共服务质量决策关键环节的分析，可把基本公共服务质量决策的概念界定为：政府根据基本公共服务质量要求，通过公共政策的方式来决定提供哪些以及何种水平的基本公共服务质量特性的过程。根据该定义，基本公共服务质量决策的内涵包括：第一，基本公共服务质量决策的主体为政府。在这里，政府既包括中央政府，也包括地方政府。之所以强调基本公共服务质量决策的主体仅是政府而不包括事业单位、经济组织（企业）、社会组织等其他参与提供基本公共服务的组织，是因为只有作为公共部门和拥有公共权力的政府才能够运用公共政策对基本公共服务质量作出关于提供哪些以及何种水平的基本公共服务质量特性的决策。第二，基本公共服务质量决策以基本公共服务质量要求为依据。同其他任何决策一样，质量决策不可能凭空作出，而是必须要有一定依据。对基本公共服务质量决策而言，是以社会公众表达的基本公共服务质量要求以及与基本公共服务质量相关的规定要求（如法律、法规、规章、政策、管理制度等）等基本公共服务质量要求作为依据。第三，基本公共服务质量决策通过公共政策的方式作出。这是公共领域中的基本公共服务质量决策区别于私人领域和第三领域中相关质量决策之处。基本公共服务质量决策通过公共政策的方式，主要表现为政府根据基本公共服务质量要求设定公共政策议程、开展公共政策讨论和制定公共政策。第四，基本公共服务质量决策的功能作用在于决定提供哪些以及何种水平的基本公共服务质量特性。通过基本公共服务质量决策，旨在根据基本公共服务质量要求决定提供哪些以及何种水平的基本公共服务质量特性，从而为后续基本公共服务质量目标策划、基本公共服务质量控制、基本公共服务质量监测等的执行提供依据和奠定基础。

二 基本公共服务质量决策与质量策划的概念辨析①

基本公共服务质量决策和基本公共服务质量策划是两个比较容易混淆的概念，二者虽然相关但却不同，有必要对其进行分辨。

质量策划的概念在ISO9000：2000标准中得到明确界定，是指"致力于制定质量目标并规定必要的运行过程和相关资源以实现质量目标"②。该定义虽然明确指出质量策划在制定质量目标和规定运行过程和相关资源两方面的功能作用，但隐去了质量决策的主体③，同时也没有交代质量策划在形式属性上是一种过程。就基本公共服务质量策划的概念界定而言，需要在上述质量策划定义的基础上，对基本公共服务质量策划的主体、依据及形式属性等加以补充和完善。为此，基本公共服务质量策划的概念可以界定为："基本公共服务提供组织根据基本公共服务质量决策结果，制定基本公共服务质量目标并规定必要的运行过程和相关资源以实现基本公共服务质量目标的过程。"据此定义，基本公共服务质量策划的内涵包括：第一，基本公共服务质量策划主体是基本公共服务提供组织，包括公共部门（政府和事业单位）、私人部门（企业）和第三部门（社会组织）；第二，基本公共服务质量策划的功能作用在于制定基本公共服务质量目标，以及规定实现基本公共服务质量目标的必要运行过程和相关资源；第三，基本公共服务质量策划以基本公共服务质量决策的结果（一般体现为制定的基本公共服务质量政策）为依据，即只有在明确提供哪些以及何种水平的基本公共服务质量特性的基础上，才能进一步制定基本公共服务质量目标并规定实现该目标的必要运行过程和相关资源。

根据基本公共服务质量决策和基本公共服务质量策划的概念与内

---

① 需要指出，这里所使用的基本公共服务质量策划概念与前文以及后文使用的基本公共服务质量目标策划概念是相一致的。为了突出"质量决策"与"质量策划"二者仅一字之差但内涵却不同的特征，故使用了基本公共服务质量策划而非基本公共服务质量目标策划的文本表达。

② 参见 MBA 智库百科"ISO9000：2000"词条，http://wiki.mbalib.com/wiki/ISO9000% EF% BC% 9A2000，2017年1月20日。

③ 这是因为，质量策划的主体只有在特定质量载体的情况下，其主体才是明确的。比如，企业产品质量策划的主体即是企业组织，政府服务质量策划的主体即是政府组织。

涵，可以发现二者既存区别，又具联系。在区别方面，首先，二者的主体有所不同。基本公共服务质量决策的主体只有政府，而基本公共服务质量策划的主体除政府外，还包括企事业单位、企业、社会组织等其他基本公共服务提供组织。之所以如此，是因为基本公共服务质量决策必须通过公共政策的方式作出提供哪些以及何种水平的基本公共服务质量特性的决定，故只有作为公共部门和拥有公权力的政府才能充当其主体。基本公共服务质量策划则不然，由于其功能作用主要是制定基本公共服务质量目标并规定实现该目标的必要运行过程和相关资源，故其主体可由任一基本公共服务提供组织充当。其次，二者的功能作用不同。基本公共服务质量决策的功能作用是决定提供哪些以及何种水平的基本公共服务质量特性。基本公共服务质量决策的功能作用则是制定基本公共服务质量目标并规定实现该目标的必要运行过程和相关资源。最后，二者的依据不同。基本公共服务质量决策以基本公共服务质量要求，包括社会公众表达的基本公共服务质量要求以及与基本公共服务质量相关的特定要求（如法律、法规、规章、政策、管理制度等）等为依据。基本公共服务质量策划以基本公共服务质量决策的结果（一般体现为制定的基本公共服务质量政策）为直接依据，同时也以基本公共服务质量要求（包括基本公共服务质量的社会公众要求和相关规定要求）为间接依据。在联系方面，基本公共服务质量决策和基本公共服务质量策划二者在本质上均可视作一种过程，同时前者为后者提供依据和奠定基础（如表4.1所示）。

表4.1　基本公共服务质量决策和基本公共服务质量策划比较

比较对象 比较维度	基本公共服务质量决策	基本公共服务质量策划
主体	政府	政府、企事业单位、企业、社会组织等基本公共服务提供组织
功能作用	决定提供哪些以及何种水平的基本公共服务质量特性	制定基本公共服务质量目标；规定实现基本公共服务质量目标的必要运行过程和相关资源

续表

比较维度＼比较对象	基本公共服务质量决策	基本公共服务质量策划
依据	基本公共服务质量要求	直接依据是基本公共服务质量决策的结果，间接依据是基本公共服务质量要求
形式属性	一种过程	一种过程
二者间关系	基本公共服务质量决策为基本公共服务质量策划提供依据和基础	

资料来源：笔者自制。

第二节　基本公共服务质量决策的构成环节及其内在关联[①]

基本公共服务质量决策的构成环节可以揭示基本公共服务质量决策的具体运行过程。依据前文对基本公共服务质量决策关键环节及其子环节的分析，可知基本公共服务质量决策由质量要求获取、质量政策制定和质量目标策划三个环节构成。各环节均在基本公共服务质量决策中居于特定位置并发挥相应作用。其中，基本公共服务质量要求获取环节为基本公共服务质量决策提供决策依据，基本公共服务质量政策制定环节表明基本公共服务质量决策的运作过程及其结果，基本公共服务质量目标策划是基本公共服务质量决策结果的细化、应用和延伸。

一　基本公共服务质量要求获取

基本公共服务质量要求获取环节试图尽可能准确和全面把握社会公众对基本公共服务的质量要求，以为基本公共服务质量的正式决策提供基础和依据。基本公共服务质量要求获取环节可细分为质量要求收集、

[①] 与本章第一小节将基本公共服务质量决策作为基本公共服务质量管理体系的一般环节不同，本小节将基本公共服务质量决策作为基本公共服务质量管理体系的关键环节。也即，在本小节中，基本公共服务质量决策包含了基本公共服务质量目标策划这一子环节。

质量要求理解和质量要求转化三个子环节。这三个子环节紧密围绕基本公共服务质量要求展开，且形成一种内在递进关系（如图4.1所示）。

```
                    ┌─→ 基本公共服务质量要求收集子环节
基本公共服务质量要求获取 ─┼─→ 基本公共服务质量要求理解子环节
                    └─→ 基本公共服务质量要求转化子环节
```

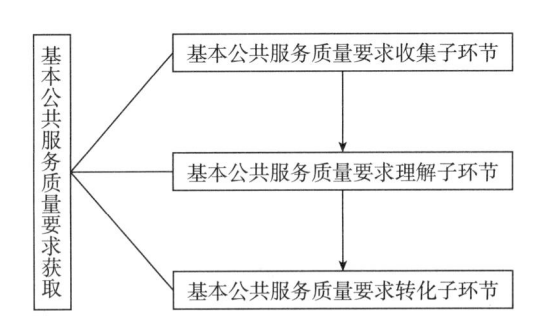

图 4.1　基本公共服务质量要求获取的子环节及其关系

资料来源：笔者自制。

首先，基本公共服务质量要求收集子环节主要是政府通过一定途径和方式采集社会公众表达的基本公共服务质量要求。在这里，"一定的途径和方式"包括问卷调查、入户访谈、电话调查、网络调查、政府网站、座谈会、听证会等；"社会公众"作广义层面的理解，即不仅包括由公民个体组成的社会公众，还包括雇员、社区、非政府组织、非营利组织、新闻媒体等基本公共服务的利益相关者；"基本公共服务质量要求"包括基本公共服务质量需求和期望。需要指出的是，基本公共服务质量要求收集的成效并不完全取决于政府单方面的收集行为，而是在很大程度上还受到社会公众表达的影响。从这个意义上讲，基本公共服务质量要求收集除站在政府角度考虑以外，还必须站在社会公众的角度进行思考，把激发社会公众表达意愿、拓宽社会公众表达途径等纳入基本公共服务质量要求收集的范畴。

其次，基本公共服务质量要求理解子环节主要是政府对其收集的基本公共服务质量要求进行识别与认知。在对社会公众表达的基本公共服务质量要求加以收集后，政府需要对其进行识别。比如，社会公众表达的是哪些种类的基本公共服务（是教育还是医疗、住房、社保、养老或其他）的质量要求，哪些方面的基本公共服务（是服务政策还是服务资源、服务价值、服务行为或其他）的质量要求，何种性质的基本公共服务质量要求（是需求还是期望），何种层级的基本公共服务质量要求（是低质、普质、优质还是高质）等。进一步地，需要对其进行认知。这就要求政府将社会公众的基本公共服务质量要求置于特定的政治、经济、社会、文化等背景下加以认真考量，着重分析社会公众为什么会表达这些基本公共服务质量要求，其表达的这些基本公共服务质量要求意味着什么等问题，从而实现对社会公众表达的基本公共服务质量要求的深度认知和把握。

最后，基本公共服务质量要求转化子环节主要是政府将社会公众表达的主观的、无形的、不可见的基本公共服务质量要求转化为客观的、有形的、可见的基本公共服务质量要求。社会公众向政府表达基本公共服务质量要求使得原本未知的基本公共服务质量要求得以可知，但尚需进一步通过政府对基本公共服务质量要求的转化，才能使基本公共服务质量要求从主观、无形、不可见变为客观、有形和可见。之所以如此，是因为基本公共服务质量要求转化的一个根本特征就是使社会公众表达的基本公共服务质量要求文字化、文件化。比如，政府根据社会公众表达的基本公共服务质量要求并结合自身的理解所形成的基本公共服务质量要求调查报告即属于此。在这里，值得指出的是，客观的、有形的、可见的基本公共服务质量要求除了体现为政府直接根据社会公众表达的基本公共服务质量要求转化而成的专门文件（如调查报告）外，还体现为那些与基本公共服务质量相关的法律、法规、规章、政策、管理制度等。这"两类"基本公共服务质量要求一并构成了基本公共服务质量决策乃至基本公共服务质量管理的重要依据。

综上，基本公共服务质量要求可分为两类①：一类是社会公众表达的基本公共服务质量要求，可称为"基本公共服务质量的社会公众要求"。具体包括社会公众对基本公共服务的质量需求和质量期望；另一类是根据社会公众表达的基本公共服务质量要求制定的基本公共服务质量要求，可称为"基本公共服务质量的相关规定要求"。具体包括基本公共服务质量方面的法律、法规、规章、政策、报告、规

---

① 需要指出，基本公共服务质量的两类要求已在本书第二章第一节的基本公共服务质量概念界定中予以简要阐述，这里侧重于对它们进行比较。

范、标准、管理制度等规定的要求。两类基本公共服务质量要求之间的区别与联系如表 4.2 所示。

表 4.2　　　　两类基本公共服务质量要求的比较

比较对象 比较维度	基本公共服务质量的 社会公众要求	基本公共服务质量的 相关规定要求
定义	指社会公众表达的基本公共服务质量需求与期望	指根据社会公众表达的基本公共服务质量要求而制定的基本公共服务质量要求
特征	主观的、无形的、不可见的	客观的、有形的、可见的
表现形式	社会公众对基本公共服务的质量需求和质量期望	基本公共服务质量方面的法律、法规、规章、政策、报告、规范、标准、管理制度等
二者间关系	"相关规定要求"由"社会公众要求"转化而来。或者说,"相关规定要求"根据"社会公众要求"制定	

资料来源：笔者自制。

二　基本公共服务质量政策制定

基本公共服务质量政策制定是基本公共服务质量决策的核心环节。该环节旨在通过公共政策的方式决定提供哪些以及何种水平的基本公共服务质量特性，以回应社会公众表达的基本公共服务质量要求。

公共政策的一般理论认为，一个具体的政策周期可以划分为前决策、政策决定和政策决定之后的活动（如政策执行和评估）三个阶段。其中，前决策阶段又细分为政策问题界定、政策议程设定和政策意见的表达、形成与综合。[①] 由于基本公共服务质量政策制定环节主要表明基本公共服务质量决策的过程及结果，因而实际对应了公共政策的前决策和政策决定两个阶段。据此，结合过程的"输入—处理—输出"分析框架，基本公共服务质量政策制定过程与结果解析如图 4.2 所示。

---

① 李强彬：《公共政策"前决策过程"概念、特性与改进论析》，《四川大学学报》（哲学社会科学版）2011 年第 2 期。

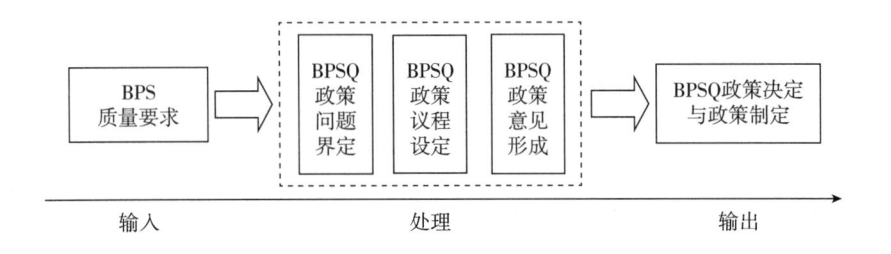

```
输入                    处理                    输出
┌──────┐    ┌─────────────────────────┐    ┌──────────┐
│ BPS  │    │ BPSQ   BPSQ   BPSQ      │    │ BPSQ政策 │
│质量要求│ ⇒ │ 政策   政策   政策      │ ⇒ │ 决定     │
│      │    │ 问题   议程   意见      │    │ 与政策制定│
│      │    │ 界定   设定   形成      │    │          │
└──────┘    └─────────────────────────┘    └──────────┘
```

图 4.2　基本公共服务质量政策制定的过程及结果

注：图中"BPS"和"BPSQ"分别是基本公共服务和基本公共服务质量的英文首字母缩写。

资料来源：笔者自制。

首先，基本公共服务质量要求是基本公共服务质量政策制定的"输入"条件。基本公共服务质量政策制定必须以基本公共服务质量要求为依据。这里的"基本公共服务质量要求"既包括社会公众向政府表达的基本公共服务质量要求，也包括与基本公共服务质量相关的法律、法规、规章、政策、管理制度等规定的要求。其中，社会公众向政府表达的基本公共服务质量要求在经过政府的"收集—理解—转化"处理的情况，已由主观、无形、不可见的基本公共服务质量要求转化为客观、有形、可见的基本公共服务质量要求。因而，最终作为基本公共服务质量政策制定依据的基本公共服务质量要求都是客观的、有形的、可见的基本公共服务质量要求。

其次，基本公共服务质量政策制定过程（也即基本公共服务质量政策"处理"过程）包括基本公共服务质量政策问题界定、基本公共服务质量政策议程设定和基本公共服务质量政策意见形成三个子环节。由于"界定政策问题就是界定利益和方案的备选范围；设定政策议程意味着决策者将关注哪些问题，采纳什么意见；形成与筛选政策意见的方式和机制则意味着谁拥有发言权以及歧见的权衡等等"[1]，因而基本公共服务质量政策问题界定子环节主要是政府根据社会公众表达

---

[1] 李强彬：《公共政策"前决策过程"概念、特性与改进论析》，《四川大学学报》（哲学社会科学版）2011 年第 2 期。

的基本公共服务质量要求界定公共政策问题范围；基本公共服务质量政策议程设定子环节主要是政府基于政策问题的重要性、政策问题解决的可行性等一系列相关因素的综合考量，决定优先或重点关注哪些政策问题的解决；基本公共服务质量政策意见形成子环节主要是政府就政策议程锁定的政策问题，运用强制、命令、表达、讨价、协商、说服等方式与利益相关者展开复杂的政策活动后，从而形成解决政策问题的特定意见与方案。总之，由以上三个子环节组成的"政策制定黑箱"完全决定了基本公共服务质量政策决定与政策制定的最终结果。

最后，基本公共服务质量政策决定与政策制定是基本公共服务质量政策制定过程的输出结果。一般地，基本公共服务质量政策决定与政策制定表现为静态的基本公共服务质量政策文本，即已经形成了可向社会民众颁布的基本公共服务质量政策文件。就这一基本公共服务质量政策制定的结果而言，其不仅作为基本公共服务质量政策运作过程的产物存在，而且构成了一种回应社会公众表达的基本公共服务质量要求的机制，此外还对如何解决基本公共服务质量政策问题和满足社会公众的基本公共服务质量要求指出了具体的政策路径。从这个意义上讲，基本公共服务质量政策制定的结果具有非常重要的承上启下作用，即一方面是对社会公众表达的基本公共服务质量要求的阶段性总结与回应，另一方面又对基本公共服务质量目标策划、基本公共服务质量控制、基本公共服务质量监测等基本公共服务质量管理后续环节提供了政策依据和指导。

三　基本公共服务质量目标策划

在经过基本公共服务质量政策制定环节决定提供哪些以及何种水平的基本公共服务质量特性之后，基本公共服务质量目标策划环节旨在通过制定基本公共服务质量目标和规定实现基本公共服务质量目标的必要运行过程和相关资源两大功能作用的发挥（如图4.3所示），为怎么提供基本公共服务质量政策决定提供的基本公共服务质量特性作出整体性的设计、安排和布置，并为后续基本公共服务质量控制、基本公共服务质量监测等基本公共服务质量管理活动提供指导和遵循的依据。

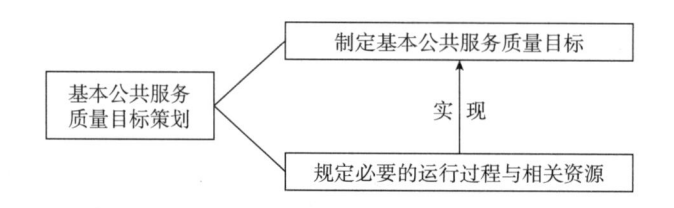

```
基本公共服务          制定基本公共服务质量目标
质量目标策划                    实  现
              规定必要的运行过程与相关资源
```

图 4.3 基本公共服务质量目标策划的核心功能

资料来源：笔者自制。

围绕上述两方面的核心功能作用，基本公共服务质量目标策划具体包括以下过程①：（1）设定基本公共服务质量目标；（2）确定达到基本公共服务质量目标的途径；（3）确定实现基本公共服务质量目标的相关组织职责和权限；（4）确定实现基本公共服务质量目标所需的资源；（5）确定实现基本公共服务质量目标的方法和工具；（6）制定旨在实现基本公共服务质量目标的考核形式与时间节点；（7）输出基本公共服务质量计划文件（即基本公共服务质量目标策划的结果）。需要指出，就基本公共服务质量目标策划中的设定基本公共服务质量目标而言，应作出如下四个方面的考虑：一是确保基本公共服务质量目标与基本公共服务质量方针一致。所谓基本公共服务质量方针，是指由基本公共服务提供组织的最高管理者正式发布的总的质量宗旨和方向。② 二是确保基本公共服务质量目标适应组织内外部环境。三是确保基本公共服务质量目标符合社会公众的基本公共服务质量要求。四是使基本公共服务质量目标考虑到基本公共服务质量管理评估结果。

在制定基本公共服务质量目标策划的过程中，要求遵循一定的原则③，包括：（1）层次性原则。基本公共服务质量目标策划按照组织

---

① 这里参考了质量策划的一般过程，详见尤建新主编《质量管理学》，科学出版社2014年版，第 90—92 页。

② 对基本公共服务质量方针的概念界定，参考了 ISO9000：2000 标准中"质量方针"术语的界定。

③ 这里参考了质量策划的一般原则，详见尤建新主编《质量管理学》，科学出版社2014年版，第 82—83 页。

层次的不同可分为战略层基本公共服务质量目标策划、管理层基本公共服务质量目标策划、执行层基本公共服务质量目标策划和操作层基本公共服务质量目标策划。由于不同层次的基本公共服务质量目标策划所关注的重点以及解决的问题不尽相同,这就要求基本公共服务质量目标策划的制定过程遵循层次性的原则。(2)系统性原则。基本公共服务质量目标策划是一个涉及基本公共服务提供组织内部各种资源和外部质量要求的复杂系统,要求遵循系统的原则确保策划结果符合实际。(3)可考核性原则。基本公共服务质量目标的制定遵循量化原则,可为基本公共服务质量目标策划的实施结果提供考核标准。(4)可操作性原则。基本公共服务质量目标策划无论是制定基本公共服务质量目标,还是规定实现基本公共服务质量目标的必要运行过程和相关资源,都必须立足于基本公共服务提供组织的现实条件,这样才能保障基本公共服务质量目标及其实现途径的可操作性。(5)权变性原则。权变性强调根据环境、时间、地点、对象等要素的不同而采用灵活变通的管理方法。由于基本公共服务质量目标策划过程涉及诸多未知性、不确定性和易变性的因素,因而应当遵循权变性原则,根据组织所处的环境条件进行灵活变通。

除遵循上述原则外,基本公共服务质量目标策划的制定过程还应符合相应的要求,主要有[①]:(1)充分考虑基本公共服务质量目标策划的输入条件。既包括社会公众表达的基本公共服务质量要求、与基本公共服务质量相关的要求(如法律、法规、规章、政策、管理制度等)、本组织的基本公共服务质量方针、上一级组织的基本公共服务质量目标等,也包括本组织的内部环境、实际条件和能力状况等实际情况。(2)充分征求各方意见,做到集思广益。基本公共服务质量目标策划虽然由特定的基本公共服务提供组织制定,但这并不意味着只依靠基本公共服务提供组织完成。相反,要进行高质量的基本公共服务质量目标策划,应当广泛征求基本公共服务质量要求表达者和基本

---

① 这里参考了质量策划的一般要求,详见尤建新主编《质量管理学》,科学出版社2014年版,第83—84页。

公共服务质量目标策划实施者的诉求与意见，使其充分反映到最终制定的基本公共服务质量目标策划中。（3）注重基本公共服务质量目标策划的落实。基本公共服务质量目标策划的落实情况是基本公共服务质量目标策划的关键。可利用 PDCA 方法对基本公共服务质量目标策划的落实情况予以指导和约束，保障基本公共服务质量目标策划的有效落实。（4）对基本公共服务质量目标策划的结果进行评审。既应当在基本公共服务质量目标策划活动结束后就所形成的基本公共服务质量计划广泛征集意见，不断予以修改和完善；也应当在基本公共服务质量目标策划结果的执行和应用过程中，就遇到的重大和关键问题再次对基本公共服务质量计划作出评审。

四　各环节比较及其内在关联分析

从主体、目标任务、功能作用、依据、形式属性等维度对基本公共服务质量要求获取、基本公共服务质量政策制定和基本公共服务质量目标策划这三个基本公共服务质量决策的构成环节进行比较，有利于对它们进行深入理解与认知。

在主体上，基本公共服务质量要求获取环节和基本公共服务质量政策制定环节的实施主体均为政府，基本公共服务质量目标策划环节的实施主体为基本公共服务提供组织，包括政府、企事业单位、企业、社会组织等；在目标任务上，基本公共服务质量要求获取环节的目标任务是准确、全面获取社会公众对基本公共服务的质量要求，基本公共服务质量政策制定环节的目标任务是以公共政策的方式决定提供哪些以及何种水平的基本公共服务质量特性，基本公共服务质量目标策划环节的目标任务是制定基本公共服务质量目标，规定实现基本公共服务质量目标的必要运行过程和相关资源；在功能作用上，基本公共服务质量要求获取环节的功能作用是为基本公共服务质量政策制定提供依据，基本公共服务质量政策制定环节的功能作用是展现基本公共服务质量政策制定的运用过程及结果，基本公共服务质量目标策划环节的功能作用是使基本公共服务质量政策制定结果可操作和落实；在依据上，基本公共服务质量政策制定环节的依据是基本公共服务质量的社会公众要求和相关规定要求。基本公共服务质量目标策划的依据包括直接依据和间接依据，其中直接依据是基本公共服务质量决策的结果，间接依据是基本公共服务质量要求；在形式属性上，基本公共服务质量要求获取、基本公共服务质量政策制定和基本公共服务质量目标策划三大环节均体现为一种过程（如表4.3所示）。

表4.3　　基本公共服务质量决策构成环节之间的比较

比较维度\比较对象	基本公共服务质量要求获取	基本公共服务质量政策制定	基本公共服务质量目标策划
主体	政府	政府	政府、企事业单位、企业、社会组织等基本公共服务提供组织
目标任务	准确、全面地获取社会公众对基本公共服务的质量要求	以公共政策的方式决定提供哪些以及何种水平的基本公共服务质量特性	制定基本公共服务质量目标；规定实现基本公共服务质量目标的必要运行过程和相关资源
功能作用	为基本公共服务质量政策制定提供依据	展现基本公共服务质量政策制定的运作过程及其结果	使基本公共服务质量政策制定结果可操作和落实
依据	—	基本公共服务质量要求（包括社会公众要求和相关规定要求）	直接依据是基本公共服务质量决策的结果，间接依据是基本公共服务质量要求
形式属性	一种过程	一种过程	一种过程

资料来源：笔者自制。

在内在关联上，从基本公共服务质量要求获取环节到基本公共服务质量政策制定环节再到基本公共服务质量目标策划环节，它们之间构成了一种层层递进的内在逻辑关联，即前者为后者提供依据和基础，后者是基于前者进一步发展而得的结果。

首先，基本公共服务质量要求获取环节为基本公共服务质量政策制定环节提供依据和基础。基本公共服务质量要求获取环节旨在准确全面获取和把握社会公众对基本公共服务的质量要求，并将主观、无形和不可见的基本公共服务质量的社会公众要求转化为客观、有形和可见的基本公共服务质量的相关规定要求。基本公共服务质量政策制定环节旨在根据基本公共服务质量要求（包括社会公众要求和相关规定要求），通过公共政策的方式决定提供哪些以及何种水平的基本公共服务质量特性。由此可见，基本公共服务质量要求获取环节输出的基本公共服务质量的社会公众要求和相关规定要求，为基本公共服务质量政策制定环节进行基本公共服务质量政策决定和政策制定提供了依据和基础。

其次，基本公共服务质量政策制定环节为基本公共服务质量目标策划环节提供依据和基础。根据前文分析，基本公共服务质量政策制定环节通过公共政策的方式决定提供哪些以及何种水平的基本公共服务质量特性，并最终以政策文本形式形成基本公共服务质量政策。基本公共服务质量目标策划环节通过制定基本公共服务质量目标和规定目标实现的必要运行过程和相关资源，为怎么提供基本公共服务质量政策决定提供的基本公共服务质量特性作出整体性的设计、安排和布置。由此可见，基本公共服务质量政策制定环节的输出——提供哪些以及何种水平的基本公共服务质量特性的决定，为基本公共服务质量目标策划环节进行基本公共服务质量目标制定和规定实现基本服务质量目标的必要运行过程和相关资源提供了依据和基础。

除上述相邻环节之间存在逻辑递进关联外，还应指出，被基本公共服务质量政策制定环节间隔的基本公共服务质量要求获取环节与基本公共服务质量目标策划环节两个环节，其间也存在逻辑递进关联，即基本公共服务质量要求获取环节为基本公共服务质量目标策划环节提供依据和基础。具体而言，基本公共服务质量要求获取环节输出的基本公共服务质量的社会公众要求和相关规定要求，为基本公共服务质量目标策划环节制定基本公共服务质量目标和规定实现基本公共服务质量目标的必要运行过程和相关资源提供重要依据和基础。

综上，可用图4.4表示基本公共服务质量决策三大构成环节之间的内在逻辑递进关联。

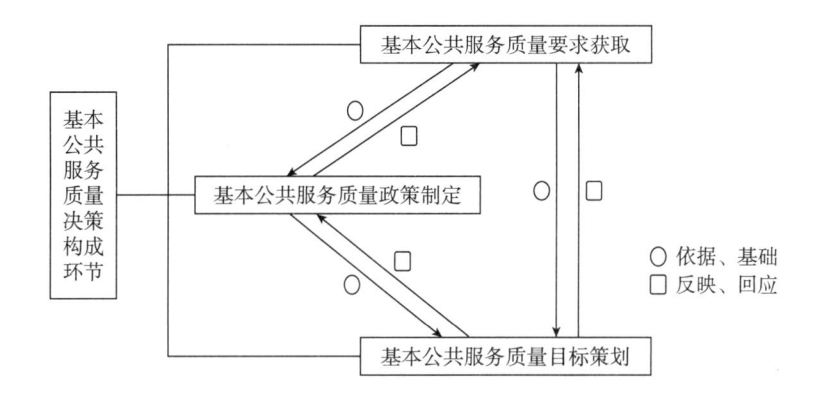

图 4.4　基本公共服务质量决策构成环节之间的内在关联

资料来源：笔者自制。

第三节　基本公共服务质量决策的实施要求[①]

基本公共服务质量决策的实施要求是对基本公共服务质量决策活动的重要约束。明确基本公共服务质量决策的实施要求，不仅有利于保障提升基本公共服务质量决策活动的顺利开展，而且有利于改善和提高基本公共服务质量决策的水平。围绕基本公共服务质量决策构成环节，基本公共服务质量决策的实施要求主要包括：针对基本公共服务质量要求获取环节，要努力拓宽基本公共服务质量要求获取的民主管道；针对基本公共服务质量政策制定环节，要着力构建基本公共服务质量政策制定的协商机制，同时要坚持基本公共服务质量政策制定的基本原则；针对基本公共服务质量目标策划环节，要不断提升基本公共服务质量目标策划的科学水平。

一　拓宽基本公共服务质量要求获取的民主管道

基本公共服务质量要求获取的民主管道指政府获取社会公众表达

---

① 与本章第一小节将基本公共服务质量决策作为基本公共服务质量管理的一般职能不同，本小节将基本公共服务质量决策作为基本公共服务质量管理的整体职能。

的基本公共服务质量要求的民主化途径和方式。在基本公共服务质量要求获取环节，政府获取社会公众的基本公共服务质量要求的绩效在很大程度上受基本公共服务质量要求获取民主管道的影响。拥有多元、畅通的基本公共服务质量要求获取民主管道，是政府充分获取社会公众的基本公共服务质量要求的关键。要为基本公共服务质量决策提供充足的决策依据，要求政府必须拓宽基本公共服务质量要求获取的民主管道。

第一，综合使用各种类别的基本公共服务质量要求获取途径与方式。根据政府主动或被动的情况，可把基本公共服务质量要求获取的途径与方式划分为三类：第一类是政府主动式的基本公共服务质量要求获取途径与方式，比如政府开展的问卷调查、入户访谈、电话调查、网络调查等；第二类是政府被动式的基本公共服务质量要求获取途径与方式，比如社会公众通过书信、电子邮件、传真、电话、网站、走访等方式向政府反映和表达；第三类是政府主动和被动并存式的基本公共服务质量要求获取途径和方式，比如政府组织和社会公众参与的各种形式的座谈会、听证会、论证会、讨论会等。针对以上三类基本公共服务质量要求获取的途径与方式，政府应当各取所长、综合运用。

第二，疏通基本公共服务质量要求获取的民主管道。囿于制度设计不足、部门利益庇护、获取成本较高等原因，一些基本公共服务质量要求获取的途径实际存在着重重梗阻，导致往往形同虚设、流于形式。比如，地方政府职能部门采取的问卷调查、网络调查、入户访谈等基本公共服务质量要求获取途径，在受自身利益影响的情况下，此类调查方式的结果往往"报喜不报忧"，不能真实反映社会公众对基本公共服务质量的需求与期望。又如，政府部门组织的听证会、座谈会等基本公共服务质量要求获取途径，其实际是多方利益相关者的利益博弈过程，容易异化为拥有公权力的政府部门强势主导而处于弱势地位的社会民众变为附庸的过场。针对以上基本公共服务质量要求获取途径存在的一些显性和隐性障碍，政府应当通过加强相关制度设计与供给，破除部门利益藩篱等举措疏通基本公共服务质量获取途径，促使社会公众想、能、易、真表达基本公共服务质量要求，进而实现全面、充分、真实、可信获取基本公共服务质量要求的目标。

第三，加强基本公共服务质量获取民主管道的体制机制建设。政府获取社会公众表达基本公共服务质量要求的途径并非是一项单纯的技术与方法，而是涉及更深层次的复杂制度、机制与体制问题。从这个意义上讲，拓宽基本公共服务质量要求获取的民主管道，离不开从相应的体制机制层面入手。从政府方面来看，一是构建纵向和横向政府，以及政府内部不同职能部门之间的协调、配合与整合机制；二是建立健全基本公共服务质量要求获取的人、财、物资源投入机制；三是建设不同层级政府和不同政府职能部门之间对基本公共服务质量要求方面的信息共享与互通机制；四是构建政府与企业、社会组织等其他主体联合获取基本公共服务质量要求的机制。从社会公众方面来看，一是构建社会公众参与表达基本公共服务质量要求的动力机制；二是建设社会公众在表达基本公共服务质量要求过程中与政府的沟通和互动机制。

第四，依托现代信息技术和硬件平台建设打造基本公共服务质量要求获取民主管道。实践表明，现代信息技术和硬件平台建设能为基本公共服务质量要求获取民主管道提供科技支撑和平台依托，进而极大提升政府获取基本公共服务质量要求的效率。以大数据这一现代科技为例，利用大数据获取基本公共服务质量要求已成为全球性潮流尤其是发达国家的普遍做法。[1] 针对此，我国政府在建设基本公共服务质量要求获取的民主管道方面，尤其应当注重通过现代信息网络技术、大数据技术、通信技术等先进科技的应用和电子政府、网络政府、智能政府、流程再造、政务中心等硬件平台的打造，不断扩大表达基本公共服务质量要求的社会公众范围，提高社会公众表达基本公共服务质量要求的便利性和可及性，促进基本公共服务质量要求获取能力和管理能力的大幅增强。

---

[1] 陈振明、耿旭：《中国公共服务质量改进的理论与实践进展》，《厦门大学学报》（哲学社会科学版）2016年第1期。

二 构建基本公共服务质量政策制定的协商机制

基本公共服务质量政策制定环节直接决定社会公众表达的基本公共服务质量要求中哪些得到回应,以及得到怎样的回应。这一回应的客观水准如何,是否得到广大社会公众的认可,很大程度上取决于基本公共服务质量政策制定中的协商情况。实际上,以表达歧见、凝聚共识为核心内涵的协商对于基本公共质量政策制定天然具有广泛而重要的价值意义,集中体现为彰显基本公共服务质量政策制定过程的民主性和保障基本公共服务质量政策制定结果的合理性。应当通过构建基本公共服务质量政策制定的协商机制的方式,充分发挥协商对于基本公共服务质量政策制定的价值与作用。

其一,构建基本公共服务质量政策制定的协商动力机制。协商动力机制是指什么样的原动力促使基本公共服务质量政策制定中的多元主体进行协商。主要在于基本公共服务质量政策制定中不同协商主体之间在利益与目标上具有冲突性,但同时这种冲突也有调和的可能。一方面,不同协商主体之间在利益与目标上具有冲突性,表现为社会公众表达的基本公共服务质量要求不尽相同,甚至相互冲突,这就要求基本公共服务质量政策制定中的不同利益主体通过协商寻求取得一致意见。另一方面,不同协商主体之间在利益与目标上的冲突并非不可弥合,而是通过不同利益主体之间的协商可以在一定程度上取得共识。由此,构建基本公共服务质量政策制定的协商动力机制,关键是正确认识基本公共服务质量政策制定中不同利益主体之间利益和目标的冲突性,并努力创造将这一冲突转化为各方均可接受的平衡状态的条件。

其二,构建基本公共服务质量政策制定的协商运行机制。协商运行机制是指如何通过规范化的运行来实现基本公共服务质量政策制定中协商的操作。具体涉及基本公共服务质量政策制定中协商内容的界定、协商程序的确定、协商原则的遵循和协商方式的选择。首先,协商的内容主要是回应社会公众表达的哪些基本公共服务质量要求,以及如何回应特定的基本公共服务质量要求。其次,协商的程序主要是确定协商的主体范围(即"谁参与协商"),协商的内容和议题(即

"协商什么"),协商的时间、地点与方式(即"如何协商"),协商的效力(即"协商的结果怎样")等要素。① 再次,协商的原则包括自愿、平等、合作、公开、公正、法治等。最后,协商的方式包括政府与社会公众之间的协商,体现为政府组织的座谈会、听证会、讨论会等形式;以及社会公众相互之间的协商,体现为正式与非正式的对话、讨论、交流等形式。通过明确以上几方面的协商要素,可以促使基本公共服务质量政策制定中的协商得以真正和有效运转。

其三,构建基本公共服务质量政策制定的协商保障机制。协商保障机制是指保障基本公共服务质量政策制定中协商的制度②安排。具体包括基本公共服务质量政策制定中协商的制度环境(即"正式制度")和协商主体的能力素质(即"非正式制度")。其中,协商的制度环境主要通过相关法律、法规、规章、政策等为基本公共服务质量政策制定中的协商提供法治保障和政策支持;协商的能力素质则是影响基本公共服务质量政策制定中协商过程及结果的重要主观因素。为此,要保障基本公共服务质量政策制定中协商的有效开展和顺利运转,既需要完善与基本公共服务质量政策制定中协商相关的法律、法规、规章、政策等正式制度,又需要着力培育和提升基本公共服务质量政策制定中各方协商主体的能力素质。

三 坚持基本公共服务质量政策制定的基本原则

基本公共服务质量政策制定的基本原则是指贯穿基本公共服务质量政策制定环节,为基本公共服务质量政策制定行为与活动提供依据的基本准则。其对基本公共服务质量政策制定具有重要意义,表现为在基本公共服务质量政策制定过程中发挥着重要的指导、规范、约束

---

① 肖巧平:《论政治协商程序的完善——基于协商民主的借鉴》,《湖南师范大学社会科学学报》2010年第1期。

② 这里将制度分为正式制度和非正式制度。正式制度是人们有意识建立起来并以正式方式加以确定的各种制度安排,如各种成文的法律、法规、政策、规章、契约等,它表现为各种法律制度;非正式制度是指人们在长期的社会生活中逐步形成的习惯习俗、伦理道德、文化传统、价值观念、意识形态等对人们行为产生非正式约束的规则。参见陈成文、黄诚《论优化制度环境与激发社会组织活力》,《贵州师范大学学报》(社会科学版)2016年第1期。

和保障作用，进而影响到基本公共服务质量政策制定的最终结果。为此，应当明确基本公共服务质量政策制定的基本原则，使之贯穿基本公共服务质量政策制定的全过程，为基本公共服务质量政策制定的活动开展与结果取得提供有效保障。

一是坚持质量要求导向的原则。社会公众表达的基本公共服务质量要求是基本公共服务质量政策制定的核心依据和基础。基本公共服务质量政策制定需要以社会公众为中心，坚持基本公共服务质量要求导向，既根据社会公众表达的基本公共服务质量要求界定基本公共服务质量政策问题，又将社会公众表达的基本公共服务质量要求作为基本公共质量政策制定过程的信息来源，此外还确保基本公共服务质量政策制定的结果有效反映社会公众表达的基本公共服务质量需求与期望。

二是坚持公民参与和民主协商的原则。基本公共服务质量政策制定应当是社会公众表达民意和政府回应民意的民主过程。为了促使社会公众充分表达基本公共服务质量要求，基本公共服务质量政策制定过程必须坚持公民参与的原则，极力拓宽和疏通社会公众参与表达基本公共服务质量要求的管道，保障社会公众的参与权和表达权。为了确保有效反映社会公众表达的基本公共服务质量要求，基本公共服务质量政策制定过程必须坚持民主协商的原则，使具有不同基本公共服务质量要求的社会公众之间开展对话和商议，最终形成各方均可接受的平衡意见。

三是坚持法治原则。基本公共服务质量政策制定过程与公共权力紧密交织，要求必须遵循法治原则。法治原则对于提高基本公共服务质量政策制定结果的科学性和民主性，以及保障基本公共服务质量政策后期执行的长效性均具有重要作用。一方面，基本公共服务质量政策制定的行为必须于法有据、依法而行，尤其是基本公共服务质量政策制定的程序要合乎法律法规的规定，不能随意任性。另一方面，作为基本公共服务质量政策制定主体的政府公职人员必须树立法治精神、提升法治素质、践行法治规定，使基本公共服务质量政策制定活动完全置于法治之中。

四是坚持民本原则。从本质上讲，基本公共服务质量政策属于民生政策范畴。基本公共服务质量政策制定的目标是通过制定优良的基本公共服务质量政策，指导和帮助政府向社会民众提供优质基本公共服务以满足其基本公共服务质量要求。基本公共服务质量政策制定应当坚持民本原则，既将社会民众表达的基本公共服务质量要求作为基本公共服务质量政策制定的依据，又确保制定的基本公共服务质量政策充分反映社会民众的基本公共服务质量要求，从而为政府向社会民众提供优质基本公共服务发挥政策指引和保障作用。

五是坚持系统、预测与动态原则。基本公共服务质量政策制定是一个充满复杂、不确定性和变化的过程，因而基本公共服务质量政策制定必须坚持系统、预测和动态原则。首先，基本公共服务质量政策制定过程要通盘考虑基本公共服务质量政策的各类要素及其结构，运用系统的观点和方法来克服容易出现的零散性和碎片化局限。其次，基本公共服务质量政策制定要善于对未知和不确定性的基本公共服务质量政策要素情况作出预估，做到有效应对、把握和引导。最后，基本公共服务质量政策制定要动态、及时地对社会公众表达的基本公共服务质量要求作出反应，确保制定的基本公共服务质量政策与时俱进。

四　提升基本公共服务质量目标策划的科学水平

基本公共服务质量目标策划水平是指基本公共服务质量目标策划的结果，包括制定的基本公共服务质量目标和规定实现基本公共服务质量目标的必要过程和相关资源，符合基本公共服务质量管理对基本公共服务质量目标策划的要求的程度，最终体现为对相关基本公共服务质量管理活动所起的正面作用的大小。提高基本公共服务质量目标策划水平，既是基本公共服务质量决策关键环节的题中之义，也是发挥基本公共服务质量目标策划对基本公共服务质量控制、基本公共服务质量监测等其他基本公共服务质量管理体系关键环节的指导和规范作用的必然要求。

第一，立足质量要求、质量政策等相关依据进行基本公共服务质量目标策划。要使基本公共服务质量目标策划的结果符合现实并具有可操作性，则基本公共服务策划必须建立在相关依据的基础上。其中，围绕制定基本公共服务质量目标的这一任务，基本公共服务质量目标策划需要以社会公众表达的基本公共服务质量需求和期望、基本公共服务质量政策制定的结果、质量方针、组织内外部环境等作为依据；围绕规定必要的运行过程和相关资源以实现基本公共服务质量目标这一任务，基本公共服务质量目标策划需要以法律、法规、规章、政策、管理制度等基本公共服务质量要求、组织自身拥有的资源与条件、基本公共服务提供的过程等作为依据。

第二，坚持基本公共服务质量目标策划的若干基本原则。基本公共服务质量目标策划的基本原则是指为基本公共服务质量目标策划过程提供依据的基本准则。其对于基本公共服务质量目标策划可发挥指导、约束和规范的多重作用。坚持基本公共服务质量目标策划的基本原则，具体包括层次性原则、系统性原则、可考核性原则、可操作性原则、权变性原则等，将有助于化解基本公共服务质量目标策划过程中面临的不确定性、变动性问题，使基本公共服务质量目标策划活动得以顺利开展。也将有助于确保基本公共服务质量目标策划的结果具有层次性、可考核性和可操作性，进而提高基本公共服务质量目标策划的环境适应性。

第三，遵循基本公共服务质量目标策划的内在与外在要求。基本公共服务质量目标策划的要求可以分为组织外部环境对基本公共服务质量目标策划提出的外在要求，以及组织内部环境对基本公共服务质量目标策划提出的内在要求。无论是外在还是内在要求，均围绕基本公共服务质量目标策划的过程与结果两个方面展开，旨在保障基本公共服务质量目标策划结果符合要求，促进基本公共服务质量目标策划水平的提高。具体来讲，遵循基本公共服务质量目标策划的要求，就是要做到根据相关依据制定基本公共服务质量计划，充分征集各方意见和建议，注重基本公共服务质量目标策划的落实，对基本公共服务质量目标策划的结果进行评审等。

第四，综合运用基本公共服务质量目标策划的方法与工具。基本公共服务质量目标策划的顺利进行离不开一定的方法和工具。事实上，能否恰当地选择运用相关方法和工具，直接影响基本公共服务质量目标策划水平的高低。一般来讲，基本公共服务质量目标策划的方法和工具包括质量标杆法、质量功能展开法（QFD）、过程决策规划图（PDPC）、质量策划路线图、先期产品质量策划法（APQP）等质量策划中常用的方法和工具。[①] 这些方法和工具各具优势与特色，在基本公共服务质量目标策划中发挥的作用也各有侧重。比如，质量标杆法适用于制定基本公共服务质量目标，质量功能展开法适用于规划必要运行过程和相关资源。为此，应当根据基本公共服务质量目标策划的具体需要，对以上基本公共服务质量目标策划的诸种方法与工具进行恰当选择和综合应用。

---

① 尤建新主编：《质量管理学》，科学出版社2014年版，第92—93页。

第五章　基本公共服务质量控制的过程与操作重点

继基本公共服务质量决策关键环节决定提供哪些以及何种水平的基本公共服务质量特性后，基本公共服务质量控制关键环节重在控制基本公共服务质量特性的生成，以使之最大限度满足基本公共服务质量的相关规定要求，并进而最大程度满足基本公共服务质量的社会公众要求。与基本公共服务质量决策关键环节以基本公共服务质量要求为中心不同，基本公共服务质量控制关键环节紧紧围绕基本公共服务质量特性这一中心展开，其通过制定基本公共服务质量标准和设计基本公共服务质量系统，控制基本公共服务质量特性生成过程，保障基本公共服务质量特性生成水平。

本章首先从基本公共服务质量控制的基础概念入手，在阐释基本公共服务质量控制概念与内涵的基础上，分析基本公共服务质量控制的目标。其次，集中探讨基本公共服务质量控制的内容、过程与方法，指出基本公共服务质量控制的内容要素与基本公共服务供给过程所涉及的要素高度关联，基本公共服务质量控制的过程可以划分为制定基本公共服务质量控制操作规程、编制基本公共服务质量控制计划、开展基本公共服务质量巡视与评审、分析基本公共服务质量问题、提出基本公共服务质量问题解决方案和汇总存档基本公共服务质量控制信息六个环节，基本公共服务质量控制的常用方法主要为系统图法、质量成本控制法、质量问题追溯法和四检法。最后，从实践操作层面论述基本公共服务质量控制的重点，指出质量标准是基本公共服务质量控制的有效工具，流程再造是基本公共服务质量控制的重要依托，全员参与是基本公共服务质量控制的根本要求，电子政务是基本公共服务质量控制的硬件支撑。

第一节 基本公共服务质量控制的概念与目标

一 基本公共服务质量控制的概念与内涵

质量控制（quality control）这一质量术语最早出现在20世纪早期。此后很长一段时间里，人们对其有着多种不同理解和认识。目前，为质量管理界所公认的是ISO9000：2000标准给出的定义：质量控制是为了通过监视质量形成过程，消除质量环上所有阶段引起不合格或不满意效果的因素，以达到质量要求，获取经济效益而采用的各种质量作业技术和活动。[①]

以上定义虽然表明质量控制在目标和对象两方面的内涵（也即质量控制以达到质量要求和获取经济效益为目标，以监视质量形成过程和消除质量环上引起不合格或不满意效果的因素为对象），但仍未表明质量控制在主体、手段、方式、依据等方面的内涵。之所以如此，是因为在质量载体不明的情况下，质量控制的概念及其内涵很难全面描述。

相较而言，基本公共服务质量控制的概念明确了质量控制中质量的载体为基本公共服务，故其概念可以得到更为具体的界定，相应地其内涵可以从主体、对象、手段、目标、依据等方面全面分析。

借鉴上述质量控制的概念界定，本研究把基本公共服务质量控制的概念界定为：基本公共服务提供组织根据基本公共服务质量的相关规定要求，通过控制基本公共服务质量特性的生成过程，以使实际生成的基本公共服务质量特性水平达到基本公共服务质量要求的过程。

---

① 参见百度百科"质量控制"词条，http：//baike. baidu. com/link？url＝5UPTNxNEoZsaWxee1dgfMh－0Wu04msg3soHvNnKEJcB1LMJYCrjQ7YY300O4sS03JGsI3SlVO＿ nSxCgdPjc5X4cacUMuhXcReA6knTpBz3pb5LPzTcVGpfrMS3Byg08I，2017年1月20日。

根据该定义，基本公共服务质量控制的内涵包括以下几项。

第一，基本公共服务质量控制的主体是基本公共服务提供组织。基本公共服务提供组织影响甚至决定了基本公共服务质量特性的生成过程及结果，因而基本公共服务提供组织就是基本公共服务质量控制的主体。基本公共服务提供组织包括公共部门（政府）、私营部门（企业）和第三部门（社会组织），故基本公共服务质量控制的主体包括公共部门（政府）、私营部门（企业）和第三部门（社会组织）。

第二，基本公共服务质量控制的对象是基本公共服务质量特性的生成过程。为了使基本公共服务质量特性达到基本公共服务质量要求，基本公共服务质量控制必须对基本公共服务质量特性的生成过程进行控制，以使基本公共服务质量特性形成过程的结果——基本公共服务质量特性生成水平达到基本公共服务质量要求。这表明，基本公共服务质量控制的对象是基本公共服务质量特性的生成过程。又由于不同的基本公共服务质量特性的生成过程不尽相同，要求基本公共服务质量控制结合特定的基本公共服务质量特性的生成过程进行。

第三，基本公共服务质量控制的目标是使基本公共服务质量特性水平达到基本公共服务质量要求。在这里，基本公共服务质量要求既包括社会公众表达的基本公共服务质量要求（即基本公共服务质量的社会公众要求），也包括根据社会公众表达的基本公共服务质量要求制定的相关规定要求（即基本公共服务质量的相关规定要求）。需要指出，基本公共服务质量控制的直接目标是满足基本公共服务质量的相关规定要求，间接目标是满足基本公共服务质量的社会公众要求。

第四，基本公共服务质量控制的依据是基本公共服务质量的相关规定要求。既然基本公共服务质量控制的目标是达到基本公共服务质量要求，那么基本公共服务质量控制就应以基本公共服务质量要求为依据。同时，经过基本公共服务质量决策关键环节将社会公众表达的基本公共服务质量要求转化为基本公共服务质量的相关规定要求，故基本公共服务质量控制的直接依据和遵循是基本公共服务的相关规定要求，具体包括基本公共服务质量方面的法律、法规、规章、政策、报告、规范、标准、管理制度等规定的要求。

二 基本公共服务质量控制的依据与目标

（一）基本公共服务质量控制的依据

上文指出，基本公共服务质量控制的依据是基本公共服务质量的相关规定要求，具体包括基本公共服务质量方面的法律、法规、规章、政策、报告、规范、标准、管理制度等规定的要求。但这些不同的基本公共服务质量相关规定要求的性质是什么？如何形成？其作为基本公共服务质量控制的依据所起到的作用是否相同？显然，回答这些问题，对基本公共服务质量控制具有重要意义。

根据来源的不同，可把作为基本公共服务质量控制依据的基本公共服务质量相关规定要求划分为四类：法规类、政策类、标准类和管理制度类。每一类的基本公共服务质量相关规定要求的性质和形成不同，对基本公共服务质量控制的作用也不尽相同。

其一，法规类的基本公共服务质量相关规定要求。指由国家制定的与基本公共服务质量相关的法律、法规和规章。比如，《中华人民共和国宪法》《中华人民共和国义务教育法》《中华人民共和国劳动法》《中华人民共和国社会保障法》《国家基本公共服务体系"十二五"规划》《关于政府向社会力量购买服务的指导意见》等都有关于基本公共服务质量的相关规定，故均属于法规类的基本公共服务质量相关规定要求。该类基本公共服务质量相关规定要求是基于社会民众的普遍意志并遵循一般法律法规的制定程序而制定的，对于基本公共服务质量控制的行为活动主要发挥强制、约束和指导的作用。

其二，政策类的基本公共服务质量相关规定要求。指由政府制定的与基本公共服务质量相关的政策。比如，政府围绕基本公共教育、劳动就业、社会保险、住房保障等出台的系列政策，以及针对基本公共服务中的公共财政问题、均等化问题、政府购买问题等制定的相关政策，直接或间接地与基本公共服务质量相关，故均属于政策类的基本公共服务质量相关规定要求。该类基本公共服务质量相关规定要求是政府根据社会公众表达的基本公共服务质量要求而制定的，对于基本公共服务质量控制的行为活动主要发挥政策性的约束、规范和指导的作用。

其三，标准类的基本公共服务质量相关规定要求。标准与质量具有密切关系，表现为标准可以规范和指导质量活动，进而可以提升质量。[①] 所谓标准，是指"为了在一定的范围内获得最佳秩序，经协商一致并由公认机构批准，共同使用和重复使用的一种规范性文件"[②]。标准类的基本公共服务质量相关规定要求指对基本公共服务质量活动可以提供具有标准性质的规范和指导作用的规范性文件。《公共服务标准化指南》（征求意见稿）、《政府部门建立和实施质量管理体系指南》（征求意见稿）、《质量管理体系　地方政府应用 GB/T19001—2008 指南》（征求意见稿）、《社会管理和公共服务标准化工作"十二五"行动纲要》和《国家基本公共服务体系"十二五"规划》等都属于标准类的基本公共服务质量相关规定要求。该类基本公共服务质量相关规定要求是针对基本公共服务提供过程及结果的情况制定的，其对于基本公共服务质量控制的行为活动主要发挥规范和指导作用。

其四，管理类的基本公共服务质量相关规定要求。指基本公共服务提供组织制定的用于组织内部管理的相关制度。比如，学校、医院等事业单位制定的用于内部管理的财务、人事、组织、员工行为等方面的制度文件即属于管理类的基本公共服务质量相关规定要求。该类基本公共服务质量相关规定要求是基本公共服务提供组织出于自身管理需要而制定的，对于基本公共服务质量控制活动主要起到约束、规范和指导作用。

（二）基本公共服务质量控制的目标

上文指出，基本公共服务质量控制的目标是"使基本公共服务质量特性的水平达到基本公共服务质量要求"，并进一步作出区分："直接目标是满足基本公共服务质量的相关规定要求，间接目标是满足基本公共服务质量的社会公众要求。"但为什么基本公共服务质量控制的目标是达到基本公共服务质量要求，且有直接目标与间接目标之

---

① 陈祖铭：《产品质量与标准的密切关系》，《上海调味品》1997 年第 2 期。
② 麦绿波：《标准化与企业发展》，《国防技术基础》2006 年第 2 期。

分？同时，对于基本公共服务质量控制所要达到的基本公共服务质量相关规定要求这一直接目标，根据上文对基本公共服务质量相关规定要求的细分，基本公共服务质量控制是要同时达到全部类别还是部分类别的基本公共服务质量相关规定要求？这些问题仍待回答。

其一，基本公共服务质量控制的目标之所以是使基本公共服务质量特性水平达到基本公共服务质量要求，原因在于基本公共服务质量控制环节是紧紧围绕基本公共服务质量特性展开的，确切地讲是控制着基本公共服务质量特性的生成过程，进而决定了基本公共服务质量特性的生成水平。换言之，基本公共服务质量控制环节的产出即是具有一定水平的基本公共服务质量特性。既如此，基本公共服务质量控制的目标就应当是使实际生成的基本公共服务质量特性水平足够高。而作为与"基本公共服务质量特性水平足够高"的同意表达，"基本公共服务质量特性水平达到基本公共服务质量要求"[①] 便成为基本公共服务质量控制的目标。

其二，由于基本公共服务质量要求包括基本公共服务质量的社会公众要求和相关规定要求两种，且基本公共服务质量的相关规定要求是转化自基本公共服务质量的社会公众要求，因而使基本公共服务质量特性的水平满足基本公共服务质量的相关规定要求，是基本公共服务质量控制的直接目标；使基本公共服务质量特性的水平达到基本公共服务质量的社会公众要求，是基本公共服务质量控制的间接目标。还应当指出，由于基本公共服务质量的社会公众要求是主观、无形和不可见的，基本公共服务质量的相关规定要求是客观、有形和可见的，故在现实操作层面，基本公共服务质量控制一般以满足基本公共服务质量的相关规定要求为目标，即更多地遵循直接目标的逻辑。

其三，基本公共服务质量控制的直接目标是使基本公共服务质量特性的水平达到基本公共服务质量的相关规定要求。基本公共服务质量的相关规定要求包括法规类、政策类、标准类和管理类四类。基本

---

① 需要指出，基本公共服务质量特性水平除了达到，还可以低于或者超过基本公共服务质量要求。一般情况下，基本公共服务质量控制的目标定位为达到基本公共服务质量要求。

公共服务质量控制的直接目标仅是使基本公共服务质量特性的水平达到部分类别的基本公共服务质量相关规定要求。这是因为，对于基本公共服务质量特性而言，有的类别的基本公共服务质量相关规定要求更多是起到依据（即作为基本公共服务质量特性形成的依据）而非目标（即并非作为基本公共服务质量特性水平要达到的目标）的作用，比如法规类和管理类的基本公共服务质量相关规定要求。与之不同，有的类别的基本公共服务质量相关规定要求既可起到依据（即作为基本公共服务质量特性形成的依据）也可起到目标（即作为基本公共服务质量特性水平要达到的目标）的作用，比如政策类和标准类的基本公共服务质量相关规定要求。因而，在基本公共服务质量的四类相关规定要求中，只有能起到目标作用的政策类和标准类的基本公共服务质量相关规定要求，才是基本公共服务质量控制的产出结果——基本公共服务质量特性的水平所要达到的对象。

第二节　基本公共服务质量控制的内容、过程与方法

对于基本公共服务质量控制关键环节，"控制什么"和"怎么控制"是两个不容回避的核心问题。对此，拟通过基本公共服务质量控制的内容要素、过程、方法等分析来进行回答。

一　基本公共服务质量控制的内容要素

基本公共服务质量控制的内容要素是指基本公共服务质量控制对象——基本公共服务质量特性形成过程所涉及的内容与要素。由此，对基本公共服务质量控制内容要素的分析，需要通过基本公共服务质量特性形成过程所涉及内容要素的分析来完成。

根据前文分析，基本公共服务质量特性存在于基本公共服务提供过程及结果之中。由此不难判知，基本公共服务质量特性的生成过程即是基本公共服务的提供过程。因为，正是凭借基本公共服务提供过程中发生的一系列环节、行为与活动，基本公共服务质量特性得以形

成。既然基本公共服务质量特性的形成过程是基本公共服务的提供过程，那么基本公共服务质量特性形成过程所涉及的内容要素也即基本公共服务提供过程所涉及的内容要素。

综上，可得出基本公共服务质量控制的内容要素分析链条（如图5.1所示）。据此，对基本公共服务质量控制内容要素的分析，实际最后可转化为对基本公共服务提供过程所涉及内容要素的分析。

基本公共服务质量控制的内容要素 ---> 基本公共服务质量特性形成过程所涉及的内容要素 ---> 基本公共服务提供过程所涉及的内容要素

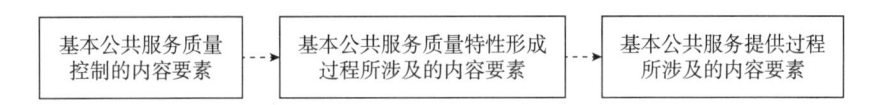

图 5.1　基本公共服务质量控制内容要素的分析链

资料来源：笔者自制。

基本公共服务提供过程涉及的内容要素有哪些？这可通过基本公共服务提供过程的环节予以分析。前文已述，根据世界银行提出的"公共服务与治理的分析框架"，一个完整的基本公共服务提供过程可以大致划分为服务需求获取与决策、服务提供与实现、服务评价与反馈三个环节。[①] 综观这三个环节，不难得知，基本公共服务提供过程所涉及的内容与要素至少包括以下几种。

1. 公共需求。公共需求作为基本公共服务提供过程涉及的内容要素体现在：首先，在基本公共服务提供的服务需求获取与决策环节，社会公众表达的基本公共服务需求是以政府为核心的基本公共服务提供组织所获取的对象，并且被作为基本公共服务决策的依据；其次，在基本公共服务提供的服务提供与实现环节，基本公共服务需求被作为基本公共服务提供的导向，满足基本公共服务需求被作为基本公共服务提供的中心目标；最后，在基本公共服务提供的服务评价与反馈环节，社会公众的基本公共服务需求是否以及多大程度上得到满足成为评价与反馈的核心。

---

① 详见第三章第四小节。

2. 公共政策。公共政策作为基本公共服务提供过程所涉及的内容要素体现在：在基本公共服务提供的服务提供与实现环节，政府通过公共政策的方式对基本公共服务提供什么、提供多少、由谁提供、怎么提供等一系列问题作出决定与安排，并形成基本公共服务的相关政策；在基本公共服务提供的服务提供与实现环节和服务评价与反馈环节，基本公共服务提供组织则根据基本公共服务相关政策，向社会公众提供基本公共服务，并对基本公共服务的结果进行评价和反馈。

3. 管理职责。管理职责作为基本公共服务提供过程所涉及的内容要素体现在：在基本公共服务提供的服务提供与实现环节，基本公共服务提供组织需要确立本组织内部不同层级和同一层级内的不同职能部门在基本公共服务提供中的具体职能与责任。

4. 服务标准。服务标准作为基本公共服务提供过程所涉及的内容要素体现在：在基本公共服务提供的服务提供与实现环节，基本公共服务提供组织通过制定服务标准，以促进基本公共服务提供活动与行为的标准化。

5. 服务流程。服务流程作为基本公共服务提供过程所涉及的内容要素体现在：在基本公共服务提供的服务提供与实现环节，基本公共服务提供组织按照设定的服务流程向社会公众提供基本公共服务。

6. 服务人员。服务人员作为基本公共服务提供过程所涉及的内容要素体现在：在基本公共服务提供的服务提供与实现环节，基本公共服务的提供与实现归根结底要由基本公共服务提供组织的服务人员承担和完成。

7. 公共行为。公共行为作为基本公共服务提供过程所涉及的内容要素体现在：在基本公共服务提供的服务提供与实现环节，基本公共服务的提供与实现必然伴随着基本公共服务提供组织的服务人员的一系列公共行为。

8. 组织文化。组织文化作为基本公共服务提供过程所涉及的内容要素体现在：在基本公共服务提供的服务提供与实现环节，基本公共服务的提供与实现不可避免受到基本公共服务提供组织的特定文化影响。

9. 公共财政。公共财政作为基本公共服务提供过程所涉及的内容要素体现在：在基本公共服务提供的服务提供与实现环节，基本公共服务提供与实现必须依托于公共财政提供的资金保障。

10. 服务设施。服务设施作为基本公共服务提供过程所涉及的内容要素体现在：在基本公共服务提供的服务提供与实现环节，基本公共服务的提供与实现必须借助于一定的服务设施才能完成。

11. 公共权力。公共权力作为基本公共服务提供过程所涉及的内容要素体现在：在基本公共服务提供的各个环节中，公共权力作为强有力的后盾贯穿其中，并支撑着从基本公共服务需求获取到基本公共服务需求满足的整个过程。对公共部门提供基本公共服务而言，公共权力是其直接运用的对象；对私营部门和第三部门提供基本公共服务而言，公共权力对其产生了直接而深刻的影响。

12. 公共关系。公共关系作为基本公共服务提供过程所涉及的内容要素体现在：在整个基本公共服务提供过程中，提供基本公共服务是政府的职责与享有基本公共服务是公民的权利这一公共关系始终蕴藏其中。从这个意义上讲，基本公共服务提供的过程是体现和反映公共关系的过程。

13. 公共利益。公共利益作为基本公共服务提供过程所涉及的内容要素体现在：在整个基本公共服务提供过程中，公共利益是横亘其中不变的价值准绳。从根本上讲，政府向社会公众提供基本公共服务是为了维护和保障公共利益。

以上基本公共服务提供过程所涉及的内容要素，即是基本公共服务质量特性形成过程所涉及的内容要素，进而是基本公共服务质量控制的内容要素。通过绘制基本公共服务质量控制的内容要素图（如图5.2 所示），可以直观呈现基本公共服务质量控制的内容要素概貌。进而不难发现，基本公共服务质量控制的内容要素，既有属于价值理念形式的，也有属于实体物质形式的。只有综合、全面把握这些内容要素，基本公共服务质量控制才能更好达成自身目标——使基本公共服务质量特性的生成水平达到基本公共服务质量要求。

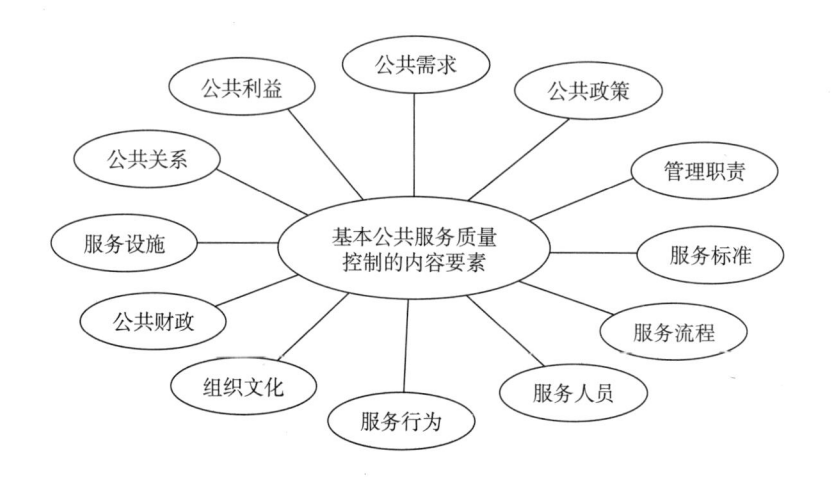

图 5.2　基本公共服务质量控制的内容要素

资料来源：笔者自制。

二　基本公共服务质量控制的一般过程

基本公共服务质量控制的过程体现为基本公共服务质量控制活动开展所遵循的一系列依序推进和环环相扣的环节。明确基本公共服务质量控制过程的基本构成环节，不仅有利于基本公共服务质量控制活动的开展和实施，而且有利于保障基本公共服务质量控制目标的达成。事实上，同其他任何质量控制活动一样，基本公共服务质量控制的关键是确保所有质量过程和活动始终处于完全受控状态。要实现这一点，使基本公共服务质量控制活动严格按照特定环节保持运转尤为关键。作为结果，这也将促使基本公共服务质量特性的实际生成水平更加满足基本公共服务质量的要求。

质量管理学中把质量控制的一般过程划分为六个环节：制定质量控制操作规程、编制质量控制计划、巡视与质量评审、质量问题分析、提出问题解决方案和质量控制信息汇总存档。[①] 参照这一划分，本研究把基本公共服务质量控制的一般过程也划分为六个环节：制定基本公共服务质量控制操作规程、编制基本公共服务质量控制计划、

[①] 尤建新主编：《质量管理学》，科学出版社 2014 年版，第 122—123 页。

第五章　基本公共服务质量控制的过程与操作重点 / 177

开展基本公共服务质量巡视与评审、分析基本公共服务质量问题、提出基本公共服务质量问题解决方案和存档基本公共服务质量控制信息（如图 5.3 所示）。

```
制定基本公共服务        编制基本公共服务        开展基本公共服务
质量控制操作规程   →    质量控制计划      →    质量巡视与评审
                                                    ↓
存档基本公共服务        提出基本公共服务        分析基本公共服务
质量控制信息      ←    质量问题解决方案  ←    质量问题
```

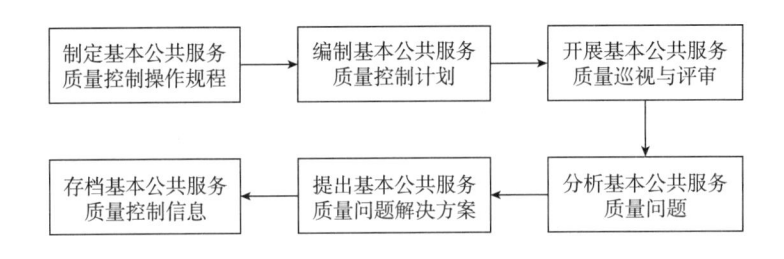

图 5.3　基本公共服务质量控制过程的构成环节

资料来源：笔者自制。

1. 制定基本公共服务质量控制操作规程。基本公共服务质量控制操作规程是指在规则和流程方面指导相关人员实施基本公共服务质量控制活动的标准、要求和规定。一般来讲，基本公共服务质量控制操作规程由基本公共服务提供组织内部具有职权和专业资质的质量管理部门制定，旨在保证基本公共服务质量控制活动安全、顺利、有效、稳定运行。基本公共服务质量控制操作规程的制定应当以基本公共服务质量相关规定要求（包括法规类、政策类、标准类和管理制度类四类）为依据，同时立足本组织内部和外部的实际情况。基本公共服务质量控制操作规程的内容包括但不限于如下：基本公共服务质量控制的组织管理及各部门质量控制人员职责；基本公共服务质量控制的实施流程及具体操作规范；基本公共服务质量工作各环节的质量目标与要求；基本公共服务质量控制的有关制度等。当基本公共服务质量控制操作规程的编制工作结束后，应经组织主管领导审核、审批后下发至各部门，由各部门组织学习并贯彻实施。

2. 编制基本公共服务质量控制计划。基本公共服务质量控制计划是指在目标、管理职责、采取措施、问题解决等方面对基本公共服务质量控制活动作出的事前安排和筹划。凡事预则立，不预则废。通过编制基本公共服务质量控制计划，可以为基本公共服务质量控制活动的实施和开展提供依据，促进基本公共服务质量控制活动有效和顺利开展。基本公共服务质量控制计划的编制包括但不限于以下方面：基本公共服务质量控制的目标；基本公共服务质量控制活动的职责和权限；基本公共服务质量控制活动开展所需的相关资源；基本公共服务质量控制工作过程中需采取的质量保证措施；针对基本公共服务质量控制过程可能出现的问题的解决程序和解决方案。

3. 开展基本公共服务质量巡视与评审。实施基本公共服务质量巡视与评审，是保证基本公共服务质量控制活动按照基本公共服务质量控制操作规程的规定开展和运转的有效措施。基本公共服务质量巡视与评审以基本公共服务质量控制操作规程为依据，并以基本公共服务质量特性的生成过程为对象，由基本公共服务质量提供组织中的质量管理部门负责和组织开展，并在各部门质量控制人员的配合下开展。质量管理部门应当定期对本组织基本公共服务质量控制工作开展巡视，并对基本公共服务质量控制的关键环节和重要环节作出评审，以及时反馈质量控制状态、发现存在的质量问题，并形成专门的基本公共服务质量巡视报告与评审报告。对于基本公共服务质量巡视与评审发现的问题，应及时交由后续环节作出处理，确保基本公共服务质量控制活动处于受控转态。

4. 分析基本公共服务质量问题。基本公共服务提供组织中的质量管理部门是分析基本公共服务质量问题的主体，其在分析基本公共服务质量特性形成过程中出现的质量问题具有专业优势。对于基本公共服务质量巡视与评审环节发现的基本公共服务质量问题，质量管理部门应通过召集相关部门加以集中讨论和分析，找出造成问题的原因，为提出问题的解决方案作出准备。除了分析通过基本公共服务质量巡视与评审环节发现的问题以外，质量管理部门还要对各部门在日常中上报和反馈的基本公共服务质量问题作出分析，以此为各部门解决相关质量问题提供有针对性的帮助。

5. 提出基本公共服务质量问题解决方案。按照质量问题的常规与否，可以把基本公共服务质量特性形成过程中的质量问题划分为常规问题和非常规问题两类。不同类型的基本公共服务质量问题，其相应的解决方案存在差异。针对常规性的基本公共服务质量问题，由于其或者曾经出现过并得到有效解决，或者容易解决，因而该类问题可以直接由相关部门按照既有经验进行处理；针对非常规性的基本公共服务质量问题，由于其具有新颖、复杂、不易解决等特点，因而该类问题应由质量管理部门召集相关部门共同讨论问题的解决思路与办法，并最终形成问题解决方案。

6. 存档基本公共服务质量控制信息。在基本公共服务质量控制过程中，一般会产生大量的记录、图样、规范、报告等文件，这些可统称为基本公共服务质量控制信息。将基本公共服务质量控制信息予以收集、汇总、整理并存档，不仅是基本公共服务质量控制过程中的重要环节，也是质量管理部门的重要工作内容之一。通过完整、有效地存档基本公共服务质量控制信息，可以为今后基本公共服务质量控制工作的开展提供信息储备，进而促进基本公共服务质量控制活动的高效开展。

三 基本公共服务质量控制的常用方法

基本公共服务质量控制方法是保证基本公共服务质量特性达到一定水平并使之不断提高以满足基本公共服务质量要求的办法与手段，其在总体上隶属于基本公共服务质量管理方法。基本公共服务质量控制方法通过分析基本公共服务质量特性形成过程中的数据分布，揭示基本公共服务质量特性形成的规律，找出影响基本公共服务质量特性形成的因素，进而采取相关技术组织措施，培育和引导有利于基本公共服务质量特性水平提升的积极因素，控制乃至消除导致基本公共服务质量特性水平低下的消极因素，最终促使基本公共服务质量特性的实际生成水平不断达到基本公共服务质量的相关规定要求和社会公众要求。

基本公共服务质量控制方法来源于质量控制的一般方法。目前，质量管理中常用的质量控制方法主要是"日本在20世纪五六十年代开展质量管理活动中开发和总结出的工具和方法，统称'老七种方法'，以及新开发出来的'新七种方法'和其他方法"[①]。这些方法与

---

① 尤建新主编：《质量管理学》，科学出版社2014年版，第126页。

工具包括系统图法、质量成本控制法、质量问题追溯法、四检法、调查表法、分层法、因果法、排列图法、直方图法、散布图法、控制图法、箭线图法、关联图法、KJ法、矩阵图法、矩阵数据分析法、PDCA法等。① 本研究主要介绍系统图法、质量成本控制法、质量问题追溯法和四检法四种方法在基本公共服务质量控制中的应用。

  1. 系统图法。系统图法（又称树图法），是指将目的和手段相互联系起来逐级展开的图形表示法。② 系统图法可以系统地分析、探求达成目标的最优手段和途径。"为了达到某种目的，就需要选择和考虑某一种手段；而为了采取这一手段，又需要考虑它下一级的相应的手段。这样，上一级手段就成为下一级手段的行动目的。如此把要达到的目的和所需要的手段，按照系统来展开，按照顺序来分解，画出图形，就能对问题有一个全貌的认识。然后，从图形中找出问题的重点，提出实现预定目的的最理想途径。"③ 将系统图法应用至基本公共服务质量控制活动中，应遵循以下步骤：第一，确定基本公共服务质量控制目标。尽量使用数据和精炼语言来描述目标，同时注明该目标的提出原因、实现条件等，并根据更高一级目标来评估其可行性；第二，提出实现基本公共服务质量控制目标的手段和措施；第三，对所提出的实现基本公共服务质量控制目标的手段和措施进行评价并作出取舍；第四，绘制基本公共服务质量控制的系统图。该步骤是最为重要的一步。具体做法为：将基本公共服务质量控制的最终目标置于图纸左端的中间，然后把为了达到的基本公共服务质量控制目标与必要的基本公共服务质量控制手段和措施之间的关系联系起来；第五，制定基本公共服务质量控制的实施计划。根据基本公共服务质量控制的对象制订实施计划，使基本公共服务质量控制图中最低一级的手段进一步细化，并决定相应的实施内容、承担任务等事项。

---

  ① 尤建新主编：《质量管理学》，科学出版社2014年版，第126—128页。
  ② 参见百度百科"系统图法"词条，http://baike.baidu.com/link?url=89s3QS8A5ZWVKtLL2qCRrTk6gY－bb3cgswosWARFLvRJS－dXusazk0HFmAncLnjPxn73afVnE15PHiyleSQnb_MzKG_eipd1WfYnykoWeL4BfUInlxFjExdJaTSAQ_iL，2017年1月20日。
  ③ 尤建新主编：《质量管理学》，科学出版社2014年版，第128页。

2. 质量成本控制法。质量成本（又称质量费用），是指将产品质量保持在规定的质量水平上所需的有关费用。① 根据质量成本理论可知，基本公共服务质量成本由运行质量成本和外部质量保证成本两部分构成。既然基本公共服务质量活动必然产生一定成本，就应当采取质量成本控制法对其中成本加以控制，以实现用最低的基本公共服务质量成本达到规定的基本公共服务质量目标。在这里，所谓质量成本控制法，就是能够帮助有效控制质量成本的相关方法。具体而言，在基本公共服务质量控制过程与活动中，可运用如下质量成本控制法实现基本公共服务质量成本控制：一是根据基本公共服务质量目标和标准来设定基本公共服务质量成本值的正常波动范围，为基本公共服务质量成本的控制提供数据参考；二是激发和调动基本公共服务质量工作人员进行质量成本控制的积极性，同时培养和提升基本公共服务质量工作人员进行质量成本控制的业务能力；三是鼓励基本公共服务提供组织开展质量创新活动，以发挥质量创新对降低质量成本的积极效应。

3. 质量问题追溯法。质量问题追溯法是指对于已经发生的或可能发生的质量问题，就其产生原因进行回溯式查寻，进而提出相应解决办法与途径的一种方法。任何开展质量活动的组织都可能会发生质量问题、质量事故，这就需要运用质量问题追溯法，查找质量问题发生的根源与原因，以便对症下药、有效解决，降低质量问题给组织造成的损失。在基本公共服务质量控制过程中，运用质量问题追溯法，首先要准确定位基本公共服务质量特性形成过程与结果中可能或已经产生的问题的所处环节，进而对引发基本公共服务质量问题的原因进行追溯和查找，最后有针对性地对基本公共服务质量问题提出解决方法和方案。由于基本公共服务的质量特性包含多种，且每一种基本公共服务质量特性都有着各自特定的形成过程，因而运用质量问题追溯法时，可采用如下两种思路：一是具体明确特定的基本公共服务质量特

---

① 参见 MBA 智库百科"质量成本"词条，http：//wiki.mbalib.com/wiki/%E8%B4%A8%E9%87%8F%E6%88%90%E6%9C%AC，2017 年 1 月 20 日。

性。比如，当出现基本公共服务质量特性的总体水平偏低这一质量问题时，应明确是其中何种或哪些类别的基本公共服务质量特性水平低；二是根据特定基本公共服务质量特性的生成过程、环节程序、影响因素等去追溯其原因。比如，当基本公共服务的参与性质量特性水平偏低时，可侧重于从基本公共服务的公共政策制定环节查找原因。

4. 四检法。所谓质量控制的"四检法"，是自检、互检、抽检、巡检四种子方法的合称。其中，自检是指质量活动中的工作人员对自己作业的部分进行检验；互检是指质量活动中相邻的工作人员相互检验对方的作业部分；抽检是指由质量管理人员不定时、随机地对质量活动中工作人员的作业进行抽样检验；巡检是指质量管理人员采用现场巡视的方式对质量活动中工作人员的作业进行检验。对于基本公共服务质量控制而言，四检法从根本上表明，基本公共服务质量控制中的检验应是多元化和多向度的。其中的自检子方法要求基本公共服务质量特性形成过程中的工作人员对其负责的质量工作和活动进行自我检验；互检子方法要求基本公共服务质量特性形成过程中的邻近的工作人员对对方的质量工作和活动进行检验；抽检子方法要求由基本公共服务质量管理部门统一对基本公共服务质量特性形成过程中工作人员的质量工作和活动进行抽样检验；巡检子方法要求由基本公共服务质量管理部门对基本公共服务质量特性形成过程中工作人员的质量工作和活动进行现场巡视检验。综合运用上述四类检验子方法，能充分发挥检验思想与方法在基本公共服务质量控制中的功能和作用。

第三节　基本公共服务质量控制的操作重点

为保障基本公共服务质量控制关键环节的实施成效，促进基本公共服务质量控制目标的顺利达成，需要对基本公共服务质量控制过程中的操作重点予以更多观照和重视。所谓基本公共服务质量控制的操作重点，是指对基本公共服务质量控制的对象——基本公共服务质量特性的生成过程带有比较突出影响作用的内容、要素与环节。概括起来，密切影响基本公共服务质量特性形成过程的内容、要素与环节，也即基本公共服务质量控制的操作重点，主要有质量标准、流程再造、全员参与和电子政务四个方面。其中，质量标准是基本公共服务质量控制的有效工具，流程再造是基本公共服务质量控制的重要依托，全员参与是基本公共服务质量控制的根本要求，电子政务是基本公共服务质量控制的硬件支撑。

一 质量标准是基本公共服务质量控制的有效工具

根据我国标准化工作通用的 GM/T20000.1—2002，标准是指"为了在一定的范围内获得最佳秩序，经协商一致并由公认机构批准，共同使用和重复使用的一种规范性文件"[①]。从质量的角度来看，标准具有质量标准与非质量标准之分。其中，质量标准是与质量有关的标准，如服务质量标准；非质量标准是与质量无关的标准，如产品价格标准。所谓质量标准，是指规定质量载体（如产品、服务、组织等）的质量特性及其形成过程应达到的技术要求。[②] 据此，基本公共服务质量标准可以界定为：规定基本公共服务质量特性及其形成过程应达到的技术要求。

基本公共服务质量标准可以促进基本公共服务质量特性水平的提高。这是因为，基本公共服务质量标准可以对基本公共服务质量特性的生成发挥手段和目标双重作用。作为手段，基本公共服务质量标准通过规定基本公共服务质量形成过程中的内容、要素、环节、活动、行为等应达到的技术要求，可以发挥对基本公共服务质量特性形成的规范、约束和指导作用；作为目标，基本公共服务质量标准通过规定基本公共服务质量特性应达到的目标程度，可以发挥对基本公共服务质量特性形成的引导、指明和激励作用。正是对基本公共服务质量特性的生成发挥着上述手段和目标双重作用，基本公共服务质量标准成

---

① 麦绿波：《标准化与企业发展》，《国防技术基础》2006 年第 2 期。
② 该定义参照了"产品质量标准"的定义——"规定产品质量特性应达到的技术要求"。参见百度百科"质量标准"词条，http://baike.baidu.com/link?url=9G8W68_v0lsu7BSQrA39JuhGCAZIXtFUsangns29sYw43F7BqpGF9s7H_s8SJf4aFsVKp2o_v8i4k3M3tzgO6xB5rgCUXNwKhjdCTaVB23yYRhUftnEplgKEEI8xA9g1，2017 年 1 月 20 日。

为基本公共服务质量控制的有效工具，对基本公共服务质量控制起着十分重要的作用。

第一，做好基本公共服务质量标准制定的前期准备。基本公共服务质量标准的制定水平直接代表着其作为基本公共服务质量控制工具的优劣性，但基本公共服务质量标准的制定水平很大程度上受到前期准备工作的影响。一是广泛收集和整理社会公众表达的基本公共服务质量要求，为其直接或间接地反映到基本公共服务质量标准中做准备。二是调查了解基本公共服务质量工作人员对基本公共服务质量标准的意见与建议，为其反映到基本公共服务质量标准制定中做准备。三是研究基本公共服务质量标准与其他法规类、政策类与管理类的基本公共服务质量相关规定要求之间的衔接性问题。

第二，提高基本公共服务质量标准的制定水准。判断基本公共服务质量标准的制定水准如何，既要看其在多大程度上反映社会公众的基本公共服务质量要求，容纳基本公共服务质量工作人员的意见与建议，衔接其他类别的基本公共服务质量相关规定要求，也要看其在现实层面的可操作性和可执行性以及最终所取得的成效。提高基本公共服务质量标准的制定水准，一方面，要保障基本公共服务质量标准制定过程的民主性，使基本公共服务质量标准的利益相关方的诉求经过表达、协商、决定等程序最终反映到基本公共服务质量标准的制定结果中。另一方面，要提高基本公共服务质量标准制定的科学性，此可借助质量标准制定的专业力量、紧密结合基本公共服务的实际情况等途径实现。

第三，确保基本公共服务质量标准执行与落实到位。无论基本公共服务质量标准制定得多么成功，只有经过付诸现实层面的执行和落实，才能对基本公共服务质量特性的生成发挥应有的作用，否则只是一纸空文。提高基本公共服务质量标准的执行与落实程度，关键在于基本公共服务质量工作人员这一基本公共服务质量标准执行与落实的主体。为此，要通过建立健全基本公共服务质量工作人员执行和落实基本公共服务质量标准的相关机制，比如激励机制、追责机制、能力提升机制等，使基本公共服务质量工作人员"想、必须、能"执行和落实基本公共服务质量标准,确保基本公共服务质量标准执行与落实到位。

第四,坚持基本公共服务质量标准的反馈与完善。要通过基本公共服务质量标准的执行与落实环节,检视和反馈基本公共服务质量标准本身的适应性、完备性、实际成效以及存在的相关问题,为基本公共服务质量标准的进一步完善提供依据。基本公共服务质量标准的制定并非一劳永逸,除通过现实执行和落实环节的反馈加以弥补和改进外,还要根据客观环境和现实条件的变化,尤其是基本公共服务质量相关情况的变化,动态调整和更新基本公共服务质量标准,使基本公共服务质量标准始终处于持续改进和不断完善的状态。

二 流程再造是基本公共服务质量控制的重要依托[①]

流程再造(Process Reengineering)诞生和兴起于企业管理实践。20世纪七八十年代以来,流程再造作为新公共管理运动改革举措被引入政府部门,开启了政府流程再造的实践进程。所谓政府流程再造,是指"在引入现代企业业务流程再造理念和方法的基础上,以'公众需求'为核心,对政府部门原有组织机构、服务流程进行全面、彻底的重组,形成政府组织内部决策、执行、监督的有机联系和互动,以适应政府部门外部环境的变化,谋求组织绩效的显著提高,使公共产品或服务更能取得社会公众的认可和满意"[②]。

政府流程再造与基本公共服务质量控制具有紧密的内在关联。政府流程再造的对象——政府部门组织机构和服务流程,是基本公共服务质量特性形成的重要载体和平台。通过对政府部门组织机构和服务流程的重组与优化,政府流程再造有利于化解基本公共服务质量特性形成过程中遭遇的障碍与难题,进而促进基本公共服务质量特性的生成和基本公共服务质量特性水平的提高。由此来看,政府流程再造对基本公共服务质量控制发挥着十分重要的依托作用。

---

① 为突出重点,本部分仅以政府部门这一基本公共服务提供组织为例,论述政府流程再造对基本公共服务质量控制的依托作用。实际上,事业单位、企业、社会组织等其他基本公共服务的提供组织在实施基本公共服务质量控制过程中,同样要进行流程再造。

② 姜晓萍:《政府流程再造的基础理论与现实意义》,《中国行政管理》2006年第5期。

其一，实施以基本公共服务质量特性形成为目标靶向的政府流程再造。将政府流程再造置于基本公共服务质量控制的背景下考虑，要求政府流程再造以基本公共服务质量特性形成为目标靶向，进而对政府部门的组织机构和服务流程实施重组，才能发挥其对基本公共服务质量控制的依托作用。基本公共服务质量特性的生成过程体现为一定的流程，且不同的基本公共服务质量特性的生成过程有着不尽相同的流程，这意味着在基本公共服务质量特性形成的目标导向下，政府流程再造既能够具体定位到基本公共服务质量特性形成的条件、部门、资源、行为、关系等流程要素进行再造，又能够有针对性地对特定基本公共服务质量特性的生成流程进行再造，其结果将直接服务于基本公共服务质量特性的顺利形成和提高基本公共服务质量特性的生成水平。

其二，重点对基本公共服务提供与实现环节实施政府流程再造。之所以提出重点对基本公共服务提供与实现环节实施政府流程再造，主要有两个考虑：一是相较于基本公共服务的需求获取与决策环节和服务评价与反馈环节，该环节蕴藏着更多的基本公共服务质量特性，比如保障性、可及性、可靠性、公平性、共享性、移情性、保证性等基本公共服务质量特性均主要形成于该环节；二是该环节密集分布着组织机构与服务流程，以及职能、责任、资源、人员、行为、关系等要素，它们构成了政府流程再造的主要对象。通过系统考虑基本公共服务提供与实现环节的构成要素，并将之与相关基本公共服务质量特性的生成予以结合，围绕该环节的政府流程再造将能凭借对政府机构和服务流程的重塑，为基本公共服务质量控制带来事半功倍的效果。

其三，在基本公共服务质量的社会公众要求和相关规定要求下实施政府流程再造。为了使政府部门组织机构和服务流程的重塑更有利于基本公共服务质量特性的生成，政府流程再造应当以约束、指导和规范基本公共服务质量特性形成的基本公共服务质量要求为根据。其中，社会公众表达的基本公共服务质量要求是政府流程再造的根本依据，这与政府流程再造以公众需求为核心和导向是一致的；法规、政策、标准、管理制度等基本公共服务质量相关规定要求是政府流程再造的直接依据。政府流程再造在基本公共服务质量的社会公众要求和相关规定要求的约束、指导和规范下,对政府部门组织机构和服务流程重塑的结果将符合基本公共服务质量特性形成的需要,进而有利于保障基本公共服务质量特性的生成水平。

三 全员参与是基本公共服务质量控制的根本要求

全面质量管理理论的观点之一是强调全员参与在质量控制中的作用,"全面质量管理要求把质量控制工作落实到每一名员工,让每一名员工都关心产品质量"[1]。作为全面质量管理的核心要素,全员参与可以理解为"所有员工在合作中参与,强调团队合作,并予以授权以取得质量改进的成就"[2]。需要指出,在质量管理与控制中,全员参与中的全员是指开展质量管理与控制的组织的内部员工,并不包括组织外部的顾客。

在基本公共服务质量控制的实施过程中,必然要求强调全员参与所发挥的重要作用。根据前文分析,基本公共服务提供组织内部的服务人员及其产生的公共行为是基本公共服务质量形成过程所涉及的两大内容要素,进而也构成了基本公共服务质量控制的内容要素。这实际表明,作为基本公共服务提供组织内部服务人员的公共行为,"全员参与"对基本公共服务质量特性的生成,进而对基本公共服务质量控制产生着直接、显著的影响作用。事实上,相较于其他"物"的内容要素,基本公共服务提供组织内部的服务人员及其行为这一"人"的内容要素对基本公共服务质量特性形成,进而在基本公共服务质量控制中所起的作用更为关键和重大,因为后者具有前者所不具有的能动性。从这个意义上讲,基本公共服务质量控制必须格外重视全员参与的角色与分量,促使其在基本公共服务质量特性形成过程中充分发

---

[1] 参见百度百科"全面质量管理"词条,http://baike.baidu.com/link?url=mYXsQ5660k66lU-LLxWEmoRrakPQ4AjXrpISSl58xd6MgeAO9tboX6VzcGcN3mMY2G7-xRuDmsnGPF9IYGJm0rru34f6N7dabN3DovOqkeOgt_m2DdJQnuAzhE1Juz8QO6cfBHU3bRcccNUh76SQg_#5,2017年1月20日。

[2] 杨林岩、詹联科:《全面质量管理理论在我国公共部门的运用分析》,《科学学与科学技术管理》2006年第6期。

挥应有作用。

　　一是构建基本公共服务提供组织中领导者、管理者与一线员工之间的团队协作机制。基本公共服务质量控制中的全员参与应该更多依靠团队协作的方式进行，通过在基本公共服务提供组织内部员工之间构建团队协作机制，是促进基本公共服务质量控制中全员参与实现的有效途径。由于基本公共服务提供组织内部员工之间存在领导者、管理者与一线员工之分，它们各自在基本公共服务质量控制过程中扮演角色、执行职能、工作事项、承担责任等均有差异，且互为影响，因而构建基本公共服务提供组织员工之间的团队协作机制应当注重发挥不同层次员工的差异性作用。具体来讲，对于领导层次的员工，应当发挥其在全员参与基本公共服务质量控制中的支持和推动作用；对于管理层次的员工，应当发挥其在全员参与基本公共服务质量控制中的组织和策划作用；对于一线层次的员工，应当发挥其在全员参与基本公共服务质量控制中的实施与践行作用。

　　二是充分向基本公共服务提供组织及其工作人员授权。授权被认为是质量管理中全员参与的必要因子，"要达到有效改进和全员参与，就必须进行授权，授权的幅度视问题的重要性而定"[①]。根据 Rago 的观点，授权包括两个步骤，依次是组织授权和员工授权。[②] 据此，针对基本公共服务质量控制中的全员参与，应当充分向基本公共服务提供组织及其工作人员授权。其中，基本公共服务提供组织授权指基本公共服务提供组织中的领导者与管理者必须被授权，以拥有实施本组织基本公共服务质量控制的相关权限。基本公共服务提供组织工作人员授权是指基本公共服务提供组织中基层或一线员工从其领导者与管理者那里获得足够的授权，以能实现自由、主动参与到基本公共服务质量控制活动中。

---

　　① 和经纬：《全面质量管理在政府部门运用的理论和实践》，《广东行政学院学报》2003 年第 5 期。

　　② Rago W. V., "Struggles in Transformation: A Study in TQM. Leadership and Organizational Culture in a Government Agency", Public Administration Review, Vol. 56, No. 3, 1996, pp. 227–234.

三是落实基本公共服务提供组织内部员工的质量控制职责。明确基本公共服务提供组织内部员工的质量控制职能与责任,是实现基本公共服务质量控制全员参与的题中之义。当基本公共服务提供组织内部员工被授予质量控制权力时,必然也被要求承担与之相匹配的职责。与基本公共服务质量控制目标的分配逻辑一样,基本公共服务质量控制职责也应经过层层分解,确保落实到基本公共服务提供组织内部的每一名员工。在此过程中,应当避免领导层、管理层、一线层各层之间容易出现的权责不对等问题。通过质量控制职责的逐层分解与细化落实,为基本公共服务提供组织内部员工参与基本公共服务质量控制注入强大的责任驱动力,推动基本公共服务质量控制中全员参与的运转与实现。

四 电子政务是基本公共服务质量控制的硬件支撑[①]

全面质量管理理论认为,为了实现质量管理的科学化,"必须更加自觉地利用现代科学技术和先进的科学管理方法"[②]。从技术的角度出发,全面质量管理甚至可以理解为"一套能够控制质量,提高质量的管理技术和科学技术"[③]。由此来看,科学技术是保障质量管理有效运行的必备条件。换言之,任一组织的质量管理只有借助一定的硬件平台与技术支撑才能顺利完成。

对于提供基本公共服务的政府部门而言,实施基本公共服务质量控制所要求的硬件平台与技术支撑集中体现为电子政务。所谓电子政务,是指"运用计算机、网络和通信等现代信息技术手段,实现政府组织结构和工作流程的优化重组,超越时间、空间和部门分隔的限

---

① 为突出重点,本部分仅以政府部门这一基本公共服务提供组织为例,论述电子政务对于基本公共服务质量控制的硬件支撑作用。实际上,事业单位、企业、社会组织等其他基本公共服务提供组织在实施基本公共服务质量控制的过程中,同样要求一定的硬件平台与技术支撑。

② 参见百度百科"全面质量管理"词条,http://baike.baidu.com/link?url = mYXsQ5660k66lU – LLxWEmoRrakPQ4AjXrpISSl58xd6MgeAO9tboX6VzcGcN3mMY2G7 – xRuDmsnG-PF9IYGJm0rru34f6N7dabN3DovOqkeOgt_ m2DdJQnuAzhE1Juz8QO6cfBHU3bRcccNUh76SQg_ # 5,2017 年 1 月 20 日。

③ 陈君宁、李军:《企业的全面质量管理浅议》,《中南民族大学学报》(人文社会科学版)2005 年第 S1 期。

制，建成一个精简、高效、廉洁、公平的政府运作模式，以便全方位地向社会提供优质、规范、透明、符合国际水准的管理与服务"①。电子政务集现代科学技术与硬件设施等于一身，对于政府部门实施基本公共服务质量控制发挥着不可或缺的硬件支撑作用。

其一，加强基本公共服务质量控制中电子政务建设的资源投入。发挥电子政务对基本公共服务质量控制中支撑作用，一个基础和前提是搞好电子政务自身的建设。由于电子政务建设涉及现代信息技术设备、工具与手段的引入和使用，因而必然离不开相关的经费、人员、组织等各类资源保障。一是要加大基本公共服务质量控制中电子政务建设的财政投入力度，确保电子政务建设拥有足够的经费支持，以购买或引入相应的技术性硬件设备与工具；二是要加强政府部门工作人员的业务能力培训，不断搭建一支适应基本公共服务质量控制中电子政务建设的技术人才队伍；三是要积极争取政府部门高层领导的认可和支持，为基本公共服务质量控制中电子政务建设提供组织保障。

其二，借助电子政务破除基本公共服务质量特性形成的体制机制障碍。借助信息通信技术手段与先进设备，电子政务不仅能够重塑政府部门组织结构和工作流程，而且能够跨时间、跨空间、跨部门改造政府部门运作模式。这对于基本公共服务质量特性而言，传统政府部门中存在的阻滞基本公共服务质量特性形成的体制机构障碍，比如职能交叉重叠、服务流程臃肿、部门间信息孤岛、服务管理碎片化等，将在电子政务的驱动下得到很大程度的消解。比如，电子政务通过重组优化政府职能部门提供基本公共服务的流程，有助于解决服务职能交叉和服务流程臃肿的问题；又如，电子政务通过电子信息化硬件系统、数字网络技术和相关软件技术的综合服务系统②，有助于破除政府部门间信息无法共享和管理碎片化的问题。

其三，利用电子政务改善基本公共服务质量特性的生成水平。结合电子政务自身的优势与特点，通过以下渠道充分发挥其对基本公共

---

① 徐晓林、杨锐主编：《电子政务》，华中科技大学出版社2009年版，第11页。
② 李红伟：《国外电子政务建设对我们的启示》，《兰台世界》2005年第2期。

服务特性水平的改善作用：一是依靠电子政务加强获取社会公众表达的基本公共服务质量要求的能力建设，同时促进社会公众参与基本公共服务决策的科学性和有效性，以此改善基本公共服务的回应性、参与性水平；二是依靠电子政务增强政府部门内部不同层级以及不同职能部门执行基本公共服务政策的综合能力，以此改善基本公共服务的可靠性水平；三是依靠电子政务增进政府部门一线工作人员与社会公众之间的接触与互动效果，以此改善基本公共服务的移情性和保证性水平；四是依靠电子政务促进政府基本公共服务政策运行与相关信息的阳光化和透明化，以此改善基本公共服务的透明性、法治性水平。

第六章 基本公共服务质量监测的模式与结果应用

继基本公共服务质量决策关键环节决定提供哪些以及何种水平的基本公共服务质量特性，以及基本公共服务质量控制关键环节控制基本公共服务质量特性水平生成之后，基本公共服务质量监测关键环节重在监测基本公共服务质量特性的生成水平满足基本公共服务质量的相关规定要求和社会公众要求的程度。由此可见，与基本公共服务质量决策关键环节以基本公共服务质量要求为中心和基本公共服务质量控制关键环节以基本公共服务质量特性为中心不同，基本公共服务质量监测关键环节以基本公共服务质量特性满足质量要求的程度为中心。通过长时间、持续性地监视和测评基本公共服务质量特性满足质量要求的程度，基本公共服务质量监测关键环节可以掌控基本公共服务质量的现实状况，进而可以为基本公共服务质量奖励、基本公共服务质量问责、基本公共服务质量改进等提供基本依据。

本章首先从基本公共服务质量监测的基础理论入手，界定基本公共服务监测的概念，解析基本公共服务质量监测的内涵，阐述基本公共服务质量监测的功能定位；其次，重点探讨基本公共服务质量监测的两种模式——专业评价模式和社会公众评价模式，并从评价主体、评价内容、评价对象、评价依据、评价原理、评价方法与技术、评价动力七个方面对此两种模式作出比较分析。在此基础上，梳理、介绍英国、美国、加拿大、日本、韩国、新加坡、印度等欧美和亚洲国家的基本公共服务质量监测实践；最后，对基本公共服务质量监测的结果应用展开分析，指出基本公共服务质量监测的结果应用主要体现在三个方面，即基本公共服务质量奖励、基本公共服务质量问责和基本公共服务质量改进。

第一节 基本公共服务质量监测的内涵与功能

一 基本公共服务质量监测的概念与内涵

"监测"一词在《现代汉语规范词典》中的定义是："（借助仪器、仪表）监视并检测"①，在《辞海》中被作为医学术语，指"对病人实施心、脑、肺、肝、肾以及代谢和免疫等功能测量与评定的监护措施"②。据此，"监测"一词可拆为"监"和"测"两个字来理解。其中，"监"作监视之义，"测"作测评之义。相较于"监视"以及与之相近的"监督""监控"等词，"监测"一词还包含测评的含义；相较于"测评"以及与之相近的"检测""测量""评价"等词，"监测"一词还包含监视的含义。

值得指出，在本研究中，"监测"一词兼有监视和测评的双重含义，且含义之间具有内在关联，即测评是监视的基础。对此的一个解释是，经过多次的、持续性的、长时间的测评，可为监视提供数据基础。据此，可将本研究中两个相近的重要术语"基本公共服务质量监测"与"基本公共服务质量测评"区分如下：前者强调对基本公共服务质量进行多次的、持续性的、长时间的测评并进而加以监视；后者则更多是对基本公共服务质量进行单次的，至少是非持续性和非长时间的测评。

基于以上，本研究把基本公共服务质量监测的概念界定为：基本公共服务相关主体运用一定的方法、工具和技术手段对基本公共服务质量特性满足质量要求的程度进行多次的、持续性的、长时间的测评，进而加以监视的过程。基本公共服务质量监测的内涵包括以下几项。

第一，基本公共服务质量监测的主体即为基本公共服务质量测评

---

① 李行健主编：《现代汉语规范字典》，外语教学与研究出版社2011年版，第633页。
② 转引自崔冬冬、谢恩杰、唐文兵《足球训练监控概念的研究综述》，《消费导刊》2010年第3期。

和基本公共服务质量监视的主体，既包括基本公共服务的提供者，也包括基本公共服务的享有者。其中，基本公共服务的提供者包括公共部门、事业单位、企业、社会组织、社区等；基本公共服务的享有者即为社会公众，体现为公民、雇员、社区、非政府组织、非营利组织、新闻媒体等。

第二，基本公共服务质量监测以基本公共服务质量特性满足质量要求的程度为内容。其中，基本公共服务质量测评是测评某一时间节点下基本公共服务质量特性满足质量要求的程度，以反映基本公共服务质量的优劣状况；基本公共服务质量监视是监视某一时段内基本公共服务质量特性满足质量要求的程度，以动态掌控基本公共服务质量的变化情况。

第三，基本公共服务质量监测需要借助一定的方法、工具和技术手段来实现。其中，基本公共服务质量测评可运用德尔菲法（Delphi）、数据包络分析法（Data envelopment analysis）、层次分析法（Analytic hierarchy process）、网络层次分析法（Analytic network process）、KANO 模型、SERVQUAL 模型、SERVPERF 模型等[①]方法和模型；基本公共服务质量监视可运用统计技术、观察法、比较法等技术和方法。

第四，基本公共服务质量监测同时包含测评和监视两项任务。其中，基本公共服务质量测评旨在对基本公共服务质量特性满足质量要求的程度进行测量和评价，包括对基本公共服务的客观质量和主观质量进行测评；基本公共服务质量监视旨在根据多次的、持续性的、长时间的基本公共服务质量测评结果，对基本公共服务质量的变化趋势进行监察与分析。可见，基本公共服务质量测评是基本公共服务质量监视的基础。

二 基本公共服务质量监测的功能定位

基本公共服务质量监测的功能是通过基本公共服务质量测评和建立在基本公共服务质量测评基础之上的基本公共服务质量监视来具体发挥的。基本公共服务质量测评要求科学、合理、准确地测评基本公

---

① 陈文博：《公共服务质量评价与改进：研究综述》，《中国行政管理》2012 年第 3 期。

共服务质量特性满足质量要求的程度，基本公共服务质量监视要求及时、动态地掌控基本公共服务质量的变化情况与趋势。在此基础上，基本公共服务质量监测可进一步为基本公共服务质量奖励、问责与改进提供可靠依据。

其一，科学、合理、准确地测评基本公共服务质量特性满足质量要求的程度。基本公共服务质量监测的首要功能就是测评基本公共服务质量特性满足质量要求的程度。基本公共服务质量测评的内容、过程与结果等要求具有科学性、合理性和准确性。首先，基本公共服务质量测评应当同时对基本公共服务的客观质量和主观质量进行测评。其中，基本公共服务的客观质量测评即是测评基本公共服务质量特性满足相关规定要求的程度。基本公共服务的主观质量测评即是测评基本公共服务质量特性满足社会公众要求的程度；其次，基本公共服务质量测评过程应当恰当地选择运用测评方法与工具。一方面根据基本公共服务客观质量和主观质量的不同而选择适宜的测评方法和工具，另一方面根据不同测评方法和工具的自身优劣而综合运用多元化的测评方法和工具；最后，基本公共服务质量测评结果应当尽量控制误差。在条件容许的情况下，对基本公共服务质量进行多次测评，进而取多次测评值的均值作为基本公共服务质量测评的最终结果。

其二，及时、动态地掌控基本公共服务质量的变化情况与趋势。基本公共服务质量监测的另一功能是掌控基本公共服务质量的变化情况与趋势。在特定时间节点下，基本公共服务的质量水平是固定不变的。但在一段时间区间内，基本公共服务的质量水平则会发生变化。就基本公共服务质量测评而言，主要是完成特定时间节点下的基本公共服务质量测评。而基本公共服务质量监视则不同，其通过多次的、持续性的、长时间的基本公共服务质量测评，就可实现对一段时间、区间内基本公共服务质量水平的变化情况与趋势予以掌控。由此来看，基本公共服务质量监视所发挥的功能是以基本公共服务质量测评的功能为基础的，且可以看作是对基本公共服务质量测评功能的进一步延伸和拓展。实践中，基本公共服务提供组织对其提供的基本公共服务的质量水平监视，均是依托于有规律的、持续性的、长期的基本公共服务质量测评，且本质上就是及时、动态地掌控基本公共服务质量特性满足质量要求的程度的变化情况与趋势。

其三，为基本公共服务质量奖励、问责与改进提供可靠依据。基本公共服务质量监测的结果是基于基本公共服务质量测评而得出的一系列数据。透过这些数据，可以反映基本公共服务质量水平及其变化情况与趋势，也即发挥上述基本公共服务质量监测的两项功能。然而，基本公共服务质量测评数据的作用还不止于此，其还可进一步为基本公共服务质量奖励、问责与改进提供依据，从而发挥基本公共服务质量监测的又一功能。后文将分析指出，基本公共服务质量的奖励、问责与改进，均属于基本公共服务质量管理体系环节，或者对基本公共服务提供组织予以奖励，或者对基本公共服务提供组织予以问责，或者对基本公共服务质量特性形成过程与结果中存在的问题加以分析和改进，其存在一个共同点，即以基本公共服务质量测评的数据为依据。由此可见，基本公共服务质量监测为基本公共服务质量奖励、问责与改进提供了基本依据。

第二节 基本公共服务质量监测的模式及其比较

所谓基本公共服务质量监测模式，是指基本公共服务质量监测实施和实现的一般样式。由于基本公共服务质量监测的核心和侧重均在于基本公共服务质量测评，加之基本公共服务质量监测在实践层面主要体现为围绕基本公共服务质量开展的一系列测量与评价活动，因而本研究将基本公共服务质量监测模式等同于基本公共服务质量测评模式。

一般而言，基本公共服务质量测评（也即基本公共服务质量评价）[①] 模式按照测评方式的不同，可划分为专业评价模式和公众评价

[①] 由于"测评"和"评价"均可同时包含客观和主观评价，因而在本研究中，"基本公共服务质量测量"与"基本公共服务质量评价"被视作两个同义且可替换使用的术语。

模式。① 据此，基本公共服务质量监测模式也可划分为专业评价模式和公众评价模式。

一 基本公共服务质量的专业评价模式

基本公共服务质量的专业评价模式，是指由基本公共服务提供组织或独立第三方组织运用一定的方法、工具与技术手段来对基本公共服务质量特性满足相关规定要求的程度进行专业测定的一种模式。正如该定义表明，基本公共服务质量专业评价模式是以基本公共服务质量特性满足相关规定要求的程度为测评内容的。换言之，基本公共服务质量专业评价模式所测评的是基本公共服务的客观质量。这进一步意味着，基本公共服务质量专业评价模式的测评原理，即是以基本公共服务质量相关规定要求为测评依据，评估基本公共服务质量特性满足相关规定要求的程度。

基本公共服务质量专业评价模式之所以被称为专业评价模式，是因为该评价模式所测评的内容——基本公共服务质量特性满足相关规定要求的程度，也即基本公共服务的客观质量，具有相当的复杂性和测评难度，决定了对其测评必然具备一定的专业性。关于基本公共服务客观质量的复杂性与测评难度，诚如党秀云所言："公共部门所提供的公共产品和服务是无法用一定的价格来标示的，它不能像私部门那样将利润作为其唯一的目标或作为衡量绩效的标准，这就为公共部门质量标准的制定和测定带来了一定困难。"②

除解释基本公共服务质量专业评价模式的"专业"含义外，基本公共服务客观质量的复杂性与测评难度在很大程度上影响甚至决定了基本公共服务质量专业评价模式的构成要素与实施过程。

首先，基本公共服务客观质量的测评依据具有相当的复杂性，且在具体应用过程中充满难度。基本公共服务客观质量的测评依据——基本公共服务质量的相关规定要求，具体包括两种情形：一种是基本公共服务提供过程中既有的与基本公共服务质量相关的法律、法规、

---

① 陈文博：《公共服务质量评价与改进：研究综述》，《中国行政管理》2012 年第 3 期。
② 党秀云：《公共部门的全面质量管理》，《中国行政管理》2003 年第 8 期。

规章、政策、报告、规范、标准、管理制度等，另一种是由基本公共服务提供组织或者独立第三方组织出于基本公共服务客观质量测评的需要，以前述基本公共服务质量相关规定要求为根本依据，专门制定的基本公共服务质量标准。由于两种情形的基本公共服务质量相关规定要求更多是定性而非定量描述，因而在用作基本公共服务客观质量测评依据时面临一定的操作困难。

其次，基本公共服务客观质量的测评对象——基本公共服务质量特性具有多样性，且各自的重要性并不相当，各自被测评的难易程度也不一样。基本公共服务质量特性至少包括公益性、保障性、可及性、可靠性、透明性、廉洁性、参与性、回应性、公平性、共享性、移情性、保证性、责任性、法治性等。在社会发展的任一阶段中，这些基本公共服务质量特性的重要性总是存在差异。同时，由于每一种基本公共服务质量特性的内涵、属性、特征等均不一样，以及具体参照的测评依据也不相同，导致对其测评的难易程度也不相同。比如，在一般情况下，相较于其他基本公共服务质量特性，法治性这一基本公共服务质量特性由于有着相对明确的法律法规作为测评依据，因而对其测评的难度也就相对较低。

最后，基本公共服务客观质量的测评方法、技术和手段必须在充分考虑基本公共服务质量特性与基本公共服务质量相关规定要求的复杂性的基础上才能有效运用。以基本公共服务客观质量测评的常用方法——指标评价法为例加以说明。该方法的运用过程大致如下：基本公共服务提供者或者独立第三方组织制定基本公共服务客观质量的测评标准，进而按照设定的指标体系和权重对基本公共服务客观质量进行测评。[①] 该方法对基本公共服务客观质量的复杂性的考量体现在：一是制定基本公共服务客观质量的测评标准时，必须同时基于与基本公共服务质量相关的法律、法规、规章、政策、报告、规范、标准、管理制度等规定要求的综合考虑，且尽可能使用定量描述以便于测评；二是所制定的指标体系的维度要完整涵括各种基本公共服务质量

---

① 陈文博：《公共服务质量评价与改进：研究综述》，《中国行政管理》2012 年第 3 期。

特性，更重要的是，要根据各种基本公共服务质量特性的重要性赋予其恰当的权重系数；三是要尽可能使所制定的基本公共服务质量测评标准能与每一种基本公共服务质量特性形成大致对应关系，确保各种基本公共服务质量特性的测评拥有相应的测评依据。

二 基本公共服务质量的公众评价模式

基本公共服务质量的公众评价模式，是指由社会公众作为评价主体对基本公共服务质量特性满足其自身要求的程度进行感知和评价的一种模式。与基本公共服务质量专业评价模式以基本公共服务客观质量为测评内容不同，基本公共服务质量公众评价模式以基本公共服务主观质量，即基本公共服务质量特性满足社会公众要求的程度为测评内容。由于社会公众要求存在于社会公众心目中，决定了基本公共服务主观质量的评价只能通过社会公众的主观感知与测评。

基本公共服务质量公众评价模式把社会公众作为基本公共服务主观质量的评价主体，体现了社会公众在基本公共服务质量评价中的主体地位。实际上，基本公共服务提供组织提供的基本公共服务的质量水平如何，作为基本公共服务享有者和对基本公共服务有着最直接、最真切感受的社会公众无疑最具发言权。拓展而言，把社会公众作为基本公共服务质量的评价主体，还意味着赋予社会公众对基本公共服务提供者的评价权与监督权。

基本公共服务质量公众评价模式的实施方式与路径主要包括如下两种。

一种是公众感知基本公共服务质量评价。公众感知基本公共服务质量来源于私人服务质量领域中的顾客感知服务质量。1984年，Gronroos首先提出顾客感知服务质量的概念，并构建了顾客感知服务质量模型，认为顾客感知服务质量是顾客对服务的期望与实际感知的服务之间比较的结果。[①] 在Gronroos构建的模型的基础上，Parasuraman、Zeithaml、Berry（简称PZB）构建了服务质量差距模型，进一步

---

① Gronroos C., "A Service Quality Model and its Marketing Implications", *European Journal of Marketing*, Vol. 18, No. 4, 1984, pp. 36–44.

提出了评价顾客感知服务质量的 SERVQUAL 模型。SERVQUAL 模型从有形性、可靠性、响应性、保证性和移情性 5 个服务质量维度衡量客户期望与实际感知之间的差距。[①] 鉴于顾客感知服务质量模型以及测评顾客感知服务质量的 SERVQUAL 模型是在私人服务质量评价的语境中构建且主要适用于私人服务质量评价，可结合基本公共服务质量的自身特点对其进行修正，进而提出适合基本公共服务质量评价的公众感知基本公共服务质量模型。具体可分为两步：一是确定公众感知基本公共服务质量的测评维度。按照本研究观点，应至少包括公益性、保障性、可及性、可靠性、透明性、廉洁性、参与性、回应性、公平性、共享性、移情性、保证性、责任性、法治性 14 种；二是在确定公众感知基本公共服务质量测评维度后，将每一维度"细分为若干个问题，通过调查问卷的方式，让用户对每个问题的期望值、实际感受值及最低可接受值进行评分"[②]。如此可通过公众感知基本公共服务质量模型对基本公共服务主观质量作出测评。

另一种是公众满意度评价。公众满意度评价是基本公共服务主观质量评价的一种重要方式，且是一种在实践中十分常用和流行的方式。公众满意度评价之所以可以作为基本公共服务主观质量评价的方式，原因在于：根据 ISO 9000：2000 标准对"顾客满意"的定义——"顾客对其要求已被满足的程度的感受"可知，当社会公众对基本公共服务的质量要求被提供的基本公共服务的质量特性满足后，将会产生公众满意。这就是说，公众满意度是基本公共服务质量特性满足社会公众要求的程度，也即基本公共服务主观质量的一种反映。既然基本公共服务可以反映基本公共服务主观质量，公众满意度评价自然也就成为基本公共服务主观质量评价的可行方式。公众满意度评价的具体实施可借助专门的技术模型：一是顾客满意度指数（CSI）

---

① Parasuraman A., Zeithaml V. A. and Berry L. L., "SERVQUAL, A Multiple – Item Scale for Measuring Consumer of Perception Service Quality", *Journal of Retailing*, Vol. 64, No. 1, 1988, pp. 12 – 40.

② 陈振明、李德国：《公共服务质量持续改进的亚洲实践》，《东南学术》2012 年第 1 期。

模型①。该模型由美国密歇根大学商学院质量研究中心提出,其由顾客期望、顾客对质量的感知、顾客对价值的感知、顾客满意度、顾客抱怨和顾客忠诚 6 种变量组成。② 对该模型作出一定修正,即可应用于基本公共服务领域中的公众满意度评价;二是重要性—满意度（ISA）模型。该模型由马尔蒂拉（Martilla）和詹姆斯（James）提出,其由低重要性—低满意度、低重要性—高满意度、高重要性—低满意度和高重要性—高满意度四个象限组成。③ 运用该模型评价公众满意度,优点在于可以把基本公共服务的重要性和公众对基本公共服务的满意度二者连接起来。

三 两种模式的比较与启示

基本公共服务质量的专业评价模式和公众评价模式是基本公共服务质量评价的两种模式。从评价主体、评价内容、评价对象、评价依据、评价原理、评价方法与技术、评价动力七个方面对两种模式进行比较,一方面有助于更好理解和把握两种模式,另一方面可以给基本公共服务质量评价带来新的启示。

1. 评价主体。基本公共服务质量专业评价模式的评价主体可以是基本公共服务提供组织（如政府、企事业单位、企业、社会组织等）,也可以是具有专业评价资质的独立第三方组织,还可以是基本公共服务提供组织和独立第三方组织的结合;与之不同,基本公共服务公众评价模式的评价主体是基本公共服务的接受者、享有者和利益相关者——社会公众,具体包括雇员、纳税人、社区、非政府组织、非营利组织、新闻媒体等。

2. 评价内容。基本公共服务质量专业评价模式的评价内容是基本公共服务质量特性满足相关规定要求的程度,即基本公共服务客观质量;基本公共服务质量公众评价模式的评价内容是基本公共服务质量

---

① 与顾客满意度指数（CSI）模型相类似的模型还有瑞典顾客满意度指数（SCSB）、美国顾客满意度指数模型（ACSI）、欧洲顾客满意度指数模型（ECSI）,这里不一一介绍。

② 吕维霞:《论公众对政府公共服务质量的感知与评价》,《华东经济管理》2010 年第 9 期。

③ 陈振明、李德国:《公共服务质量持续改进的亚洲实践》,《东南学术》2012 年第 1 期。

特性满足社会公众要求的程度,即基本公共服务主观质量。

3. 评价对象。基本公共服务质量专业评价模式和公众评价模式的评价对象是相同的,即均是基本公共服务质量特性。

4. 评价依据。基本公共服务质量专业评价模式的评价依据是基本公共服务质量的相关规定要求,具体包括两种情形:一是既有的与基本公共服务质量相关的法律、法规、规章、政策、报告、规范、标准、管理制度等规定的要求,二是基本公共服务提供组织或者独立第三方组织专门制定的基本公共服务质量标准;基本公共服务质量公众评价模式的评价依据则是基本公共服务质量的社会公众要求,其主观存在于社会公众心目中。

5. 评价原理。基本公共服务质量专业评价模式和公众评价模式的评价原理是相一致的,即均是基本公共服务质量评价依据与基本公共服务质量特性之间的差距。具体讲,基本公共服务质量专业评价模式的评价原理是基本公共服务质量相关规定要求与基本公共服务质量特性之间的差距;基本公共服务质量专业评价模式的评价原理是基本公共服务质量社会公众要求与基本公共服务质量特性之间的差距。

6. 评价方法与技术。基本公共服务质量专业评价模式的常用评价方法与技术是指标评价法,具体做法为"依据公共服务提供者或者第三方组织制定的衡量公共服务质量的标准,按照设定的指标体系和权重对公共服务质量进行定量的测评"[①]。服务质量认证也是一种可用的专业评价方法,其是指"自上而下地由根据国家制定或者国际通行的标准来对公共部门提供的质量进行检查"[②];基本公共服务质量公众评价模式的评价方法与技术则主要包括公众感知基本公共服务质量评价和公众满意度评价,前者可通过 SERVQUAL 模型进行,后者可通过顾客满意度指数(CSI)模型和重要性—满意度(ISA)模型进行。

7. 评价动力。基本公共服务质量专业评价模式的评价动力是基本公共服务提供组织内部质量管理工作改进,即基本公共服务提供组织开

---

① 陈文博:《公共服务质量评价与改进:研究综述》,《中国行政管理》2012 年第 3 期。
② 陈振明、李德国:《公共服务质量持续改进的亚洲实践》,《东南学术》2012 年第 1 期。

展基本公共服务客观质量评价是受其基本公共服务提供组织改进质量管理工作水平的驱动；基本公共服务质量公众评价模式的评价动力是社会公众评价和监督基本公共服务权利的实现和社会公众基本公共服务要求的更好满足，即社会公众评价基本公共服务主观质量受基本公共服务评价和监督权利以及自身基本公共服务要求更好满足的驱动。

以上关于基本公共服务质量专业评价模式和公众评价模式的比较可用表6.1简明呈现。

表6.1 基本公共服务质量专业评价模式和公众评价模式的比较

比较对象 比较维度	专业评价模式	公众评价模式
评价主体	基本公共服务提供组织、独立第三方组织	社会公众
评价内容	基本公共服务客观质量	基本公共服务主观质量
评价对象	基本公共服务质量特性	基本公共服务质量特性
评价依据	基本公共服务相关规定要求	基本公共服务质量社会公众要求
评价原理	基本公共服务质量特性与基本公共服务质量相关规定要求之间的差距	基本公共服务质量特性与基本公共服务质量社会公众要求之间的差距
评价方法与技术	指标评价法；质量认证	公众感知基本公共服务质量评价——SERVQUAL模型；公众满意度评价——CSI模型、ISA模型
评价动力	基本公共服务提供组织改进质量管理工作水平	社会公众评价和监督服务质量的权利；社会公众服务要求的更好满足

资料来源：笔者自制。

综上可知，作为基本公共服务质量评价的两种不同模式，专业评价模式和公众评价模式分别评价基本公共服务不同成分的质量，即专业评价模式评价基本公共服务的客观质量，公众评价模式评价基本公共服务的主观质量。这对由主观质量和客观质量共同构成的基本公共服务质量的评价而言，无疑有着一个重要启示：只有同时运用基本公共服务质量的专业评价模式和公众评价模式，才能对基本公共服务质量作出一个完整的评价。

四　国外公共服务质量监测的典型实践①

在当代公共行政改革中，以英、美为先锋的欧美国家，以及日本、韩国、新加坡等一些亚洲国家，格外突出了公共服务质量管理的议题，开展了一系列旨在提升公共服务质量的实践。其中，围绕公共服务质量监测，产生了一批值得总结的典型做法。在逐一介绍这些国家的公共服务质量监测实践做法之前，有必要指出，它们具有如下共同特征：一是公共服务质量监测更多的是通过公共服务质量评价来实现的；二是公共服务质量监测作为公共服务质量管理的一部分，往往与公共服务质量控制、评价、奖励、改进等相交织；三是公共服务质量管理（监测）与公共服务绩效管理（监测）具有较强的交融性。

英国公共部门开展的公共服务评估经历了从强调效率到注重质量与效益的转变。1979 年，撒切尔上台执政后推出的首个方案——雷纳评审，即十分强调政府内部管理的经济和效率。到 1988 年，《改进政府管理：下一步行动方案》的推行，扭转了政府评估的重心，使效益、质量、顾客满意度成为公共服务评估的主题。② 此后，为进一步巩固公共服务质量评估，强化质量和满意度作为公共服务的最高目标，英国梅杰政府先后发起了"公民宪章运动"和"竞争求质量运动"，通过确立公共服务标准、建立服务承诺机制、实施服务质量奖励与问责等方式为公共部门开展和社会公众参与公共服务质量评估提供评估依据和注入评估动力。由此可见，英国的公共服务质量评估以公共部门开展的专业评价为主，同时也兼有部分的公众感知和评价。与此同时，服务宪章的颁发，为公共服务质量评估与监视提供了有力的遵循。

美国公共服务质量评价的重心在于通过开展政府绩效评估以提升公

---

① 需要说明，"基本公共服务"是中国语境下的一个特有概念，其相当于狭义的公共服务概念。在国外，并不单独强调狭义的公共服务概念，而是一般使用广义的公共服务概念。鉴于此，同时考虑到狭义和广义的公共服务的质量监测并无根本性差别，故本部分中将统一采用"公共服务质量监测"的表述。

② 林闽钢、杨钰：《公共服务质量评价：国外经验与中国改革取向》，《宏观质量研究》2016 年第 3 期。

共服务质量。① 从总体上看，美国的政府绩效评估拥有比较完备的制度体系，具体包括1973年美国政府颁布的《联邦政府生产率测定方案》，1993年克林顿总统签署的《设立顾客服务标准》第12862号行政命令和政府绩效评估委员会通过的《政府绩效和结果法案》，1994年美国国家绩效评论专门出版的《顾客至上：为美国人民服务的标准》等。受益于上述政府绩效评估方面的制度，美国开展的公共部门质量管理不断走向程序化、规范化和常态化。与此同时，顾客至上、服务标准、顾客满意等理念与原则不断在公共服务绩效与质量评估中得到应用和体现。

加拿大政府改革的重要主题和内容之一是通过开展公共服务绩效评估，促进公共服务质量水平的改善和提升。1989年，加拿大政府制定并公布了《公共服务2000年创议》，旨在改善面向社会公众的公共服务。继此之后，加拿大政府相继出台了《公共服务2000创议：更新加拿大公共服务》白皮书、《公共服务质量宣言》和《服务质量动议》，强调在公共部门中制定出台公共服务标准、开展公共服务绩效评估、实施公众满意度测评等。② 正是通过上述以公共服务绩效评估为核心的公共服务改革与创新举措，加拿大政府促进了公共服务质量水平和公众满意程度的大幅度提升。

日本的公共服务质量监测主要分布在公共服务政策、公共服务能力和公共服务绩效三方面的评价之中。在公共服务政策评价方面，日本政府在2000年以后实行新的政策评价制度，强调依据公众满意度来制定、修订、实施或放弃公共服务政策。同时，还建立了行政咨询制度，公民可将其对政府公共服务的抱怨或不满，通过拜访、电话、信件、传真和互联网等渠道，向政府进行咨询或反映意见③；在公共服务能力评价和公共服务绩效评价方面，日本推出了提案型公共服务，即政府向社会公布公共服务信息清单以及拟提供的总费用，社会

---

① 林闽钢、杨钰：《公共服务质量评价：国外经验与中国改革取向》，《宏观质量研究》2016年第3期。
② 戴黍、刘志光：《政府管理创新视阈中的加拿大公共服务改革》，《学术研究》2007年第5期。
③ 陈振明、李德国：《公共服务质量持续改进的亚洲实践》，《东南学术》2012年第1期。

组织根据信息清单自下而上进行提案。① 以各种提案为依据，政府必须对公共服务能力和公共服务绩效开展评价。从评价的具体实施来看，公共服务能力评价和公共服务绩效评价的评价主体包括政府和公众，评价指标关注公民满意，评价价值凸显质量导向。

韩国的公共服务改革与创新十分重视和强调发挥公民在公共服务评价中的作用。2001年，韩国政府颁布《政府业务评价基本法》，将政府事务评估划分为自我评估和特定评估两个部分。其中，特定评估部分要求对公民的满意度进行测评，具体包括公民对公共服务过程和公共服务政策两方面的满意度。与此同时，韩国政府采用《公共服务宪章》的形式公布公共服务内容与标准，一旦政府提供的公共服务未达到规定标准，公民有权利予以投诉并要求获得赔偿。在提供服务过程中，韩国政府还关注民愿。民愿被分为窗口即决民愿和限期民愿。政府通过设立专门的民愿事务室，确保民愿得到及时有效的回应。② 此外，韩国政府重视公共服务提供过程中的亲民行为，要求政府办公过程中与公民进行亲切的互动和沟通，力图向公民提供使其满意的富有人性化的服务体验。

新加坡的公共服务质量评价突出了专业性特征。自1995年开展"面向21世纪的公共服务"运动以来，新加坡政府对公共服务的定位是"卓越、高质量、反应迅速、精益求精"。为此，专门设立卓越服务办公室，负责运用有关公共服务质量标准，通过"新加坡质量评比""新加坡质量奖"等形式对优秀组织予以奖励，以促进公共部门提高公共服务绩效与质量。③ 与此同时，新加坡政府还设立公共服务部，负责收集民众的反馈，并分派稽查员对公共服务机构提供公共服务的情况进行调查。④ 此外，新加坡政府要求行政部门根据服务对象和内容建立服务信念和市民，对可计量的公共服务制定服务标准，一

---

① 邹东升、张奇：《提案型公共服务：日本民营化运作模式》，《日本问题研究》2015年第1期。

② 吴刚：《新型公共服务体系的六个关节点——韩国创建服务型政府的经验借鉴》，《新视野》2004年第1期。

③ 顾丽梅：《英、美、新加坡公共服务模式比较研究——理论、模式及其变迁》，《浙江学刊》2008年第5期。

④ 陈振明：《李德国.公共服务质量持续改进的亚洲实践》，《东南学术》2012年第1期。

并向社会公布。最后，以之为依据和标准，运用六西格玛、平衡记分卡等方法对服务质量开展评估。①

印度设立的公共服务标准和开展的公众满意度评价有力助推了公共服务质量监测的实现。20世纪90年代，印度掀起了公共服务宪章运动。印度的公共服务宪章不仅包括向公众提供的服务的特定标准、期限信息和申诉渠道，也包括市民或顾客团体独立审查公共服务质量的途径。值得指出，印度的公共服务宪章特别强调市民、社会团体以及其他公共服务利益相关者参与到设计过程中，以此确保服务宪章更加符合公共服务受众的要求。在公共服务评价方面，印度的班加罗尔探索应用了一种称为"市民评价卡"的方法。该方法由一社会民间团体提出，旨在评价社会公众使用公共服务的感受。作为一种开放服务提供者与服务使用者之间对话的媒介，市民评价卡帮助促进公众对公共服务满意度的极大提升，从而最终在官方建立了专门的负责机构，并在其他城市得到推广。②

第三节 基本公共服务质量监测的运行架构与结果应用

如前所述，基本公共服务质量监测有三大功能定位：一是测评基本公共服务质量特性满足质量要求的程度；二是掌控基本公共服务质量的变化情况与趋势；三是为基本公共服务质量奖励、问责与改进提供可靠依据。对于基本公共服务质量监测的三大功能，如果说前两种是基本公共服务质量监测的过程与结果本身所体现的功能，那么第三种则是基本公共服务质量监测的结果应用所体现的功能。毫无疑问，基本公共服务质量监测要发挥以上三大功能，很大程度上依赖于基本公共服务质量监测的操作过程及结果。就此而言，首先涉及的是基本

---

① 林闽钢、杨钰：《公共服务质量评价：国外经验与中国改革取向》，《宏观质量研究》2016年第3期。

② 陈振明、李德国：《公共服务质量持续改进的亚洲实践》，《东南学术》2012年第1期。

公共服务质量监测的运行架构问题，这既是基本公共服务质量监测的操作过程载体，也直接关系基本公共服务质量监测结果的信度和效度。进一步地，基本公共服务质量监测功能的发挥不能仅仅止步于基本公共服务质量监测的过程与结果本身，还应进一步通过基本公共服务质量监测的结果应用。从这个意义上讲，基本公共服务质量监测的结果应用在基本公共服务质量监测中占有不可小觑的地位。概括地讲，基本公共服务质量监测的结果应用主要体现在三个方面，即基本公共服务质量奖励、基本公共服务质量问责和基本公共服务质量改进。

一 基本公共服务质量监测的运行架构

基本公共服务质量监测的运行架构是指由基本公共服务质量监测运行的基本要件，包括监测路径、监测主体、监测内容、监测依据、监测技术、监测结果等构成的框架与结构。从微观层面来看，基本公共服务质量监测的运行架构是对基本公共服务质量监测运行要件的一一呈现，且这种呈现遵循了一定秩序与逻辑。从宏观层面来看，基本公共服务质量监测的运行架构反映了基本公共服务质量监测运行的内在过程与环节。构建基本公共服务质量监测的运行架构，既有利于从总体上把握基本公共服务质量监测运行的内在过程与环节，也有利于深入把握基本公共服务质量监测单个要素及其在基本公共服务质量监测体系中的所处位置。

构建基本公共服务质量监测运行架构，首先需要明确基本公共服务质量监测运行的要件构成。基于前文对基本公共服务质量监测模式的分析，基本公共服务质量监测运行的关键要件包括六个方面，分别是：监测路径、监测主体、监测内容、监测依据、监测技术、监测结果。[①]

1. 监测路径。所谓基本公共服务质量监测路径，是指采用何种基本公共服务质量监测模式对基本公共服务质量进行监测。根据前文分析，基本公共服务质量监测路径有二：一是专业评价，二是公众评价。这两条不同的监测路径分别对基本公共服务质量的客观质量和主观质量进行监测，是一种互相补充而非排斥的关系。在不同的监测路

---

① 根据前文对基本公共服务质量监测模式的分析可知，这六个方面的基本公共服务质量监测体系要素是构建基本公共服务质量监测运行架构的不可或缺的"支架"。

径下，基本公共服务质量监测的监测主体、监测内容、监测对象、监测依据、监测原理、监测方法与技术、监测动力等存在异同。只有将专业评价和公众评价两种监测路径加以结合，才能保障基本公共服务质量监测结果的科学性与准确性。

2. 监测主体。基本公共服务质量监测的主体对应"由谁监测"的问题。在专业评价的监测路径下，基本公共服务质量监测的主体是基本公共服务提供组织和具有专业评价资质的独立第三方组织。在公众评价的监测路径下，基本公共服务质量监测的主体是基本公共服务的接受者——社会公众。

3. 监测内容。基本公共服务质量监测的内容对应"监测什么"的问题。对于专业评价的监测路径，基本公共服务质量监测的内容是基本公共服务客观质量，即基本公共服务质量特性满足相关规定要求的程度；对于公众评价的监测路径，基本公共服务质量监测的内容是基本公共服务主观质量，即基本公共服务质量特性满足社会公众要求的程度。

4. 监测依据。基本公共服务质量监测的依据对应"根据什么进行监测"的问题。对于专业评价的监测路径，基本公共服务质量监测的依据是相关规定要求，包括基本公共服务质量方面的法律、法规、规章、政策、报告、规范、标准等；对于公众评价的监测路径，基本公共服务质量监测的依据是社会公众要求，包括社会公众对基本公共服务的质量需求和质量期望。

5. 监测技术。基本公共服务质量监测的技术对应"用什么方法与技术进行监测"的问题。在专业评价的监测路径下，基本公共服务质量监测的方法与技术主要包括指标评价法和质量认证。其中，指标评价法通过制定基本公共服务质量监测的指标体系，进而对基本公共服务质量特性满足相关规定要求的程度进行测评。质量认证由质量认证主体（一般为具备资质的第三方组织充当）根据相关规定要求对基本公共服务质量特性进行测评；在公众评价的监测路径下，基本公共服务质量监测的方法和技术可分为两类：一类是借鉴 SERVQUAL 模型进行的公众感知基本公共服务质量评价，另一类是借鉴 CSI 模型、ISA 模型进行的公众满意度评价。

6. 监测结果。基本公共服务质量监测的结果是指对基本公共服务质量进行监测的最终所得。按照专业评价的监测路径，基本公共服务质量监测的所得是基本公共服务的客观质量水平。按照公众评价的监测路径，基本公共服务质量监测的最终所得是基本公共服务的主观质量水平。只有把专业评价和公众评价二者结合，才能得出完整的基本公共服务质量水平。

综上分析，基本公共服务质量监测的路径不同，则其监测主体、监测内容、监测依据、监测技术、监测结果等均有所不同。同时，专业评价与公众评价作为基本公共服务质量监测的两条路径，是开展基本公共服务质量监测应当同时遵循的，以使监测结果完整包含基本公共服务客观质量水平和主观质量水平。基于此，可以构建出基本公共服务质量监测运行架构图（如图6.1所示）。

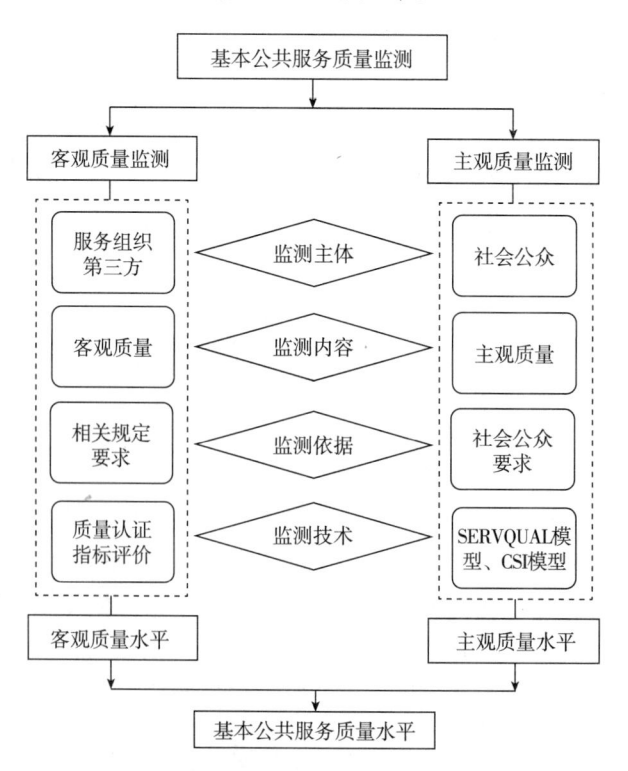

图6.1 基本公共服务质量监测的运行架构

资料来源：笔者自制。

根据图 6.1 显示的基本公共服务质量监测运行架构，左侧部分为遵循专业评价的监测路径开展的客观质量监测，监测主体为基本公共服务提供组织和第三方组织，监测内容为基本公共服务的客观质量，监测依据是基本公共服务质量的相关规定要求，监测技术为质量认证和指标评价，监测结果为基本公共服务客观质量水平；右侧部分为遵循主观评价的监测路径开展的主观质量监测，监测主体为社会公众，监测内容为基本公共服务的主观质量，监测依据为社会公众要求，监测技术为 SERVQUL 模型、CSI 模型等，监测结果为基本公共服务的主观质量水平。在经由左右两边的监测路径分别得出基本公共服务的客观质量水平和主观质量水平的汇合后，最终得到基本公共服务质量的整体水平，从而完成基本公共服务质量监测的运行。

基本公共服务质量监测的运行架构还可以从"输入—过程—结果"的角度进行理解。首先，基本公共服务质量监测的输入是基本公共服务质量监测得以正常运行的一些条件。监测路径、监测主体、监测内容、监测依据、监测技术等均可视作保障基本公共服务质量监测运行的输入条件；其次，基本公共服务质量监测运行的过程即是监测路径、监测主体、监测内容、监测依据、监测技术等这些输入条件之间相互联系、相互配合、相互作用的活动过程；最后，基本公共服务质量监测的结果即是基本公共服务质量监测运行的最后结果，即是由基本公共服务客观质量水平和主观质量水平结合而成的基本公共服务质量水平。

二 基本公共服务质量奖励

顾名思义，基本公共服务质量奖励就是奖励那些在基本公共服务质量方面表现优异的基本公共服务提供组织。具体讲，它是指根据基本公共服务质量监测的结果，对那些提供了高质量的基本公共服务或提供的基本公共服务质量有显著提升的组织进行奖励的过程。一般地，基本公共服务质量奖励的实施主体是拥有权力、资源与资质作出奖励的有关组织，如基本公共服务提供组织的上级组织、独立第三方组织等；基本公共服务质量奖励的客体对象是符合奖励条件的基本公共服务提供组织；基本公共服务质量奖励的依据是基本公共服务质量评价的结果，即根据基本公共服务质量评价的结果，择选出提供了高质量的基本公共服务或提供的基本公共服务质量有显著提升的组织进行奖励。

基本公共服务质量奖励与基本公共服务质量激励是两个值得辨析的概念。二者具有一定的共通性，表现在二者的客体对象都是基本公共服务提供组织。同时，二者的目标都在于引导、支持和鼓励基本公共服务提供组织追求向社会公众提供质量优异的基本公共服务；但二者又具有明显的不同，表现在基本公共服务质量奖励是一种事后行为，即要在基本公共服务提供组织向社会公众提供基本公共服务后，根据所提供的基本公共服务的质量情况对基本公共服务提供组织施予奖励；基本公共服务质量激励则是一种"事前—事中—事后"行为，即不仅发生在基本公共服务提供组织提供基本公共服务之前，也发生在基本公共服务提供组织提供基本公共服务之中，还发生在基本公共服务提供组织提供基本公共服务之后。实际上，当基本公共服务质量激励发生在基本公共服务提供组织提供基本公共服务之后，其在很大程度上即等同于基本公共服务质量奖励。

依据奖励对象接受奖励缘由的不同，可以把基本公共服务质量奖励划分为两种类型：一种是横向比较式奖励，即面向多个基本公共服务提供组织，从中择取出提供基本公共服务质量水平相对更高的进行奖励；另一种是纵向比较式奖励，即针对单个基本公共服务提供组织，对在基本公共服务质量提升上有显著进步的进行奖励。这两种基本公共服务质量奖励类型对基本公共服务提供组织起着不同的引导和激励机制。其中，横向比较式奖励通过在多个基本公共服务提供组织中树立标杆和典型，从而激励其他基本公共服务提供组织模仿和学习，最终改进它们所提供的基本公共服务质量水平；纵向比较式奖励则激励每一个基本公共服务提供组织以过去提供的基本公共服务质量水平为基础，不断自我改进、自我突破、自我超越，从而实现自身基本公共服务质量水平的持续进步与提升。

在实践层面，基本公共服务质量奖励一般通过设立质量奖的方式开展。质量奖最早产生于企业管理领域，典型的如日本戴明奖、波多里奇国家质量奖、欧洲质量奖等。① 到 20 世纪 80 年代末 90 年代初，质量奖开始引入公共部门管理领域，一个显著的标志性事件是英国梅杰政府在 1991 年建立《英国宪章奖励计划》，次年颁发了首个公共部门质量奖。截至目前，"全球约有近 50 多个国家和地区设立了质量奖（包含企业管理质量奖和公共服务质量奖）"②。具体到公共服务方面，一些国际组织、国家以及地区设立了各具特色的质量奖，如联合国公共服务奖、欧洲公共部门服务奖、美国政府创新奖、澳大利亚地方政府品质奖、加拿大卓越公共服务奖等。③ 在我国，自 2001 年中国质量协会设立首个国家层面的全国质量管理奖以来，各级地方政府陆续设立质量奖。遗憾的是，这些质量奖均以企业为授予对象，并不包括公共服务提供组织。

基于以上分析，为促进基本公共服务质量奖励的有效开展与应用，可围绕如下三个方面作出努力。

第一，构建基本公共服务质量奖励的动力机制。基本公共服务质量奖励开展的动力来源于奖励实施方和接受方的行动目标与逻辑。对于基本公共服务质量奖励的实施方，开展基本公共服务质量奖励旨在引导、鼓励和支持基本公共服务提供组织不断改进和提升基本公共服务质量水平；对于基本公共服务质量奖励的接受方，参与争取基本公共服务质量奖励旨在使自身提供的基本公共服务获得外界肯定和认可。鉴于此，构建基本公共服务质量奖励动力机制的两个关键在于：一是基本公共服务质量奖励的实施方应由对基本公共服务质量承担主要责任的相关组织来充当（如公共部门）。当然，也可由政府授权、具有公信力的独立第三方组织来充当；二是确保基本公共服务质量奖励的接受方所获得的基本公共服务质量奖励具有较高的公正性、公信

---

① 陈振明、孙杨杰：《公共服务质量奖的兴起》，《湘潭大学学报》（哲学社会科学版）2014 年第 4 期。
② 陈振明、孙杨杰：《公共服务质量奖的兴起》，《湘潭大学学报》（哲学社会科学版）2014 年第 4 期。
③ 陈振明、耿旭：《公共服务质量管理的本土经验——漳州行政服务标准化的创新实践评析》，《中国行政管理》2014 年第 3 期。

力和认可度。

第二，构建基本公共服务质量奖励的运行机制。首先，要明确基本公共服务质量奖励的对象范围。在特定的基本公共服务质量奖励中，基本公共服务质量奖励的对象总是有界限的，因而必须对其加以明确界定；其次，要明确基本公共服务质量奖励的条件。通过明确基本公共服务质量奖励的条件，为判断哪些基本公共服务提供组织可以获得奖励提供直接依据；再次，要明确基本公共服务质量奖励的方式。基本公共服务质量奖励一般通过设立质量奖的方式开展，具体包括向基本公共服务提供组织给予精神与物质的奖励；最后，要明确基本公共服务质量奖励的程序。基本公共服务质量奖励的程序一般包括奖励实施方公布奖励要求与条件、奖励对象提出申请、奖励实施方组织评审、奖励实施方公布评审结果、奖励实施方向获得奖励对象颁发奖励。①

第三，构建基本公共服务质量奖励的保障机制。基本公共服务质量奖励保障由制度保障、组织保障和资源保障构成。在制度保障方面，应通过法律、法规、规章、政策等对基本公共服务质量奖励进行规定，明确基本公共服务质量奖励的对象、方式、条件、程序等，以此为基本公共服务质量奖励提供相应的制度支持；在组织保障方面，明确基本公共服务质量奖励的实施组织及其地位，尤其要积极争取组织中高层领导或"一把手"的重视，为基本公共服务质量奖励提供关键性的组织支持；在资源保障方面，明确基本公共服务质量奖励所需的资金费用、人员队伍、硬件设施等的来源，确保基本公共服务质量奖励开展所需的各类资源能够足质足量得到保证，为基本公共服务质量奖励提供坚实资源支持。

三 基本公共服务质量问责

所谓基本公共服务质量问责，是指根据基本公共服务质量监测的结果，对那些提供的基本公共服务的质量水平严重偏低或提供的基本公共服务的质量水平长期偏低的组织实施问责的过程。与基本公共服

---

① 这里的基本公共服务质量奖励程序参考了我国国家质量奖的实施程序。

务质量奖励相同，基本公共服务质量问责的根本目标在于促使基本公共服务提供组织改进和提升基本公共服务的质量水平。所不同的是，基本公共服务质量奖励遵循的是正向促进的逻辑，而基本公共服务质量问责遵循的是反向促进的逻辑。

围绕问责主体、问责对象、问责范围、问责程序等基本公共服务质量问责的内涵维度，可对基本公共服务质量问责进行深入解析。基本公共服务质量问责主体是指对基本公共服务提供组织实施问责的主体，可分为同体问责主体和异体问责主体。① 同体问责主体是指基本公共服务提供组织的上级组织，异体问责主体是指外在于基本公共服务提供组织的其他组织；基本公共服务质量问责对象是提供基本公共服务的各类组织。需要指出，当公共部门作为基本公共服务提供者时，理当成为基本公共服务质量问责的对象。但当企业、社会组织作为基本公共服务的提供者时，由于其是受到公共部门的意志影响才提供基本公共服务，故此种情况下公共部门才是基本公共服务的最终责任主体，相应地也应被确立为基本公共服务质量问责的对象；② 基本公共服务质量问责范围是指实施基本公共服务质量问责的具体情形的范围。主要包括两种：一种是根据基本公共服务质量测评，发现基本公共服务提供组织提供的基本公共服务的质量水平严重偏低，体现为基本公共服务的客观质量严重不符合制定的基本公共服务质量目标和基本公共服务质量标准，基本公共服务的主观质量引起了社会公众的极度不满意；另一种是根据基本公共服务质量监测，发现基本公共服务提供组织提供的基本公共服务质量长期处于低水平状态，说明基本公共服务提供组织并未针对过去提供的低质量的基本公共服务状况作出实质性的改进和提升努力；基本公共服务质量问责程序是指实施基本公共服务质量问责所遵循的步骤。大致如下：首先，根据基本公共服务质量测评或监测的结果，确定问责对象。与此同时，明确问责主

---

① 该种划分方式参考了姜晓萍对行政问责主体的划分。参见姜晓萍《行政问责的体系构建与制度保障》，《政治学研究》2007年第3期。

② 当然，由于公共部门与企业、社会组织之间可能存在诸如委托与被委托、购买与被购买此类的关系，公共部门可向企业和社会组织发起问责。

体；其次，对问责对象展开深入调查，进一步确定基本公共服务质量责任的承担部门、单位或人员；再次，问责主体依据基本公共服务质量问责的相关规定对问责对象作出问责决定；最后，问责主体依据作出的问责决定责成问责对象办理相关事宜。

之所以实施基本公共服务质量问责，是与基本公共服务质量问责所依循的理论依据和体现的实践价值分不开的。从理论上讲，"享有基本公共服务属于公民的权利，提供基本公共服务是政府的职责"[①]。向社会公众提供足质足量的基本公共服务，既是保障公民权利的基本要求，又是政府履行职责的重要体现。基于这一理论要求，当政府提供的基本公共服务的质量严重不能满足社会公众的质量要求时，其理当受到来自社会公众的问责；从实践上看，实施基本公共服务质量问责对于基本公共服务提供组织而言，构成了一种压力机制、倒逼机制和促进机制，既有利于保障基本公共服务质量的底线标准，也有利于促进基本公共服务提供组织改进和提升基本公共服务质量水平。

促进基本公共服务质量问责在实践中有效运行以及发挥应有的作用，需要努力构建如下三种机制。

第一，构建基本公共服务质量责任的确立机制。实施基本公共服务质量问责的基本前提是要明确有哪些基本公共服务质量责任以及由谁承担。一方面，要明确基本公共服务质量责任的基本构成。根据基本公共服务质量管理体系关键环节及其子环节，基本公共服务质量责任可分解为质量决策责任（包括质量要求获取责任、质量政策制定责任、质量策划责任）、质量控制责任（包括质量标准制定责任、质量系统设计责任、质量形成责任）和质量监测责任（包括质量评价责任、质量改进责任）。另一方面，要明确基本公共服务质量各种责任的承担者。基本公共服务质量决策责任的承担者是基本公共服务提供组织的上级组织或者其内部的领导层部门，基本公共服务质量控制责任的承担者是基本公共服务提供组织的管理层和执行层部门，基本公共服务质量监测责任的承担者是基本公共服务提供组织中专门负责质

[①] 《国家基本公共服务体系"十二五"规划》，《光明日报》2012年7月20日第9版。

量评价、监视和改进的部门。

第二，构建基本公共服务质量责任的追究机制。基本公共服务质量责任的追求是基本公共服务质量问责的手段与核心。要落实基本公共服务质量责任的追究，首先要明确质量责任追究的对象，对承担责任的基本公共服务提供组织、部门、单位及人员实施质量责任追究；其次要明确质量责任追究的范围，即主要包括基本公共服务质量严重偏低和长期未作实质性改进两类；再次要采取恰当的质量责任追究方式和方法，使教育与惩罚这两种最为主要的质量责任追究方式、方法在基本公共服务质量追究中得到并举和配合使用；最后要遵循规定的质量责任追究程序，包括确定质量责任追究对象、对质量责任追究对象开展调查、作出质量责任追究决定、实施质量责任追究，确保基本公共服务质量追究程序化、规范化和法治化。

第三，构建基本公共服务质量责任的履行机制。基本公共服务质量问责的目的并非责任追究，而是促进基本公共服务提供组织积极主动履行基本公共服务质量责任。基本公共服务质量责任的履行贯穿基本公共服务质量决策、控制和监测的全过程。在基本公共服务质量决策环节，要努力形成质量决策过程透明化、质量决策程序规范化、质量决策结果公开化、质量决策责任明晰化的质量决策体系；在基本公共服务质量控制环节，要将基本公共服务质量控制责任分解、落实到不同部门、机构及人员，同时着力提高不同部门、机构及人员的质量控制责任履行能力；在基本公共服务质量监测环节，要通过将基本公共服务质量监测结果向社会公布并接受其评议、利用基本公共服务质量监测结果有针对性地改进基本公共服务质量工作等途径切实落实基本公共服务质量监测的各种责任。

四 基本公共服务质量改进

所谓基本公共服务质量改进，是指根据基本公共服务质量监测的结果，对造成基本公共服务质量低的因素加以分析、克服和消除，进而促进基本公共服务质量水平提高的过程。基本公共服务质量改进的内涵包括：第一，基本公共服务质量改进的依据是基本公共服务质量监测的结果。根据基本公共服务质量监测的结果，可知基本公共服务质量是否需要改进以及改进的大体方向；第二，基本公共服务质量改进的主体是基本公共服务提供组织自身。基本公共服务提供组织有改进基本公共服务质量的责任，同时也最能够根据基本公共服务质量监测的结果对基本公共服务质量作出改进；第三，基本公共服务质量改进的对象是造成基本公共服务质量低的因素，也即造成基本公共服务质量特性不能有效满足基本公共服务质量要求的因素；第四，基本公共服务质量改进的方式是对造成基本公共服务质量低的影响因素进行分析、克服和消除；第五，基本公共服务质量改进的目标是提高基本公共服务质量水平。

从基本公共服务质量监测结果到基本公共服务质量改进，二者之间存在漫长的距离。基本公共服务质量监测的结果仅为基本公共服务质量改进提供是否需要改进以及改进的大体方向的依据，而要真正开展基本公共服务质量改进，还必须对基本公共服务质量改进的对象——造成基本公共服务质量低的因素——进行具体、清晰、准确、全面地把握。对此，我们可以借助商业服务质量管理领域中的服务质量差距模型来分析。

服务质量差距模型由美国营销学家 Parasuraman、Zeithaml 和 Berry 构建。根据服务质量差距模型，顾客感知与服务期望之间的差距（Gap5）可以细分为四种差距（Gap1—4）。其中，差距1指顾客对服务的期望与服务提供者对顾客期望的理解之间的差距；差距2指服务提供者掌握的顾客期望与设计的服务标准之间的差距；差距3指服务提供者设计的服务标准与实际提供的服务之间的差距；差距4指服务提供者实际提供的服务与承诺提供的服务之间的差距；差距5指顾客期望的服务与实际感知的服务之间的差距。① 将服务质量差距理论应用于分析基本公共服务质量，可知基本公共服务质量中也存在五种差距：差距1即社会公众对基本公共服务的期望与基本公共服务提供组

---

① Parasuraman A., Zeithaml V. A. and Berry L. L., "A Conceptual Model of Service Quality and Its Implications for Future Research", *Journal of Marketing*, Vol. 49, No. 4, 1985, pp. 41 – 50.

织对公众期望的理解之间的差距；差距2即基本公共服务提供组织掌握的顾客期望与设计的基本公共服务标准之间的差距；差距3即基本公共服务提供组织设计的基本公共服务标准与实际提供的基本公共服务之间的差距；差距4即基本公共服务提供组织实际提供的基本公共服务与承诺提供的基本公共服务之间的差距；差距5即社会公众期望的基本公共服务与实际感知的基本公共服务之间的差距。

既然基本公共服务质量在整体上是社会公众感知与服务期望之间的差距，且该差距又可细分为四个细分差距，那么显而易见地，影响这五个差距大小的因素均是影响基本公共服务质量高低的因素。具体来说，影响基本公共服务五个差距大小的因素，也即影响基本公共服务质量高低的因素，包括五个大的方面①：（1）社会公众对基本公共服务的期望；（2）基本公共服务提供组织对社会公众期望的理解与掌握；（3）基本公共服务标准（也即基本公共服务承诺）；（4）基本公共服务实际提供；（5）社会公众对基本公共服务的感知。

通过对以上五个方面的影响因素加以全面管理，缩小基本公共服务质量的五个差距，最终提高基本公共服务质量，这正是服务质量差距理论指导下的基本公共服务质量改进进路。不难理解，若基本公共服务质量监测能针对基本公共服务质量的五个差距分别加以监测，那么基本公共服务质量监测的结果将直接有利于基本公共服务质量改进对象的锁定。

需要指出，上述基于服务质量差距理论的基本公共服务质量改进进路，是侧重对基本公共服务主观质量的改进分析。这是因为，服务质量差距理论是针对感知质量的，而感知质量属于服务质量的主观范畴。由此，还需对基本公共服务客观质量的改进作出分析。实际上，根据前文对基本公共服务质量形成机理的分析可知，基本公共服务客

---

① 需要指出，本书第二章第二小节分析指出的基本公共服务质量的15种关键影响因素是从微观的角度进行分析的，且同时考虑了基本公共服务主观质量和客观质量的影响因素。而这里，主要是从宏观的角度出发，且是着重围绕基本公共服务主观质量（因为服务质量差距理论是针对感知质量，即是一种主观质量）进行分析的。前后两处分析的层次、进路和全面性不一样，所以得出的结果不完全相同。

观质量与主观质量一样，均可视作一种差距，即基本公共服务质量特性水平与相关规定要求之间的差距。从这个意义上讲，基本公共服务质量改进也可遵循差距的分析进路，即通过对影响基本公共服务质量特性水平与相关规定要求之间差距的因素（包括基本公共服务质量特性水平和基本公共服务质量相关规定要求两个方面）进行管理，以缩小基本公共服务质量特性水平与相关规定要求之间的差距，最终提高基本公共服务客观质量。

在遵循上述差距分析进路的同时，基本公共服务质量改进还应通过构建以下三种机制，以促进其在现实层面中的操作应用。

第一，构建基本公共服务质量改进的问题分析机制。基本公共服务质量改进的基础和关键是找准基本公共服务质量"病症"的成因，如此才能"对症下药"。构建基本公共服务质量改进的问题分析机制，是诊断基本公共服务质量问题成因的有效手段。一方面，要对基本公共服务质量问题的分布进行定位。基本公共服务质量低仅是一个笼统的说法，必须深入定位基本公共服务质量低的表现及分布。比如，可根据基本公共服务质量的五个差距，对每一差距的大小情况予以把握；另一方面，要对造成基本公共服务质量低的因素进行全面、系统的盘查，并分析这些影响因素对基本公共服务质量低的作用机理。比如，基本公共服务质量中五个差距的影响因素不尽相同，这就需要找出影响特定差距的因素，并分析其是如何影响该差距的。

第二，构建基本公共服务质量改进的问题整改机制。在明确造成基本公共服务质量"病症"及其成因之后，就需要果断采取措施加以整改。根据造成基本公共服务质量低的因素的不同，需要有针对性地、分门别类地采取措施予以整改。具体来说，针对主观性强、不易控制的一类因素，比如社会公众对基本公共服务的期望，可采取合理引导的措施；针对失误性、意外性的一类因素，如基本公共服务决策的失误、基本公共服务提供中工作人员的失责，可采取坚决克服、避免的措施；针对可改进、提升的一类因素，如基本公共服务质量提供中工作人员的能力、基本公共服务质量相关规定要求的制定，可采取提升、优化与改进的措施。总之，基本公共服务质量改进措施的选择需要根据拟针对因素与拟解决问题的特性,才能保障可行性和有效性。

  第三,构建基本公共服务质量改进的后续追踪机制。基本公共服务质量改进并非终结于查找问题后的采取整改措施,还包括对质量问题整改效果如何的关注。这就需要通过构建基本公共服务质量改进的后续追踪机制。基本公共服务质量改进的后续追踪机制包括但不限于如下方面的内容:一是基本公共服务质量问题整改成效的评价,即通过实施整改,基本公共服务质量问题在多大程度上得到了解决;二是基本公共服务质量问题整改后的复发性关注,即通过整改措施得到解决的基本公共服务质量问题还会不会再次发生;三是基本公共服务质量问题整改后的遗留问题备案,即对暂时还没有得到有效或完全解决的基本公共服务质量问题进行备案;四是基本公共服务质量问题整改引发的新问题监视,即对由于整改措施引起的超出预期的新问题进行监视。

第七章　基本公共服务质量管理体系的实证研究
——以成都市为例

本章为本研究的实证研究部分。通过选取全国统筹城乡综合配套改革试验区——成都市的村级基本公共服务质量管理体系作为实证个案①，旨在实现两个方面的目的：一是对本研究构建的复合型基本公共服务质量管理体系进行叙事性解释和说明；二是以本研究构建的复合型基本公共服务质量管理体系作为比照对象，对成都市村级基本公共服务质量管理体系加以分析，指出其存在的问题，并从政策层面提出对策建议。

成都市村级基本公共服务质量管理体系被选取为本研究的实证个案，是与其本身所具有的代表性和典型性分不开的。成都是国家发展和改革委员会在2007年6月批准设立的全国统筹城乡综合配套改革试验区，十余年来围绕城乡一体化和基本公共服务均等化做了大量实践探索。这其中，作为成都市农村工作"四大基础工程"②之一的村级公共服务和社会管理改革，围绕提高农村基本公共服务供给和管理

---

① 需要说明，本研究选取的成都村级基本公共服务质量管理体系个案，其改革实践并未以"村级基本公共服务质量管理体系"冠名，也没有出现"基本公共服务质量管理"的类似提法。事实上，国内也几乎没有这方面提法的实践案例。不过，深入分析可以发现，基本公共服务质量管理与实践中广泛开展的基本公共服务供给、基本公共服务均等化、基本公共服务管理等实践密切相连，尽管后者不可能完全反映和代表前者。正是基于这一意义，本研究选取了在基本公共服务改革方面有着卓越探索和表现的成都作为个案，试图从中"析"出其所构建的村级基本公共服务质量管理体系，进而达成本研究的实证意旨。

② 成都农村工作"四大基础工程"是指农村基层民主政治建设、农村产权制度改革、农村土地综合整治、村级公共服务和社会管理改革。

水平并进而缩小城乡基本公共服务差距这一目标,探索构建了颇具创新价值和鲜明特色的村级基本公共服务质量管理体系,在全国范围内均具有重要代表性和典型性。

本章阐述过程中所涉及的成都案例的数据资料主要是笔者基于一定途径与渠道所得,包括政府统计机构公布的统计年鉴与统计数据,政府公开的公共文件,相关机构发布的调查报告,学术研究文献,以及广泛存在于各种报刊、图书、广播、电视传媒中的数据资料。凭借上述途径与渠道获取的数据资料,本章力图系统、全面、客观地呈现成都市村级基本公共服务质量管理体系的构建与现实状况,为本部分实证研究提供真实可靠的数据支撑。

第一节 成都市构建村级基本公共服务质量管理体系的背景与过程

成都市构建村级基本公共服务质量管理体系是在特定背景下进行的,且这一背景集中表现为统筹城乡综合改革。成都市村级基本公共服务质量管理体系是融于村级公共服务和社会管理改革之中的,因而村级公共服务和社会管理改革的实施过程蕴藏了村级基本公共服务质量管理体系的构建过程。[①]

一 基本背景

成都市是四川省省会、副省级市,地处四川盆地西部和成都平原腹地,辖区面积14605平方千米,其中全市建成区面积1006.7平方千米,是国务院确定的西南地区科技、商贸、金融中心和交通、通信枢纽。成都市下辖11个市辖区、4个县,代管5个县级市。截至

---

① 需要指出,成都市并没有明确提出村级基本公共服务质量管理体系构建目标,甚至也无意识构建村级基本公共服务质量管理体系。村级基本公共服务质量管理体系仅是村级公共服务和社会管理改革的产物。

2014年，成都市常住人口1572.8万，城镇人口640万，城镇化率为70.3%①，是我国西部地区唯一的特大城市。

成都市是典型的大城市带大农村的城乡格局。在全市1.2万平方千米的土地上，绝大部分是分布在丘陵和山区的农村地区。② 2003年时，全市1100多万人口中，农村人口占60%以上。③ 从城市与农村发展来看，"尽管中心城区的发展水平较高，但总体上离现代化还有较大距离，特别是占全市60%的丘陵地区和山区发展缓慢、贫穷落后，城乡差距明显"④。尤其是自我国实行改革开放以来，城市居民家庭人均可支配收入与农村居民人均纯收入的差距从1980年的1.77∶1上升到2003年的2.64∶1。⑤ 在基本公共服务发展方面，城市与农村之间面临很大悬殊，而且这种差距不断拉大。统计数据显示，1997—2003年成都市城乡居民人均教育、医疗保障和文化娱乐支出比从700∶213.7扩大到1478∶400.5（如图7.1所示）。⑥

大致从2003年起，成都市开启了统筹城乡经济社会发展、推进城乡一体化和基本公共服务均等化的改革探索实践进程。2007年6月，成都市被国家发展和改革委员会正式批准设立为全国统筹城乡综合配套改革试验区。以此为时间节点，成都市先后开展了以"三个集中"、"六个一体化"、农村工作"四大基础工程"为主要内容的统筹城乡综合改革工作。成都市构建村级基本公共服务质量管理体系正是置于这一改革背景（尤其是农村工作"四大基础工程"）下，并直接构成了农村"四大基础工程"之一的村级公共服务和社会管理改革的

---

① 赖芳杰、雷健：《成都城镇化率已达70.3%》，《华西都市报》2015年6月23日第2版。

② 成静：《给农民吃上一颗定心丸》，《中国经济导报》2011年1月15日第6版。

③ 邓瑾：《将农民的还给农民——成都城乡统筹改革7年逻辑》，《农家科技：城乡统筹》2011年第1期。

④ 姜晓萍、黄静：《还权赋能：治理制度转型的成都经验》，《公共行政评论》2011年第6期。

⑤ 周其仁：《还权赋能——成都土地制度改革探索的调查研究》，《国际经济评论》2010年第2期。

⑥ 黄金辉、丁忠毅：《成就与问题：成都农村公共服务事业建设审视——以城乡统筹发展为视角》，《财经科学》2010年第1期。

核心内容。

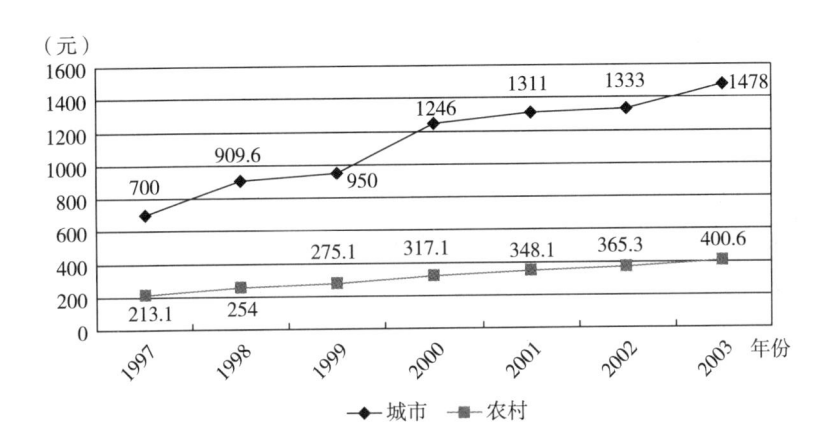

图 7.1 1997—2003 年成都城乡居民人均教育、医疗和文化支出

资料来源：黄金辉、丁忠毅：《成就与问题：成都农村公共服务事业建设审视——以城乡统筹发展为视角》，《财经科学》2010 年第 1 期。

那么，成都市何以实施村级公共服务改革，构建村级基本公共服务质量管理体系？这实际有着深刻的改革逻辑。

综观成都市统筹城乡改革探索历程，可以划分为四个阶段[①]：一是起始阶段。实施"三个集中"和"三大重点工程"改革。"三个集中"为工业向集中发展区集中、农民向城镇和农村新型社区集中、土地向适度规模经营集中。"三大重点工程"为农业产业化经营、农村发展环境建设、农村扶贫开发；二是全面推进阶段。实施"六个一体化"改革，包括城乡规划一体化、城乡产业发展一体化、城乡基础设施一体化、城乡公共服务一体化、城乡管理体制一体化和城乡市场体制一体化；三是改革攻坚阶段。实施农村工作"四大基础工程"改革，包括农村产权制度改革、农村新型基层治理机制建设、农村土地综合整治、村级公共服务和社会管理改革；四是改革深化阶段。实施

---

① 姜晓萍、黄静：《还权赋能：治理制度转型的成都经验》，《公共行政评论》2011 年第 6 期。

户籍制度改革和社会体制改革。就以上四个阶段的改革举措而言，均是围绕统筹城乡经济社会发展的战略目标展开的。但农村基本公共服务质量管理体系构建对应的农村工作"四大基础工程"之一的村级公共服务与社会管理改革是处于以上四个阶段的第三阶段。这显示出，成都市村级基本公共服务质量管理体系构建是处于整个统筹城乡改革的中间阶段。这里隐藏着成都市村级基本公共服务质量管理体系构建的深层逻辑。

一方面，伴随统筹城乡前期改革阶段开展的农村土地规模流转和农村新型社区建立，必然要求成都市实施农村基本公共服务改革，构建村级基本公共服务质量管理体系。在成都市统筹城乡改革的起始阶段，重点实施了"三个集中"改革。其中，农民向城镇和农村新型社区集中和土地向适度规模经营集中这"两个集中"分别带来农村新型社区建立和农村土地规模流转的结果，意味着城镇化的开启不仅改变了农民的居住生活方式——由传统的乡村散居生活方式转为社区集中居住生活方式，而且使农民失去了既往获取经济来源和生活保障的主要依靠——土地。在这一转变下，不仅大量居住在农村新型社区的农民对基础设施、环境卫生、治安维护、纠纷调解等方面的基本公共服务的需求直线上升，而且失去土地的农民尤其需要通过就业、养老、社保、医疗、教育等方面的基本公共服务获取新的生存、生活和发展保障。正是在这种情况下，成都市启动了村级基本公共服务改革，并试图通过构建村级基本公共服务质量管理体系，提高农村基本公共服务供给水平，满足广大农村农民（包括农村弱势群体）对农村基本公共服务的需求。由此来看，成都市改革村级基本公共服务和构建村级基本公共服务质量管理体系是统筹城乡综合配套改革深入实施的必然要求，并在某种程度上可以说是一种由其他改革引起的改革，或是作为其他改革的配套改革。

另一方面，成都市实施农村基本公共服务改革，构建村级基本公共服务质量管理体系是破解城市和农村发展严重失衡困局的重要突破口，是实现城乡基本公共服务均等化这一目标任务的必然选择和必经之路，同时也对统筹城乡综合改革战略的实施起着基础保障和深化促进的功能作用。受国家政策提出"统筹城乡经济社会发展""科学发展观""公共服务均等化"等理念和目标的影响，成都市确立了统筹城乡发展和促进城乡基本公共服务均等化的战略目标。对于城市和农村发展悬殊的成都市而言，要解决现代化过程中城乡发展不均衡的问题，必须以缩小城乡基本公共服务供给差距为突破口，为此要求实施村级公共服务改革，加大农村公共服务供给力度，从而破解城乡公共服务二元结构，推动城乡发展一体化进程。而就促进城乡基本公共服务均等化这一目标任务而言，由于成都市面临着严重失衡的城市和农村基本公共服务发展现状，相较于城市之下的农村基本公共服务发展显得十分落后，许多关乎农民基本民生的公共服务难以得到保障，这决定了改革农村基本公共服务，加大公共财政资源向农村投入力度，构建村级基本公共服务质量管理体系，是缩小城乡基本公共服务非均等化程度的必然选择和必经之路。再从统筹城乡经济社会发展这一战略目标来看，成都市实施农村基本公共服务改革和构建村级基本公共服务质量管理体系对于统筹城乡综合改革战略具有深远意义，不仅通过实现农民在基本公共服务方面的生存和发展权益而对统筹城乡经济社会发展起到基础保障功能，而且通过带动农村基本公共服务事业发展来对统筹城乡经济社会发展发挥深化促进的作用。

二 构建过程

在上述背景下，2008 年成都市在 132 个农村社区开展了村级公共服务改革试点，在此基础上形成了《关于深化城乡统筹进一步提高村级公共服务和社会管理水平的意见》。2009 年，全市 2751 个农村社区全面拉开了村级公共服务改革。综观而言，成都市实施村级公共服务改革，构建村级基本公共服务质量管理体系的过程可以大致划分为三个阶段，依次是注入村级公共服务专项资金的奠定基础阶段，民主化运作公共服务项目的巩固保障阶段和民主与民生互动的长效运行阶段。

（一）奠定基础：注入村级公共服务专项资金

在找准公共服务二元结构这一症结后，成都市把破解城乡公共服务二元结构作为推进城乡发展一体化的突破口，并在建立城乡统一的公共服务制度的基础上，正式启动实施了村级公共服务改革。在这里，成都市建立城乡统一的公共服务制度是在"六个一体化"改革中进行的。作为"六个一体化"的公共服务一体化，推动了城乡之间基础教育制度、医疗卫生服务制度、社会保障制度、养老保险制度、就业服务制度等的有机衔接。

2008年11月，成都市在全国范围内出台了第一个针对村级公共服务和社会管理的政策文件《关于深化城乡统筹进一步提高村级公共服务和社会管理水平的意见（试行）》，拉开了村级公共服务改革的帷幕。在该政策文件中，成都市在全国率先将村级公共服务和社会管理经费纳入财政预算，设立村级公共服务和社会管理专项资金。在根据本地实际情况制定村级公共服务和社会管理投入最低标准的基础上，要求村级公共服务和社会管理投入的增长幅度要高于同期财政经常性收入增长幅度。同时各级政府以2008年为基数，每年新增的公共事业和公共设施建设政府性投资主要用于农村公共事业和公共设施建设，直至城乡公共服务基本达到均等化。2009年，成都市进一步出台《成都市公共服务和公共管理村级专项资金管理暂行办法》，明确要求市县两级财政每年向所辖范围内建制村、涉农社区提供不少于20万元的公共服务专项资金。市县两级政府在村级公共服务和社会管理专项资金上形成了分担机制：主城区的经费由区财政全部负担，近郊区（县）的经费按市与区（县）5∶5的比例分担，远郊县（市）的经费按市与县（市）7∶3的比例分担。农村基层社区开设村级公共服务和社会管理资金专用账户，实行专款专用、专账核算。针对不少行政村、涉农社区对公共服务资金需求量大的特点，尤其是一些行政村（涉农社区）存在历史欠账，成都市出台了《成都市公共服务和公共管理村级融资建设项目管理办法》，明确规定近远郊区（市）县的行政村在经村民（代表）会议决定后，可以一次性以不超过资金7倍的额度，向成都市小城镇投资有效公司融资贷款，用于群众急需且民主议定的交通、水利等公共服务设施建设。

按照上述政策安排，成都市对每个行政村（涉农社区）的村级公共服务和社会管理专项资金在2009年和2010年两年均按20万元标准实施，2011年上调至25万元以上，目前已提高至40万元。根据成都市统筹委的统计数据，2009—2011年市县两级财政投入的村级公共服务和社会管理专项资金达22.7亿元，平均每一行政村（涉农社区）的经费达到93万元。同时，共有12个区（市）县的248个村签约村级融资项目，融资金额达33487万元，在道路、提灌站、沟渠、蓄水池、供电供水设施方面的项目累计拨付资金23200万元。①

通过"财政下乡"的方式设立村级公共服务和社会管理专项资金，成都市得以在较短时间加强了农村基础设施建设和公共服务供给的力度，很大程度上满足了村民对道路、水利、环境卫生等农村公共产品和服务的紧迫需求，这就彻底扭转了长期以来广大农村地区基础设施建设凋敝和公共服务发展滞后的状态，重新启动了农村公共服务事业发展进程，有效遏制了城乡基本公共服务发展差距不断拉大的势头，为促进城乡基本公共服务均等化和城乡发展一体化奠定了坚实的物质基础。

（二）巩固保障：民主化运作村级公共服务项目

成都市在通过设立专项资金的方式解决村级公共服务所需资金来源问题以后，进一步需要解决村级公共服务项目如何提供的问题，其中涉及村级公共服务专项资金如何使用的关键问题。针对此，成都市将村级公共服务改革与农村基层治理机制结合起来，创新性地提出村级公共服务项目的民主化运作模式。

在"四大基础工程"改革之一的农村基层民主政治建设中，成都市构建了"党组织领导下，村民（代表）会议或议事会决策、村委会执行、村务监督委员会监督，其他经济社会组织广泛参与"的新型村级治理机制。作为对这一新型村级治理机制的有效应用，成都市在村级公共服务和社会管理改革中，将公共服务项目的运作过程与新型村级治理机制有机结合，做到村级公共服务项目由村级自治组织自主实施，村民（代表）会议依据民主决策、自主建设、严格监督的原则

---

① 参见成都市统筹委《关于2009—2011年度村级公共服务和公共管理专项资金使用与管理情况的报告》，2012年7月。

决定公共服务专项资金的使用、管理和监督。具体到实践中,村级公共服务项目的民主化运作包括三个步骤:首先,民主议定公共服务项目的内容。采用问卷调查、入户走访、投票计分、综合排序等方法获取村民对公共服务的需求和判断村民公共服务需求的优先序列,实现由村民集体决定公共服务项目内容及实施先后顺序,以此确保村级公共服务项目决策过程的民主化;其次,民主监督公共服务项目的实施。由全体村民选举产生的村民议事会或监事会代表村民行使对公共服务项目的监督权,定期对公共服务项目的实施进展、经费使用等进行监督和管理;最后,民主评议公共服务项目的成效。村级公共服务项目实施完成后,由农民群众对公共服务项目建设的效果做出评价,包括公共服务项目的建设是否达到合同要求,公共服务项目的建设是否让民众满意,公共服务项目建设如何改进提高三个方面。

成都市村级公共服务项目民主化运作得以实现,直接原因是村级公共服务项目与新型村级治理机制二者的结合,深层原因是成都市政府执政理念的转变。正是成都市政府摒弃了传统的集决策、实施和监督于一身的农村公共服务供给理念和模式,将村级公共服务的决策权、实施权、监督权、评议权等一并交由村级自治组织,承认和尊重农村村民的主体性和自主性,同时自身成为村级公共服务专项资金的提供者和保障者,才为村级公共服务项目的民主化运作提供了基本前提和根本保障。

村级公共服务项目民主化运作的结果是极大提高了成都市农村居民对村级公共服务改革的知晓度、参与度、受益度和满意度。之所以带来这样的积极意义,根本原因在于村级公共服务项目民主化运作构建了一套自下而上的、以村民需求为起点和以民众满意度为终点的农村公共服务供给模式。就此而言,村级公共服务与新型村级治理机制结合下的村级公共服务项目民主化运作,对农村基本公共服务的供给发挥了极其重要的巩固保障功能,甚至在整个城乡统筹发展战略中也具有十分重要的改革价值。

(三)长效运行:村级公共服务供给中民生与民主的互动

成都市通过设立村级公共服务和社会管理专项资金,为村级公共服务的提供奠定了物质基础。进而，通过公共服务项目的民主化运作，促使农村公共服务的顺利和有效落地。这种将村级公共服务提供与新型村级治理机制相结合的改革模式，一方面，以关切农村民众利益的村级专项资金和公共服务项目为平台，调动村民参与农村基层治理的积极性，达到民生促进民主；另一方面，以新型村级治理机制为依托，通过民主化运作村级公共服务项目实现农村民众的公共服务权益，达到民主保障民生。

成都市在投放村级公共服务和社会管理专项资金后，为确保专项资金的使用效率和民主，采取了将村级公共服务项目和新型村级治理机制相结合的方式，这就极大调动了农村民众参与村级公共服务项目决策、监督和评议的热情，为农村基层民主的运行添加了实质内容，注入了强劲动力。一是村级公共服务和社会管理专项资金提供了农民民主参与的物质基础。经济基础决定上层建筑。只有在村级公共服务和社会管理专项资金的坚实保障下，村民民主参与村级公共项目的决策、监督和评议才成为可能。二是村级公共服务和社会管理专项资金为农村民众提供了学习民主的机会，围绕村级公共项目的需求表达、投票表决、对话协商、过程监督、结果评价等，农村民众不仅锻炼了自身的民主素质和民主能力，同时有助于培养知情权、参与权、决策权、监督权、评议权等权利行使的观念与意识。正是从这个意义上讲，成都市设立的村级公共服务和社会管理专项资金被称为"民主训练的资金"。

与此同时，成都市新型村级治理机制的构建为村级公共服务项目的运作提供了平台和载体，进而为促进村级公共服务项目的有效公平落地提供了保障。按照"党组织领导下，村民（代表）会议或议事会决策、村委会执行、村务监督委员会监督，其他经济社会组织广泛参与"的新型村级治理机制，村级公共服务项目的提供实现了由村级自治组织自主决定，具体包括公共服务项目的决策、实施、监督和评价全过程均体现了广大农村民众的意志，从而摆脱了长期以来由基层政府自上而下、代民做主的单一化决策模式，而代之以自下而上的需求主导型、民主化的公共决策与参与机制及多元供给体制。① 这就确保了农村居民在村级公共服务提供过程中的主体地位，提高了村级公共服务和社会管理专项资金的使用效益，使供给的农村公共产品能最大限度上满足广大农村居民的实际需求。

沿着民生与民主相结合的思路，成都市一方面不断完善村级公共服务和社会管理的相关政策和制度体系，确保村级公共服务和社会管理专项资金足额、及时投入每一个村（涉农社区），同时使村级公共服务和社会管理专项资金的使用和村级公共服务项目的运作按照民意进行。另一方面依托新型村级治理机制，不断健全村级公共服务项目民主化运作机制，确保村级公共服务项目运作的过程充分彰显农村村民的主体性和自主性，运作的结果最大化满足农村村民的实际需求。通过以上两个方面的努力，成都市实质上是在农村开展了一场自上而下赋权和自下而上参与相结合的改革，使民生促进民主、民主保障民生的逻辑在村级公共服务和社会管理改革中得到完美体现。正是在制度、体制和机制层面搭建了民生与民主相结合的路径，成都市村级公共服务改革迈入了长效运行的新阶段。

第二节　成都市复合型村级基本公共服务质量管理体系的关键环节

成都市村级公共服务改革的核心举措是健全分类供给机制、经费保障机制、设施统筹建设机制、民主管理机制和人才队伍建设机制。由于这些核心举措本质地与公共服务质量管理要求相契合，因而成都市村级公共服务改革直接促成了村级基本公共服务质量管理体系的形成。同时，成都市村级基本公共服务质量管理体系涉及农村居民公共服务需求、村级公共服务供给内容、农村公共服务项目满足规定要求

---

① 秦代红、刘礼、吴琦：《成都市村级公共服务外包与社会组织培育发展研究》，《中共成都市委党校学报》2013年第1期。

和村民需求的程度，以及村级公共服务供给决策、村级公共服务过程监督、村级公共服务结果评价等，不仅回答了农村基本公共服务质量管理"管理什么"的问题，而且回答了农村基本公共服务质量管理"怎么管理"的问题，因而在总体上是一种复合型村级基本公共服务质量管理体系。

本部分旨在对成都市复合型村级基本公共服务质量管理体系的关键环节，即村级基本公共服务质量决策（大致对应村级公共服务供给决策）、村级基本公共服务质量控制（大致对应村级公共服务过程监督）、村级基本公共服务质量监测（大致对应村级公共服务结果评价）进行实践梳理，以对本研究构建的"复合型"基本公共服务质量管理体系进行实证。

一　村级基本公共服务质量决策

基本公共服务质量决策关键环节紧紧围绕基本公共服务质量要求这一中心，旨在通过公共政策的方式将基本公共服务质量要求转化为关于提供哪些以及何种水平的基本公共服务质量特性的基本公共服务质量政策。为完成这一转化，基本公共服务质量决策关键环节一般通过三个环节（即基本公共服务质量决策关键环节的三个子环节）进行，即基本公共服务质量要求获取、基本公共服务质量政策制定和基本公共服务质量目标策划。其中，基本公共服务质量要求获取环节旨在获取基本公共服务质量的社会公众要求，并将其转化为基本公共服务质量的相关规定要求，其依次通过基本公共服务质量要求收集、基本公共服务质量要求理解和基本公共服务质量要求转化三个子环节进行；基本公共服务质量政策制定环节旨在根据基本公共服务质量的社会公众要求和相关规定要求决定提供哪些以及何种水平的基本公共服务质量特性，其按照公共政策的"输入—处理—输出"过程进行；基本公共服务质量目标策划环节旨在为怎么提供基本公共服务质量政策决定提供的基本公共服务质量特性作出整体性的设计、安排和布置，其核心是制定基本公共服务质量目标和规定实现基本公共服务质量目标的必要运行过程与相关资源。

成都市复合型村级基本公共服务质量管理体系中的村级基本公共

服务质量决策环节，主要体现为村级基本公共服务质量要求获取和村级基本公共服务质量民主决策。

成都市村级公共服务和社会管理改革中将村级基本公共服务项目与新型村级治理机制相结合，不仅十分重视对农村居民需求与意见的收集，建立健全了村级基本公共服务质量需求获取机制，而且在获取农村居民需求与意见的基础上，构建了一套行之有效的村级基本公共服务质量民主决策机制。《关于深化城乡统筹进一步提高村级公共服务和社会管理水平的意见（试行）》明确规定："充分尊重农民意愿、维护农民的民主权益。为农民提供的公共服务要充分征求农民的意愿，让农民充分参与和决策。"这为获取农村居民对基本公共服务质量需求和实施村级基本公共服务质量民主决策提供了政策依据。成都市统筹委在《村级公共服务和社会管理改革工作手册》和《村级公共服务和社会管理专项资金管理办法（修订）》中提出的宣传动员、收集民意、梳理讨论、议决公示、实施监督、评议整改"六步工作法"中，宣传动员、收集民意、梳理讨论、议决公示这四步均是围绕村级基本公共服务质量要求获取和村级基本公共服务质量民主决策展开的。①

在实践层面，村级基本公共服务质量要求获取一般由村民议事会成员或村两委干部通过问卷调查、入户走访的方式调查、收集和获取村民对基本公共服务的质量需求和意见。比如，在大邑县晋原镇，根据晋原街道办事处制定的《关于2015年村级公共服务和社会管理改革工作的实施方案》，农村居民公共服务需求和意见的收集即通过如下流程进行：首先，召开村、社区两委及议事会成员会议，提出年度拟实施公共服务项目建议；其次，编制民意调查表，一户一表，采取实名制填表方式收集民意；再次，由议事会成员负责走访联系农户，将民意调查表发放到每一户，进行民意调查，充分征求群众意见；最后，组织召开以社区为单位的群众会、林盘会等，在充分宣传动员基

---

① 郑洲：《村级公共服务需求制度创新——以成都为例》，《财经科学》2011年第9期。

础上，广泛听取群众意见，收回一户一表的民意调查表。① 又如，在武侯区华兴镇，根据华兴街道办事处制定的《进一步深化村级公共服务和社会管理改革的实施意见（试行）》，一方面，建立了议事会成员直接联系社区居民制度，要求议事会成员必须广泛征求和如实反映所联系社区居民的意见；另一方面，针对农村基本公共服务需求与意见的收集梳理环节，明确作出如下规定：意见征求比例应达到常住人口户数的90%；严格按照村级专项资金使用范围收集梳理项目；提交村（居）民议事会议决的项目应在村（居）民小组范围公示。② 正是借助以上基本公共服务质量需求获取通道，成都市村级基本公共服务质量供给中得以一方面有效掌握农村居民的基本公共服务质量需求，另一方面为农村基本公共服务质量政策的制定提供重要依据。

在收集、获取农村居民基本公共服务质量需求的基础上，成都市构建的基本公共服务质量民主决策机制要求通过召开村民议事会或村民代表大会的方式，按照一定的规则对各村民小组上报的项目进行逐项讨论、商议，最终形成表决意见。值得指出，诞生于农村产权制度改革的村民议事会制度在村级基本公共服务质量民主决策中发挥了关键性作用。成都市从2009年起在各区县全面推行议事会。按照规定，村议事会是村最高决策机构，拥有村事务决策权和监督权。议事会成员由村民在村、组两个层面选举产生，一般不少于21人，以保证广泛的民意基础。议事会按照"六步工作法"的程序进行议事，确保议事过程的民主性。

温江区探索建立了针对村级公共服务和社会管理项目的以民众需求为导向的"四程序法"民主决策机制：第一步，确定公共服务和社会管理的项目要首先深入全村每个农户进行民意调查，了解全体村民

---

① 晋原街道办事处：《晋原街道办事处关于2015年村级公共服务和社会管理改革工作的实施方案》，成都市基层公开综合服务监管平台网，http://jcpt.chengdu.gov.cn/dayixian/simashequ/detail.html?url=/dayixian/simashequ/3001050201/5279193_detail.html，2017年1月20日。

② 华兴街道办事处：《成都市武侯区人民政府华兴街道办事处关于印发〈进一步深化村级公共服务和社会管理改革的实施意见（试行）〉的通知》，成都市武侯区人民政府网，http://www.cdwh.gov.cn/index.php?cid=1683&tid=394837，2017年1月20日。

的需求;第二步,组织各方面代表进行民主议事,根据受益面的大小和缓急提出初步方案;第三步,将初步方案提交村民代表大会讨论表决;第四步,公示确认,只有公示期满群众无异议才能付诸实施(如图 7.2 所示)。①

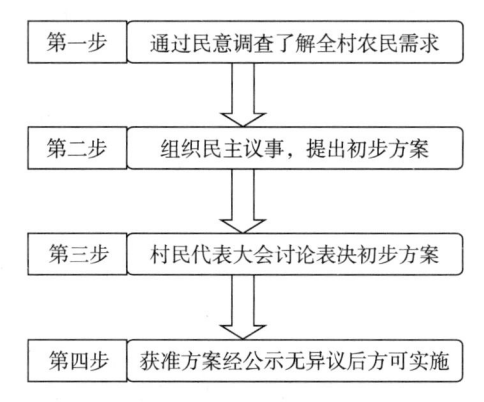

```
第一步 → 通过民意调查了解全村农民需求
           ↓
第二步 → 组织民主议事,提出初步方案
           ↓
第三步 → 村民代表大会讨论表决初步方案
           ↓
第四步 → 获准方案经公示无异议后方可实施
```

图 7.2　温江区村级公共服务"四程序法"民主决策机制

资料来源:笔者根据有关文献资料自行整理。

新都区大丰街道总结形成了针对村级公共服务和社会管理改革项目的民主决策模式,"建立了宣传动员、群众意见海选、意见汇总、筛选项目、候选项目公示、候选项目预算、正式项目票决、票决项目公示、项目报批和制定项目实施方案共十个程序的民主决策工作机制(如图 7.3 所示),形成了固定的民主决策模式,对每一个决策程序都规定了实施主体、实施办法和存档资料。并明确规定如果群众对候选项目、票决项目异议较大,必须返回上一程序,有效杜绝了社区两委'代民作主'情况发生,充分发挥了群众的主体作用,确保村级公共服务与社会管理专项资金用到群众急需、群众愿意的项目上"②。

---

① 王习明:《成都市试点村级公共服务和社会管理改革的经验和启示》,《湖湘三农论坛》2011 年第 00 期。

② 新都区大丰街道:《大丰街道加快推进村级公共服务和社会管理工作》,成都市新都区人民政府网,http://www.xindu.gov.cn/govinfoopen/detail_open.jsp?id=231411&t=2,2017 年 1 月 20 日。

```
宣传动员 → 群众意见海选 → 意见汇总 → 项目筛选
正式项目票决 ← 正式项目预算 ← 候选项目公示
票决项目公示 → 项目报批 → 制定项目实施方案
```

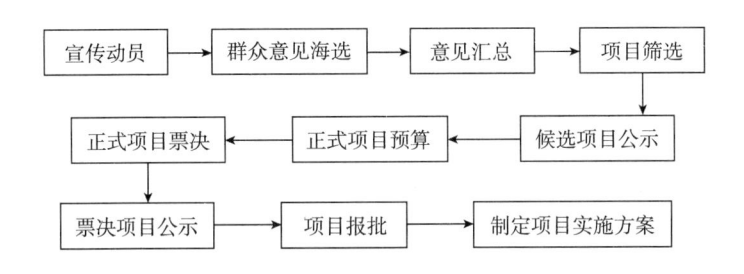

图 7.3　新都区大丰街道村级公共服务"十程序"民主决策工作机制

资料来源：笔者根据有关文献资料整理。

邛崃市油榨乡马岩村探索出"三步量分法"民主管村模式：第一步，"一户一表"量分界定实施范围，由村两委干部和村议事会成员向每家每户发放《征求意见表》征求群众需求和意见，将同一事项或类似事项提议户数达到全村总户数10%以上的纳入村议事会收集整理议题的范围；第二步，"议事会票决"确定实施项目，通过召开村议事大会，将符合预算、条件许可的项目提交议事会进行表决，凡赞同人数达到50%以上的项目确定为可实施项目；"一户一票"决定实施先后，由村议事会成员将《量分排序表》挨家挨户发放，征集村民需求意愿，对实施项目进行先后排序，最终确定项目实施的先后顺序（如图7.4所示）。①

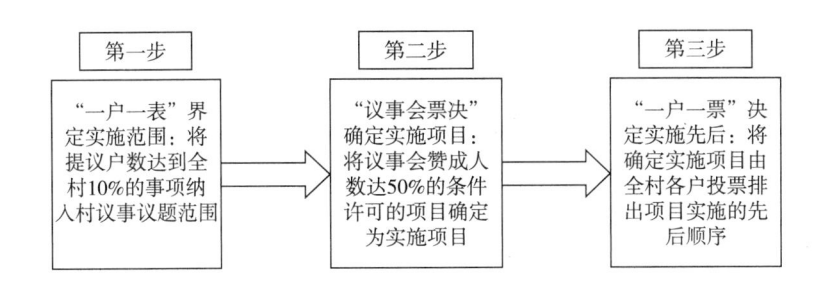

```
第一步                    第二步                    第三步
"一户一表"界          "议事会票决"          "一户一票"决
定实施范围：将    →   确定实施项目：    →   定实施先后：将
提议户数达到全        将议事会赞成人        确定实施项目由
村10%的事项纳         数达50%的条件         全村各户投票排
入村议事议题范围      许可的项目确定        出项目实施的先
                      为实施项目            后顺序
```

图 7.4　邛崃市马岩村村级公共服务"三步量分法"民主管村模式

资料来源：笔者根据有关文献资料整理。

---

① 李影、李晓帆：《村级公共服务怎么干？群众打分说了算》，《成都日报》2009 年 8 月 12 日第 A2 版。

除以上外，大邑县探索出的"双票票决"制，即各村村民代表在征求村民意见后，对包括村级公共服务项目在内的重大事项进行投票表决，若所代表的村民户一半以上赞成则投 2 张赞成票，一半以上反对则投 2 张反对票，一半赞成一半反对则各投 1 张赞成票和反对票；崇州市江源镇江源村探索出的"有人顶、有人做、有人评"的村民议事会、村民委员会、村民监事会"三会合治"模式，金堂县淮口镇望江村探索出的充分调动农民群众"自己议、自己定、自己干、自己管"的"四议三公开二监督一满意"工作法等，都对村级基本公共服务质量民主决策发挥着重要作用。通过以上村级基本公共服务质量民主决策机制，成都市农村居民能够在表达和反映自身对基本公共服务质量的需求、意见和期望的基础上，进一步切实参与到村级基本公共服务质量决策过程中，保证了村级基本公共服务质量供给范围、供给标准、供给方式等事项的民主决定。

二　村级基本公共服务质量控制

基本公共服务质量控制整体关键环节紧紧围绕基本公共服务质量特性这一中心，旨在根据基本公共服务质量的相关规定要求，对基本公共服务质量特性的生成过程实施控制，以促使实际生成的基本公共服务质量特性水平达到基本公共服务质量要求。基本公共服务质量控制的对象是基本公共服务质量特性的生成过程及其涉及的内容与要素，包括公共需求、公共政策、管理职责、服务标准、服务流程、服务人员、公共行为、公共财政、服务设施、公共权力、公共关系、公共利益等。基本公共服务质量控制的一般过程包括制定基本公共服务质量控制操作规程、编制基本公共服务质量控制计划、开展基本公共服务质量巡视与评审、分析基本公共服务质量问题、提出基本公共服务质量问题解决方案和存档基本公共服务质量控制信息。为保障基本公共服务质量控制的实施成效，促进基本公共服务质量控制目标的顺利达成，基本公共服务质量控制需要把握几方面的操作重点，即质量标准是基本公共服务质量控制的有效工具、流程再造是基本公共服务质量控制的重要依托、全员参与是基本公共服务质量控制的根本要求、电子政务是基本公共服务质量控制的硬件支撑。

成都市复合型村级基本公共服务质量管理体系中的村级基本公共服务质量控制环节，主要体现为村级基本公共服务质量标准的建立、村级基本公共服务资源的统筹配置和村级基本公共服务体制机制的改革创新。

成都市重视开展村级基本公共服务质量标准建立实践，制定了一系列村级基本公共服务质量标准政策文件（如表7.1所示）。《关于深化城乡统筹进一步提高村级公共服务和社会管理水平的意见（试行）》中明确提出了村级公共服务和社会管理水平要达到"四个有"的目标标准，即有一套适应农民生产生活居住方式转变要求、城乡统筹的基本公共服务和社会管理标准体系；有一个保障有力、满足运转需要的公共财政投入保障机制；有一个民主评议、民主决策、民主监督公共服务的管理机制；有一支协同配合、管理有序、服务有力的村级公共服务和社会管理队伍。具体地，在镇、村（社区）、新居工程的建设标准方面，制定了《关于重点镇公共服务和社会管理配置标准的指导意见（试行）》和《关于村（社区）及新居工程公共服务和社会管理配置标准的指导意见（试行）》，确定了重点镇"1+17"、村（社区）"1+13"、新居工程"1+11"的配置标准。进一步地，在《关于进一步提升重点镇、一般镇、涉农社区及村（农民集中居住区）公共服务和社会管理配置标准的指导意见的通知》中将重点镇、一般镇、涉农社区及村（农民集中居住区）公共服务和社会管理配置标准分别提升至"1+28"标准、"1+27"标准、"1+23"标准、"1+21"标准；在农村基础教育方面，先后制定了《成都市农村中小学标准化建设标准（试行）》《关于推进全市农村中心幼儿园标准化建设的意见》《成都市城乡中小学标准化建设提升工程实施方案》，针对农村中小学和中心幼儿园的标准化建设，具体包括规划设计、用房面积、建筑质量、教学装备等方面制定了专门标准；在农村医疗卫生服务方面，先后制定了《成都市城乡基层医疗卫生机构基本公共卫生服务C类服务包（试行）》《关于构建基层公益性医疗卫生服务体系的意见（试行）》《2013/2014年成都市基层公益性医疗卫生机构标准化建设设备提升工程实施方案》，对基层医疗卫生机构的硬件设施和服务项目进行了规范；在农村公共文化服务方面，先后制定了《关于开展国家公共文化服务体系示范区创建工作的实施意见》和《成都市公共文化服务机构服务标准》，对乡镇文化站（街道综合文化活动中心）、村（社区）综合文化活动室、农村公共电子阅览室、农村书屋等的建设标准提供了指导和规范。通过村级基本公共服务质量标准的制定和标准化的建设，成都市村级基本公共服务质量控制工作变得有据可依，基本公共服务客观质量水平的保障也有了基本遵循。

表7.1　成都市村级基本公共服务质量标准政策文件一览

年份	文件名称	颁发部门
2004	《成都市农村中小学标准化建设标准（试行）》	市教育局
2008	《关于重点镇公共服务和社会管理配置标准的指导意见（试行）》	市统筹委
2008	《关于村（社区）及新居工程公共服务和社会管理配置标准的指导意见（试行）》	市统筹委
2008	《关于推进全市农村中心幼儿园标准化建设的意见》	市政府
2009	《成都市城乡基层医疗卫生机构基本公共卫生服务C类服务包（试行）》	市卫生局、市财政局
2011	《关于构建基层公益性医疗卫生服务体系的意见（试行）》	市委、市政府
2012	《关于开展国家公共文化服务体系示范区创建工作的实施意见》	市委、市政府
2012	《关于进一步提升重点镇、一般镇、涉农社区及村（农民集中居住区）公共服务和社会管理配置标准的指导意见的通知》	市统筹委
2012	《成都市公共文化服务机构服务标准》	市文化局
2013	《成都市城乡中小学标准化建设提升工程实施方案》	市政府
2013/2014	《2013/2014年成都市基层公益性医疗卫生机构标准化建设设备提升工程实施方案》	市政府

资料来源：笔者自制。

成都市把统资源筹配置作为村级基本公共服务管理和改革的重中之重。从实施的村级公共服务和社会管理改革来看，至少包括组织机构、基础设施、公共财政、人员队伍、管理制度、体制机制等在内的基本公共服务资源与要素得到统筹安排和配置。其中尤以公共财政资源的统筹配置力度最大，特征也最为明显。为了弥补农村经济社会发展资金不足的问题，"成都逐年加大财政对'三农'的投入，并在市域内实施财政转移支付，解决了远郊欠发达市县在强化公共服务和社会管理上存在的困难，让公共财政的阳光普及到广袤的乡村。到 2009 年，财政投入'三农'已达 192.3 亿元，农民人均分享的财政支出较 2002 年增加 26 倍"①。同时，成都市规定，以 2008 年为基数，各级政府每年新增的公共事业和公共设施建设政府性投资主要用于农村公共事业和公共设施建设，同时市、县两级财政按比例投入每个村级公共服务和公共管理专项资金最低不少于 20 万元。② 2013 年，成都市修订出台了专项资金管理办法，将专项资金提高到每个村至少 40 万元，并要求在 2017 年前达到 60 万元。从实际投入资金数量来看，2009 年成都市县两级财政向全市 2751 个村（涉农社区）投入的农村基本公共服务专项资金总额达到 71229 万元。③ 根据有关统计数据，2009 年以来成都市村级公共服务和社会管理专项资金计划拨付总额呈逐年增长趋势（如表 7.2 所示）。具体到各个领域，2009—2012 年成都市向各村（涉农社区）投入的 1.2820 亿元专项资金的分布情况为：基础设施建设占 59.3%，环境卫生管理和维护类占 9.8%，社会管理类占 16%，文体类占 8.2%（如表 7.3 所示）。④

---

① 夏珺、梁小琴：《落实科学发展观的生动实践——成都统筹城乡综合配套改革试验的调研与思考》，《人民日报》2011 年 2 月 28 日第 1 版。
② 盖东海：《未来 20 年我国农民将大踏步融入城镇——破除二元化结构，成渝试点取得诸多有益经验》，《消费日报》2010 年 6 月 15 日第 1 版。
③ 胡锦枫：《成都村级公共服务和社会管理专项资金逐年上升 百姓尝甜头》，四川新闻网，http://scnews.newssc.org/system/2013/08/06/013823067.shtml，2017 年 1 月 20 日。
④ 清华大学社会学系课题组：《村级公共服务与社会管理相互促进的成都模式》，财新网，http://economy.caixin.com/2011-01-29/100222474_all.html，2017 年 1 月 20 日。

表 7.2　　2009—2014 年成都市村公资金计划拨付情况

项目 年份	最低标准 （万元/村）	村级公共服务和社会管理专项资金（万元）		
		市县两级财政 计划拨付资金	市级财政计划 拨付资金	县级财政计 划拨付资金
2009	20	69094.9	41723	27371.9
2010	20	73269.3	41593.5	31675.8
2011	25	84119.5	49736.5	34383
2012	30	97785.5	57865.5	39920
2013	40	124183	74901.7	49281.3
2014	40	124334	75030.4	49303.6
2017	60	/	/	/
合计		572786.2	340850.6	231935.6

资料来源：转引自刘娟《社会质量视角下农村公共资源配置研究》，硕士学位论文，四川省社会科学院，2015 年，第 23 页。

表 7.3　　2009—2012 年成都市（调查样本）村公资金投入分布

类别	投入总额（万元）	占比（%）
文体类	2054.35	8.2
就业和社会保障类	164.52	1.3
基础设施建设类	7600.14	59.3
环境卫生管理和维护类	1258.37	9.8
生产服务类	370.51	2.9
社会管理类	2055.32	16
村公议事运行及项目监督	41.8	0.3
融资还款	124.39	1.0
非公共服务和社会管理类	9.3	0.1
其他	141.13	1.1

资料来源：清华大学社会学系课题组：《村级公共服务与社会管理相互促进的成都模式》，财新网，http://economy.caixin.com/2011-01-29/100222474_all.html，2017 年 1 月 20 日。

在各项基本公共服务供给中，统筹配置资源的特征更是显著。比如，在劳动就业社保服务领域，统计数据显示，"8年来，成都市城乡医疗、工伤和生育保险实现由人社部门归口管理，100%的乡镇（街道）、95%的社区、54%的行政村建立了就业和社会保障服务中心、站，统筹城乡劳动保障四维公共服务体系模型基本形成"①。同时，根据成都市绘制的全市就业社保公共服务均等化蓝图，要求"按照机构、人员、经费、场地、制度、工作'六到位'要求，加强基层就业社保服务机构建设，完善市县乡（街道）村（社区）四级人力资源和社会保障公共服务组织体系、运行机制和保障措施"②；又如，在公共文化服务领域，按照《关于进一步加强基层文化建设的意见》《成都市文化产业发展"十二五"规划纲要》等政策文件，成都市村级公共文化服务的财政投入、基础设施建设、信息资源、人才队伍等资源都将得到进一步的统筹安排。③ 截至2013年，成都市建立了村（社区）级公共文化服务经费保障机制，免费开放了图书馆、美术馆、文化馆等公共文化服务机构，全面实施了基层文化设施建设标准化建设工程。④ 通过统筹配置村级基本公共服务资源，成都市村级基本公共服务质量系统设计得到强化，进而为基本公共服务质量特性的实际生成奠定了坚实基础。

成都市同时着力进行了村级基本公共服务体制机制的改革与创新。从城乡基本公共服务体制改革的角度出发，成都市主要开展了如下几方面涉及村级基本公共服务体制机制的改革创新：一是建立城乡一体的行政管理体制。从2003年开始，成都市按照大部制改革的思路，在全市范围内全面推行规范化服务型政府建设，将规划、交通、水务、财政、农业、卫生、文化、社会保障等与基本公共服务事业建设有关的多个部门进行改革和调整，逐步形成了城乡一体的行政管理

---

① 《公共服务均等化的成都保障》，《四川日报》2011年8月11日第8版。
② 《公共服务均等化的成都保障》，《四川日报》2011年8月11日第8版。
③ 熊德壮：《公共服务完善共创共享机制》，《成都日报》2010年1月14日第2版。
④ 王嘉：《成都公共文化服务在全国领先》，《成都日报》2013年6月30日第1版。

体制;① 二是创新公共服务管理体制。在行政管理体制改革的基础上，成都市于 2007 年设立统筹城乡委员会，内设社会处专司城乡教育、卫生、文化和社会保障等公共服务事业配套改革的具体工作;② 三是改革基层行政管理体制。成都市针对传统基层行政管理体制相互分割、效率低下、浪费资源的弊端，将基层有关所（站）统一集中到政务服务中心，直接面向当地居民开放式办公，切实促进了政府职能的重心由管理转变为服务③；四是公共财政体制改革。成都市从 2004 年起大力推行"乡财县管"制度，有效化解了乡镇公共服务资金短缺问题。同时从 2008 年起，明确规定各级政府将每年新增的公共事业和公共设施建设的政府性投资主要用于农村，确保每个村（社区）从市、区（市）县两级财政获得的专项资金不得少于 20 万元。2013 年，成都市修订出台了专项资金管理办法，将专项资金提高到每个村至少 40 万元，并要求在 2017 年前达到 60 万元，大大增强了农村公共服务的财政支持力度。④

在村级基本公共服务机制创新方面，成都市出台政策文件《关于深化城乡统筹进一步提高村级公共服务和社会管理水平的意见（试行）》，在农村公共服务与社会管理改革中创新性地提出了五类机制（如图 7.5 所示）。

一是分类供给机制。农村公共服务和社会管理统一划归为文体类、教育类、医疗卫生类、就业和社会保障类、基础设施和环境建设类、农业生产服务类、社会管理类等 7 大类内容（如表 7.4 所示）。政府主要负责提供公益性公共服务和社会管理，村级自治组织负责内部服务和管理，市场主体通过市场化方式提供公共服务和社会管理。

---

① 黄金辉、丁忠毅：《成就与问题：成都农村公共服务事业建设审视——以城乡统筹发展为视角》，《财经科学》2010 年第 1 期。

② 黄金辉、丁忠毅：《成就与问题：成都农村公共服务事业建设审视——以城乡统筹发展为视角》，《财经科学》2010 年第 1 期。

③ 郑功成：《城乡基本公共服务均等化的成都经验》，中国乡村发现网，http://www.zgxcfx.com/Article/25065.html，2017 年 1 月 20 日。

④ 黄金辉、丁忠毅：《成就与问题：成都农村公共服务事业建设审视——以城乡统筹发展为视角》，《财经科学》2010 年第 1 期。

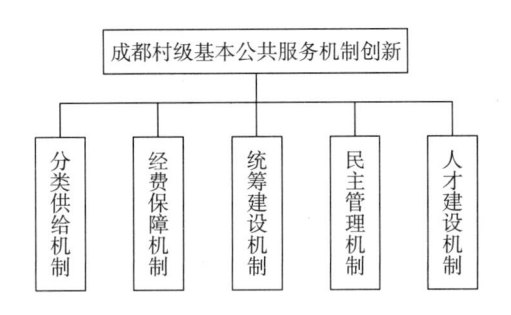

```
          成都村级基本公共服务机制创新
    ┌──────┬──────┬──────┬──────┬──────┐
   分类   经费   统筹   民主   人才
   供给   保障   建设   管理   建设
   机制   机制   机制   机制   机制
```

图 7.5　成都村级基本公共服务改革的五类机制

二是经费保障机制。各级政府将村级公共服务和社会管理经费纳入本级财政预算，全面提高村级公共服务和社会管理的财政保障水平。以 2008 年为基数，各级政府每年新增的公共事业和公共设施建设政府性投资主要用于农村公共事业和公共设施建设，直至城乡基本公共服务基本达到均等化；三是统筹建设机制。整合村级公共服务和社会管理的场所、设施等资源，优化功能，集中投入，统筹建设各类硬件设施。同时，推行村级公共服务和社会管理设施建设民主决策制度，根据群众意愿和当地实际决定设施建设内容、标准和进度安排；四是民主管理机制。通过建立民主议事、民主决策、民主监督、民主评议等制度，农民群众自主对村自治组织独立实施的村级公共服务和社会管理项目实行自主决定，对政府实施的村级公共服务和社会管理项目进行评议，对政府委托村级自治组织或市场主体实施的村级公共服务和社会管理项目进行监督和评议；五是健全人才队伍建设机制。对专业性较强的岗位，由相关主管部门派出专业人员。也可按照"公平、公正、公开"的原则，向社会公开招聘专业人员。村级自治组织也可根据需要按照规定程序向社会公开聘任工作人员。[①] 成都市开展的上述基本公共服务体制机制的改革与创新，不仅促进了基本公共服务质量特性的生成，同时也保障了基本公共服务质量特性的生成水平。

---

① 张婷婷：《成都 2020 年基本实现城乡公共服务均等化》，《成都日报》2008 年 11 月 26 日第 1 版。

表 7.4　　成都市村级基本公共服务的 7 大领域

领域	具体内容
文体类	广播电视村村通、电影放映服务、报刊图书阅览服务、文化活动、农民体育健身、文艺演出和展览服务等
教育类	农村义务教育、农村高中阶段教育、农村学前教育、农村特殊教育、农村职业教育、农村成人教育等
医疗卫生类	农村居民基本医疗保险、农村医疗救助、农村基本医疗卫生服务、卫生防疫、农村药品配送和监管、农村妇幼保健、农村计划生育等
就业保障类	农村就业服务和就业援助、农村社会养老保险、农村最低生活保障、农村五保供养、农村受灾群众救助、农村优抚、农村社会福利和慈善、农村老龄服务、农村残疾服务等
设施建设类	农村道路、水利、供水、供电、供气、通信、互联网等基础设施建设和维护、农村沼气池建设、农村垃圾和污水集中处理、农村客运、农村邮政、园林绿化等
农业服务类	农业科技推广、动植物疫病防控、农产品流通、农用生产资料供应、农业信息化、种养业良种服务、农业资源与生态保护、农村扶贫开发、农村防灾减灾、农村金融服务等
社会管理类	纠纷调解、农村警务、农村治保、法律咨询、法律援助、代办村民事务、政策宣传、农村食品安全防控、农村土地和规划管理、农村建构筑物建设管理、农村安全生产监督管理、环境卫生管理等

资料来源：《成都村级公共服务普及有了时间表》，《领导决策信息》2008 年第 47 期。

三　村级基本公共服务质量监测

基本公共服务质量监测关键环节紧紧围绕基本公共服务质量特性满足质量要求的程度这一中心，旨在运用一定的方法、工具和技术手段对基本公共服务质量特性满足质量要求的程度加以测评和监视。基本公共服务质量监测主要具备三方面的功能：一是测评基本公共服务质量特性满足质量要求的程度；二是掌控基本公共服务质量的变化情况与趋势；三是为基本公共服务质量的奖励、问责与改进提供可靠依据。基本公共服务质量监测的关键和核心在于基本公共服务质量测评。按照基本公共服务质量测评方式的不同，可以将基本公共服务质量监测划分为专业评价模式和公众评价模式。这两种模式分别测评基本公共服务的客观质量和主观质量，只有将二者结合使用，才能完整地对基本公共服务质量作出评价。基本公共服务质量监测不是为了监测而监测，而是重在将监测结果进一步用于基本公共服务质量的奖励、问责与改进。其中，基本公共服务质量奖励就是根据基本公共服务质量监测的结果，对那些提供了高质量的基本公共服务或提供的基本公共服务质量有显著提升的组织进行奖励；基本公共服务质量问责就是根据基本公共服务质量监测的结果，对那些提供的基本公共服务质量水平严重偏低或提供的基本公共服务质量水平长期偏低的组织实施问责；基本公共服务质量改进就是根据基本公共服务质量监测的结果，对造成基本公共服务质量低的因素加以分析、克服和消除，进而促进基本公共服务质量水平提高。

成都市复合型村级基本公共服务质量管理体系中的村级基本公共服务质量监测环节，主要体现为村级基本公共服务质量监督、考核和评价的制度设计和工作开展。

在制度设计层面，成都市在村级公共服务和社会管理改革中专门建立了以农民群众为主体的民主评议制度、民主监督制度和民主管理制度，确保村级公共服务和社会管理项目的服务内容、服务方式、服务水平、服务质量、服务效果等处于受监控状态。根据《关于深化城乡统筹进一步提高村级公共服务和社会管理水平的意见（试行）》，不同主体提供或实施的村级公共服务和社会管理项目所受到的监督与评价方式有所差异。由政府组织实施的村级公共服务和社会管理项目，主要依据民主评议制度，由农民群众对项目服务内容、服务方式进行评价。由政府委托村级自治组织实施的项目，主要依据民主监督制度，由农民群众提出建议和批评，对服务水平、服务质量和效果进行监督。由村级自治组织提供的村级公共服务和社会管理项目，主要依据民主管理制度，由农民群众自主决定自己的事务，并对实施的项目实行自我管理和自我监督。由政府支持、市场主体实施的项目，同时依据民主评议制度和民主监督制度，由农民群众开展评议和监督，且经有关部门和农民群众检查验收，农民群众满意后，政府方能给予资金支持。《关于深化社会体制改革加快推进城乡社会建设的意见》

把完善村民对农村基本公共服务的监督评议制度作为农村新型治理机制的重要组成部分，明确作出规定："深化完善农村新型基层治理机制，充分保障村民选举权、决策权、管理权和监督权，进一步明晰村党组织、村委会、村民（代表）大会及村民议事机构间的关系，规范完善村民议事机构运行机制，加强和改进农村党组织的领导"。同时规定"深化党务、政务、村（居）务公开，切实保障城乡群众的知情权、表达权、参与权和监督权。进一步健全市民参与重大公共政策制定、实施、评估、监督的制度，完善公共政策公开征集意见的办法，确保公共政策有效调整各方面利益"，把维护和保障基层民众的监督评议权作为健全社会矛盾疏导和化解机制的重要途径。

在具体实践过程中，成都市各区县积极探索出了基本公共服务质量监督和评价的多种模式。按照监测内容的不同，可以把成都市村级基本公共服务质量监测划分为村级公共服务专项资金监督和村级公共服务项目评价两类（如表7.5所示）。

表7.5　　成都市村级基本公共服务质量监测实践模式

分类	模式名称	主要特色
村级基本公共服务专项资金监督	邛崃市油榨乡马岩村"五人监督章"模式	分散权力以达到监督效果
	崇州市纪委全程参与模式	自上而下实施监督
	邛崃市台账监督模式	强调过程记录与公示
	青白江区"四维"举措	强调教育、指导、核查与监管
村级基本公共服务项目监督与评价	双流县"服务效果'由群众说了算'"模式	强调农民群众作为评价主体
	浦江县民主监督的"三上三下"模式	基层政府与村组织及民众协同监督评价
	大邑县项目评议验收办法	强调监督评价的分类别、参与性和制度化
	青白江区红阳街道红峰村联动式督查管理模式	基层政府与村组织协同监督，同时利用资金支付方式实现监督

资料来源：笔者根据有关文献资料整理。

围绕村级公共服务专项资金使用监督，邛崃市油榨乡马岩村探索了村级公共服务专项资金透明使用的"五人监督章"模式，即将印章由一个分成5瓣，由村民议事会推选产生的5名民主理财监督员分别保管其中1瓣印章。凡是公共服务和管理经费支出的发票，必须盖上完整的印章后才能报销。同时，对于所有保障情况要向村民议事会公布，并在村务公开栏上公示，以此确保专项资金的公开和透明使用。

崇州市探索了纪委全程参与村级公共服务项目专项资金监督模式。根据制定的市、乡、村三级党风廉政建设责任清单，崇州市委要求村"两委"负责人与乡镇党委、纪委分别签订《遵守党纪国法保证书》《村公风险防控廉政承诺书》。在此基础上，崇州市纪委会同审计部门和第三方会计事务所组成5支村公资金审计工作组，定期对全市253个行政村村级公共服务项目专项资金使用情况逐一开展审计。审计方式主要包括票据审核、档案查询和经办人询问。审计结果要求及时向乡镇党委进行反馈。对于经审计发现的问题，立即启动纪律审查程序，对相关责任人进行责任追究。[①]

邛崃市探索构建了村级公共服务专项资金的项目台账监督模式。各村（社区）确定年度实施项目后，由村组代理会计核算中心以村（社区）为单位建立《村级公共服务和社会管理项目资金支出台账》（以下简称"台账"），及时、准确掌握项目资金支出情况，并为倒查式监管提供依据。台账要求报账的项目必须是年初议定项目，报账的金额不得超出年初预算（若超出须提供民主程序材料）等。村（社区）实施项目在年底完工并完成报账后，台账须向全村（社区）进行公示。[②]

青白江区探索了规范村级公共服务和社会管理专项资金使用的"四维"举措。一是加强干部思想教育和责任意识，包括对镇村两级村改工作人员开展职业道德、党风廉政、行政效能和违纪案例警示教

---

① 董焦、覃贻花：《成都崇州：纪委全程参与村级公共服务资金审计》，四川新闻网，http：//scnews.newssc.org/system/20160422/000667910.htm，2017年1月20日。

② 邛崃市审计局：《邛崃市创新村级公共服务和社会管理〈项目台账表〉推进全市基层民主自治建设》，成都邛崃市人民政府网，http：//www.qionglai.gov.cn/index.php? cid = 709&tid = 18290，2017年1月20日。

育,强化其工作责任意识。二是加强业务培训指导。定期开展村改政策知识学习指导活动,提高村改工作队伍业务素能,确保村改专项资金用到实处。三是加强民主流程核查。规范民主议事流程规则,确保村改民主运行机制落实到位,积极配合第三方评价机构对公共服务资金使用情况的绩效评价。四是加强项目指导监管。完善区级—乡(镇)级村改资金前期项目咨询平台建设,健全项目预备制,制定项目监管流程。①

围绕村级公共服务项目评价,双流县构建了村级公共服务和社会管理项目的"服务效果'由群众说了算'"模式。具体操作流程为由当地农村居民制定评议标准和办法,并以此为依据对服务人员及其服务效果进行"满意度"打分。第一次得分低于80分的,给予一次整改机会,由监督小组与服务人员"集体谈话"。第二次得分低于80分的,扣掉工程款的10%—20%。第三次得分低于80分的,取消次年的竞标资格。②

浦江县构建了村级公共服务项目民主监督的"三上三下"模式。"一上"指政府根据议事会或村民代表大会确定的项目,根据规范的招投标文本,指导村联席会(由党员代表、议事会成员、监事小组成员、村民代表组成)完成"比选招"投标。"一下"指将招投标结果进行公示。"二上"指由议事会确定成员以组建项目民主监督管理小组,同时政府邀请工程相关业务部门对小组成员进行培训,指导工程实施的技术监督和工程质量满意度测评。"二下"指小组成员将施工监督过程记录和满意度测评结果进行公示。"三上"指评议合格后,议事会确定工程验收小组,政府邀请相关技术人员参与,指导工程验收。"三下"指将工程验收结果向村民公示,无异议后向施工方结算。③

---

① 《青白江采取措施规范村级公共服务和社会管理专项资金使用》,成都青白江区人民政府网,http://www.qbj.gov.cn/qbj/443723/443743/1375976/index.html,2017 年 1 月 20 日。
② 郑洲:《村级公共服务需求制度创新——以成都为例》,《财经科学》2011 年第 9 期。
③ 洪继东:《村民议事修水利 政府服务作后盾》,《成都日报》2010 年 3 月 8 日第 7 版。

大邑县形成一套村级公共服务项目评议验收办法。包括：一是确定不同类别项目评议验收的操作方式、参与范围和具体程序，制定项目评议和验收规范的细则，从程序上规范项目的评议验收。二是扩大参与验收人员范围，在过去由议事会成员、监委会成员、受益农户代表参与基础上，邀请乡镇（街道）纪（工）委、乡镇（街道）相关科室人员参与评议验收，对资金额度较大的项目，由县统筹办协调对口部门派专业人员现场指导，增强评议验收的可信度。三是制定项目专项资金管理细则，对资金核算办法、使用范围、支付程序、报账清单、报账依据等进行严格把关，确保资金安全。①

青白江区红阳街道红峰村探索了村级环境卫生服务联动式督查管理模式。针对运用市场外包方式提供的村级环境卫生服务，采取如下方式进行监测：一是街道随机督查，即将红峰村卫生保洁工作纳入红阳街道辖区统一督查管理，由街道市容办指定卫生协管员随机督查，发现问题即通报村委会，并要求限期整改；二是村干部包组巡查，即红峰村设立一般由8名村干部组成的巡查组并划定巡查区域，按照任务分工每周至少2—3次开展巡查，将发现的问题通过保洁公司整改；三是村民议事会民主评议。保洁公司的服务费用按月支付，且每月仅支付应付费用80%，剩余20%待开展的保洁工作通过半年一次的民主评议后才予以支付。②

除了以上一些农村地区开展的村级基本公共服务质量监测以外，值得指出，成都市自2008年起开展的统筹城乡发展综合评价监测工作，专门针对统筹城乡基本公共服务均等化程度进行了监测。通过该项监测，一定程度上可以反映成都村级基本公共服务质量的变化情况（如表7.6所示）。

---

① 田莉：《成都市推进村级公共服务和社会管理改革的实践》，四川经济信息网，http://www.sc.cei.gov.cn/dir1009/223968.htm，2017年1月20日。
② 《青白江区发挥议事会自治功能管好村庄环境卫生》，中国食品报网，http://sc.cnfood.cn/n/2014/0612/10010.html，2017年1月20日。

表 7.6　2008—2014 年成都市城乡基本公共服务均等化程度监测

年份	监测项目 监测结果	城乡基础 设施统筹	城乡社会 保障一体 化指数	城乡公共 教育一体 化指数	城乡医疗 卫生一体 化指数	城乡文化 发展一体 化指数
2008	目标实现度（%）	74.9	80.2	57.6	52.5	64.0
	评价得分	/	/	/	/	/
2009	目标实现度（%）	86.6	75.9	87.6	57.1	78.6
	评价得分	/	/	/	/	/
2010	目标实现度（%）	90.6	85.8	89.9	51.9	79.2
	评价得分	/	/	/	/	/
2011	目标实现度（%）	80.3	88.6	82.9	63.2	84.5
	评价得分	14.4	8.0	3.3	3.2	8.5
2012	目标实现度（%）	81.0	89.9	83.6	62.8	89.5
	评价得分	14.6	8.1	3.3	3.1	8.9
2013	目标实现度（%）	95.1	89.9	86.8	62.4	92.8
	评价得分	7.6	8.1	3.5	3.1	9.3
2014	目标实现度（%）	96.2	91.6	93.6	73.2	91.9
	评价得分	7.7	8.3	3.7	3.7	9.2

资料来源：笔者根据成都市发布的统筹城乡年度报告数据整理。

通过开展村级基本公共服务质量监督与评价，成都市村级基本公共服务质量的实际情况及其变化趋势得以把握，从而为下一步村级基本公共服务质量的改进提供了有力支撑。

第三节　改进成都市村级基本公共服务质量管理体系的政策建议

尽管成都市村级公共服务和社会管理改革的核心举措契合了公共服务质量管理要求，并由此形成了复合型村级基本公共服务质量管理体系。然而当运用基本公共服务质量管理理论，尤其是本研究构建的复合型基本公共服务质量管理体系的标准来严格审视，则目前成都市村级基本公共服务质量管理体系还存在许多缺漏和不足之处。

本部分将从基本公共服务质量管理基础理论以及本研究构建的复合型基本公共服务质量管理体系的应然层面出发，对照实然层面的成都市村级基本公共服务质量管理体系，分析指出成都市村级基本公共服务质量管理体系存在的不足之处，并为解决这些问题提出针对性的政策建议。

一　不足之处

其一，村级基本公共服务质量要求获取的整体效果欠佳。大体上讲，成都市形成了一套比较有效的村级基本公共服务需求获取机制，这主要得益于新型村级基层治理机制。不过，需要指出的是，当前向农村居民获取的需求主要是基本公共服务内容和数量方面的，而不是基本公共服务质量方面的。二者的区别是，前者是获取农村居民需要什么（或哪些）基本公共服务，后者是获取农村居民需要怎样的基本公共服务。这意味着，村民关于村级基本公共服务的参与、透明、公平、可及、移情等本质的需求不能得到充分表达，进而很难有效反映到村级基本公共服务决策和供给中去。此外，目前成都市村级基本公共服务质量需求获取都是属地范围的，并没有构建起跨村、跨乡镇、跨区域的更大范围的村级基本公共服务质量需求获取机制，从而不利于村级基本公共服务的统筹和协调供给。

其二，村级基本公共服务质量决策的协商不足。依托于新型村级基层治理机制，成都市初步构建起了村级基本公共服务质量民主决策机制。虽然不少农村地区的村级基本公共服务质量决策过程吸纳了广大村民参与，体现了决策过程应有的参与性和民主性，但从总体上讲，这种村民参与村级基本公共服务质量决策的程度还比较低，尤其是农村弱势群体（如老年人、妇女等）的参与明显不足，村两委干部、村议事会成员主导、操作民意的情况在不同农村地区还不同程度地存在，基层政府通过村两委干部向村级基本公共服务质量决策过程施加影响的情况也比较普遍。这些反映出村级基本公共服务质量决策过程的协商不足，即或者协商主体缺失与不对等，或者协商过程不够公开透明，或者协商方式单一，或者协商的理性程度不足，未来需要针对这些薄弱之处加强村级基本公共服务质量决策过程的协商对话。

其三，村级基本公共服务质量目标策划的针对性有待加强。成都市围绕村级基本公共服务质量目标策划形成了比较系统的村级基本公共服务质量规划体系和村级基本公共服务质量政策体系。然而，这些村级基本公共服务质量规划体系和村级基本公共服务质量政策体系更大程度上是针对村级基本公共服务内容、数量、绩效，而不是聚焦基本公共服务质量的。具体来说，村级基本公共服务质量相关规划和政策中关于目标、资源配置和运行过程等的设计主要是考虑基本公共服务提供如何实现的问题，而没有着重围绕村级基本公共服务质量特性来考虑基本公共服务如何提供得更好的问题。

其四，制定的村级基本公共服务质量标准类别不齐全。目前成都市制定的村级基本公共服务质量标准主要是针对提供什么或提供哪些村级基本公共服务的标准，属于基本公共服务结果质量标准的类别范畴。关于村级基本公共服务如何提供标准，也即村级基本公共服务供给过程质量标准，成都市则鲜有制定。村级基本公共服务过程质量标准制定的缺乏，意味着成都市村级基本公共服务提供中手段方式、需求表达、服务决策、人员行为、民众参与、政策运行、流程环节、体制机制等方面的规范和指导不足，不利于村级基本公共服务过程质量的控制和保障。

其五，未面向质量特性来设计村级基本公共服务质量系统。由于缺乏明确的村级基本公共服务质量目标导向，当前成都市村级基本公共服务质量系统主要是围绕村级基本公共服务提供，而并未专门面向村级基本公共服务质量特性来设计。具体来说，成都市在配置村级基本公共服务方面的基础设施、财政资金、人员队伍等资源，以及统筹村级基本公共服务方面的管理职责、工具手段、运行流程、管理制度、组织文化等要素时，主要是为了实现将村级基本公共服务顺利提供给社会民众，并没有对如何更好地提供村级基本公共服务以及如何提供更好的村级基本公共服务做过多考虑。

其六，对村级基本公共服务质量控制的重点环节把握不够。质量标准、流程再造、全员参与和电子政务是村级基本公共服务质量控制的重点环节。成都市村级基本公共服务质量控制中对这些重点环节或多或少均有涉及，但总体上存在把握不够的问题。具体来说，在质量标准方面，主要是将村级基本公共服务质量标准应用于指导村级基本公共服务质量控制活动不足；在流程再造方面，主要是将村级基本公共服务管理体制改革与村级基本公共服务流程再造结合不够；在全员参与方面，主要是对不同层级工作人员参与村级基本公共服务质量控制的弱激励导致参与不充分；在电子政务方面，主要是跨层级、跨部门、跨组织的电子政务体制机制衔接困难。

其七，村级基本公共服务质量评价的科学性、连续性、权威性有待加强。当前成都市开展的村级基本公共服务质量评价，要么由村级基本公共服务提供组织或独立第三方组织作出专业评价，要么由农村村民作出主观评价，几乎没有将二者有机结合。这就制约了村级基本公共服务质量评价的科学性。同时，成都市开展的村级基本公共服务质量评价多是单次性的，缺乏连续性、规律性和跟踪性，这就造成难以根据村级基本公共服务质量评价结果来对村级基本公共服务质量实行监视。此外，成都市缺乏一个统一的官方或民间机构来对村级基本公共服务质量进行评价并发布评价结果，难以保障村级基本公共服务质量评价的权威性。

其八，村级基本公共服务质量奖励与问责的实施基本处于缺位状态。目前成都市对村级基本公共服务质量评价结果的应用严重不足，缺乏基于村级基本公共服务质量评价的村级基本公共服务质量奖励与问责。一方面，对村级基本公共服务质量奖励与问责的制度设计几乎空白。虽然有少数政策文件规定将村级基本公共服务质量评价与公务人员的工资、晋升关联起来，但由于缺乏具体的操作设计致使其被束之高阁。另一方面，缺乏开展村级基本公共服务质量奖励与问责方面的活动。公共服务质量奖是一种国外比较流行的质量奖励实践形式，但成都市没有开展这方面的活动。公共服务质量问责是行政问责的构成之一，但成都市政府部门专门针对村级基本公共服务质量而实施的问责极为罕见。

其九，围绕村级基本公共服务质量改进开展的活动极为不够。相较于村级基本公共服务质量决策、村级基本公共服务质量控制、村级基本公共服务质量监督、村级基本公共服务质量评价等村级基本公共服务质量管理活动，成都市各级政府以及政府各个职能部门围绕村级基本公共服务质量改进开展的活动是十分缺少的。这既与成都市没有明确提出村级基本公共服务质量方面的目标有关，也与各级政府以及政府各个职能部门缺乏村级基本公共服务质量方面的激励动力与问责压力有关。

二 政策建议

第一，建立健全村级基本公共服务质量要求获取机制。成都市村级基本公共服务质量要求获取机制要完善对"获取什么"的规定，从已有的获取村级基本公共服务内容和数量方面的要求向获取村级基本公共服务质量要求转变。具体而言，要围绕村级基本公共服务在公平性、可及性、参与性、透明性、回应性等质量特性方面调查和获取村民的需求与意见，并将其反映到村级基本公共服务质量决策中去。此外，成都市要构建跨村、跨乡（镇）、跨区域的村级基本公共服务质量要求获取机制，扩大村级基本公共服务质量要求获取的对象范围。

第二，完善村级基本公共服务质量政策制定的协商机制。成都市村级基本公共服务质量政策制定要改变传统的自上而下式政策制定模式，通过构建村级基本公共服务质量政策制定的协商机制，吸纳不同村级基本公共服务利益相关者参与到村级基本公共服务质量政策制定中来。从协商的角度来看，成都市构建村级基本公共服务质量政策制定的协商机制要统筹考虑协商主体、协商程序、协商事项、协商结果、协商载体等内容。从机制的角度来看，成都市构建村级基本公共服务质量政策制定的协商机制要统筹考虑协商的动力机制、协商的运行机制、协商的协调机制、协商的保障机制、协商的激励机制、协商的反馈机制等内容。

第三，提高村级基本公共服务质量目标策划的"质量"聚焦性。成都市村级基本公共服务质量目标策划应改变现有的村级基本公共服务质量规划体系和政策体系，主要针对村级基本公共服务而非村级基本公共服务质量的现状，紧紧围绕村级基本公共服务质量特性进行，为如何提供村级基本公共服务质量政策决定提供的村级基本公共服务质量特性作出整体性的设计、安排和布置。一方面，要制定具备实践指导价值和意义的定位于中观和微观层次的村级基本公共服务质量目标。另一方面，要确定实现村级基本公共服务质量目标所需的必要运行过程和相关资源。

第四，进一步完善村级基本公共服务质量标准的制定。成都市村级基本公共服务质量标准的制定要在已有主要围绕村级基本公共服务"提供什么"的结果质量标准的基础上，进一步建立健全针对村级基本公共服务"怎么提供"的过程质量标准。村级基本公共服务过程质量特性需要围绕村级基本公共服务提供过程中的质量特性，即透明性、廉洁性、参与性、回应性、移情性、保证性、责任性、法治性等展开，具体涉及村级基本公共服务提供过程中的需求表达、决策参与、工具手段、人员行为、流程环节、管理职责、信息公开等要素。通过制定完善村级基本公共服务过程质量标准，使之与村级基本公共服务结果质量标准相互补充，共同为村级基本公共服务质量控制提供依据。

第五，开展面向质量特性的村级基本公共服务质量系统设计。成都市村级基本公共服务质量系统的设计不仅要实现村级基本公共服务的顺利提供，更要实现村级基本公共服务的更好提供和提供更好的村级基本公共服务。为此，就要开展面向质量特性的村级基本公共服务质量系统设计。其中，为了实现更好地提供村级基本公共服务，要求面向透明性、廉洁性、参与性、回应性、移情性、保证性、责任性、法治性等村级基本公共服务的过程质量特性来进行村级基本公共服务质量系统设计。为了实现提供更好的村级基本公共服务，要求面向公益性、保障性、可及性、可靠性、公平性、共享性等村级基本公共服务的结果质量特性来进行村级基本公共服务质量系统设计。

第六，加强对村级基本公共服务质量控制重点环节的把握。针对质量标准这一村级基本公共服务质量控制重点环节，成都市要在完善村级基本公共服务质量标准的基础上切实将其应用于指导村级基本公共服务质量控制活动；针对流程再造这一村级基本公共服务质量控制重点环节，成都市要做到将村级基本公共服务质量流程再造与村级基本公共服务管理体制改革二者有机结合；针对全员参与这一村级基本公共服务质量控制重点环节，成都市要着力建立健全不同层级工作人员参与村级基本公共服务质量控制的激励机制与问责机制；针对电子政务这一村级基本公共服务质量控制重点环节，成都市要深化跨层级、跨部门、跨组织的电子政务体制机制改革。

第七，提高村级基本公共服务质量评价的科学性、持续性和权威性。成都市在村级基本公共服务质量评价方面，一是要将村级基本公共服务提供组织或独立第三方组织作出的客观评价与社会公众作出的主观评价结合起来，提升村级基本公共服务质量评价的科学性；二是要对村级基本公共服务质量开展持续性（比如每年一次）的评价，以通过多次村级基本公共服务质量评价结果来实现对村级基本公共服务质量的监视；三是要由一个统一的、具有权威性的官方或民间机构来开展村级基本公共服务质量评价，并向社会公布评价结果，以此提高村级基本公共服务质量评价的权威性。

第八，构建村级基本公共服务质量奖励与问责机制。村级基本公共服务质量奖励与问责是村级基本公共服务质量管理体系的重要构成内容。成都市要通过构建村级基本公共服务质量奖励与问责机制，加强村级基本公共服务质量奖励与问责活动的开展。其中，构建村级基本公共服务质量奖励机制，关键是要依据村级基本公共服务质量评价的结果，确定村级基本公共服务质量奖励的对象，并通过一定的方式（比如设立村级基本公共服务质量奖）开展村级基本公共服务质量奖励。构建村级基本公共服务质量问责机制，关键要明确村级基本公共服务质量问责的主体、范围、对象、程序，解决好村级基本公共服务质量责任"如何确认""谁来追究""如何追究"等问题。

第九，加强村级基本公共服务质量改进工作。成都市在加强村级基本公共服务质量改进方面，一是要将村级基本公共服务质量改进明确确立为村级基本公共服务质量管理的重要工作范畴，并使之成为村级基本公共服务质量水平改进的重要途径；二是要构建村级基本公共服务质量问题的查找与分析机制。根据村级基本公共服务质量评价结果，可对村级基本公共服务质量问题的类型与分布进行确定。在此基础上，深入分析村级基本公共服务质量问题产生的原因；三是要构建村级基本公共服务质量问题的整改机制。根据查找、分析出的村级基本公共服务质量问题及其原因，有针对性地、分门别类地采取措施予以整改；四是要构建村级基本公共服务质量改进的跟踪机制。要对得以暂时解决的村级基本公共服务质量问题保持更长时间的关注，防止其再次产生或引发新的问题。

第八章　研究结论与展望

如何改进和提升基本公共服务质量是公共行政学科研究中的重要议题，也是当今世界各国政府改革创新的重要关切。现阶段我国基本公共服务发展正处于从数量向质量转变的时期，不仅人民群众越来越对基本公共服务提出了质量层面的要求，而且党和政府也将提供更高质量的基本公共服务提上日程。本研究将质量管理理论与基本公共服务相结合，在解析基本公共服务质量和基本公共服务质量管理基础理论的基础上，从质量管理内容和质量管理职能两个维度出发，比较借鉴 ISO9000：2000 标准中以过程为基础的质量管理体系模式，结合基本公共服务的特质属性，构建了复合型基本公共服务质量管理体系。

本章将对本研究得出的主要结论做一梳理和总结，同时，对本研究的下一步深入方向作出展望。

第一节　主要结论

本研究在解析基本公共服务质量和基本公共服务质量管理基础理论的基础上，围绕基本公共服务质量管理体系展开了研究，得出的主要结论如下。

第一，基本公共服务质量的概念要素包括基本公共服务质量特性、基本公共服务质量要求和基本公共服务质量特性满足质量要求的程度。围绕此概念要素，可对基本公共服务质量的维度、形成机理、影响因素等作出分析。

基本公共服务和质量是准确界定基本公共服务质量的两个关键子

概念。已有的研究对基本公共服务这一概念的理解更多是借用经济学中的公共产品概念,造成对基本公共服务概念的公共性认识不足。同时,质量也是一个饱受争议的概念,其在理解和使用上显得五花八门。鉴于此,本研究在对基本公共服务概念进行新的探讨,并借鉴 ISO9000:2000 标准对质量定义的基础上,将基本公共服务质量界定为基本公共服务提供过程及结果中的固有特性满足相关规定要求和社会公众要求的程度。据此界定,基本公共服务质量的概念要素包含基本公共服务质量特性、基本公共服务质量要求和基本公共服务质量特性满足质量要求的程度。进一步分析可得,基本公共服务质量的维度包括公益性、保障性、可及性、可靠性、透明性、廉洁性、参与性、回应性、公平性、共享性、移情性、保证性、责任性、法治性等。基本公共服务质量的形成分为基本公共服务客观质量的形成和基本公共服务主观质量的形成,前者是基本公共服务质量特性的实际水平与相关规定要求之间的对比,后者是社会民众对基本公共服务的期望与实际感知的基本公共服务二者之间的差距。基本公共服务质量的影响因素分为基本公共服务质量特性即质的影响因素和基本公共服务质量特性满足质量要求即量的影响因素,具体包括基本公共服务的价值取向、功能目标、公共政策因素、公共权力因素、公共资源因素、公共行为因素、关系定位、制度环境、目标与标准的制定、过去提供经历、政府承诺、社会公众之间的沟通与交流、公民个体自身需求、公民个体特征、服务交互过程、后续服务行为等。

第二,基本公共服务质量管理是指基本公共服务提供组织在基本公共服务质量方面开展的一系列旨在实现特定基本公共服务质量管理目标的管理活动。以全面质量管理理论为基础,结合基本公共服务相关理论,可对基本公共服务质量管理的目标、内容、基本原则、功能作用等作出分析。

以 ISO9000:2000 标准对质量管理的界定为基础,本研究将基本公共服务质量管理界定为"在基本公共服务质量方面指挥和控制基本公共服务提供组织的协调的活动"。根据全面质量管理理论和基本公共服务相关知识可以分析得出:基本公共服务质量管理的目标包含三个层面：基本公共服务"质"的层面，即最适宜的基本公共服务质量特性水平；基本公共服务"量"的层面，即基本公共服务质量特性最大限度地满足质量要求；基本公共服务的价值层面，即社会公众对基本公共服务质量的最高满意度。基本公共服务质量管理的内容包括对基本公共服务质量特性的管理、对基本公共服务质量要求的管理和对基本公共服务质量特性满足质量要求的程度的管理。基本公共服务质量管理的基本原则包括以满足社会公众要求为中心、持续改进、领导作用、全员参与、协作供给、事实决策、过程控制、系统管理。基本公共服务质量管理具有在现有条件下改善基本公共服务质量特性的水平，提高基本公共服务质量特性满足质量要求的程度，回应满足社会公众对基本公共服务的质量诉求，塑造增强基本公共服务提供组织供给基本公共服务的核心能力等功能作用。

第三，从质量管理内容和质量管理职能两个维度出发，比较借鉴以过程为基础的质量管理体系模式（ISO 模式），结合基本公共服务的特质属性，可以构建出复合型基本公共服务质量管理体系。复合型基本公共服务质量管理体系包括三大关键环节，即基本公共服务质量决策、基本公共服务质量控制和基本公共服务质量监测。

沿着"体系—管理体系—质量管理体系—基本公共服务质量管理体系要素"的分析进路，本研究分析得出基本公共服务质量管理体系的构成要素包括基本公共服务质量管理主体、基本公共服务质量管理内容、基本公共服务质量管理职能、基本公共服务质量管理手段、基本公共服务质量管理目标、基本公共服务质量管理环境、基本公共服务质量管理动机和基本公共服务质量管理绩效八个方面。其中，回答基本公共服务质量管理"管理什么"和"怎么管理"的基本公共服务质量管理内容和基本公共服务质量管理职能是基本公共服务质量管理体系的两大核心要素。ISO9000：2000 标准提出的"以过程为基础的质量管理体系模式"（简称 ISO 模式）是依据质量管理内容和质量管理职能两个质量管理体系要素构建的，可以作为基本公共服务质量管理体系构建的参照。但 ISO 模式在引入基本公共服务质量管理时存在一定局限，需要对其加以改进。鉴于此，本研究结合基本公共服务的特质属性，对 ISO 模式作出了改进，并将改进后的 ISO 模式引入基本公共服务质量管理，构建了复合型基本公共服务质量管理体系。复合型基本公共服务质量管理体系分为中心部分和外围部分。中心部分包括基本公共服务质量要求、基本公共服务质量特性和基本公共服务质量特性满足质量要求的程度。该部分回答基本公共服务质量管理"管理什么"的问题。外围部分包括基本公共服务质量决策、基本公共服务质量控制和基本公共服务质量监测三大基本公共服务质量管理整体职能及其各自包含的细分职能。该部分回答基本公共服务质量管理"怎么管理"的问题。按照基本公共服务质量管理的三大整体职能，可以将复合型基本公共服务质量管理体系的关键环节分解为基本公共服务质量决策、基本公共服务质量控制和基本公共服务质量监测。这三大关键环节集中反映了复合型基本公共服务质量管理体系的运行过程。

第四，基本公共服务质量决策以基本公共服务质量要求为中心，旨在根据基本公共服务质量要求，通过公共政策的方式来决定提供哪些以及何种水平的基本公共服务质量特性。

基本公共服务质量决策是指政府根据基本公共服务质量要求，通过公共政策的方式来决定提供哪些以及何种水平的基本公共服务质量特性的过程。基本公共服务质量决策以基本公共服务质量要求为中心，具体包括基本公共服务质量要求获取、基本公共服务质量政策制定和基本公共服务质量目标策划三个环节。其中，基本公共服务质量要求获取环节旨在尽可能准确和全面地获取社会公众对基本公共服务的质量要求，以为基本公共服务质量的正式决策提供基础和依据。基本公共服务质量政策制定环节旨在通过公共政策的方式决定提供哪些以及何种水平的基本公共服务质量特性，以回应社会公众表达和提出的基本公共服务质量要求。基本公共服务质量目标策划环节旨在通过制定基本公共服务质量目标和规定实现基本公共服务质量目标的必要运行过程和相关资源这两大功能作用的发挥，为怎么提供基本公共服务质量政策决定提供的基本公共服务质量特性作出整体性的设计、安排和布置。围绕基本公共服务质量决策构成环节，基本公共服务质量决策的实施要求主要包括：针对基本公共服务质量要求获取环节，要努力拓宽基本公共服务质量要求获取的民主管道；针对基本公共服务质量政策制定环节，要着力构建基本公共服务质量政策制定的协商机制，同时要坚持基本公共服务质量政策制定的基本原则；针对基本公共服务质量目标策划环节，要不断提升基本公共服务质量目标策划的科学水平。

第五，基本公共服务质量控制以基本公共服务质量特性为中心，旨在根据基本公共服务质量的相关规定要求，通过控制基本公共服务质量特性的生成过程，以使实际生成的基本公共服务质量特性水平达到基本公共服务质量要求。

基本公共服务质量控制是指基本公共服务提供组织根据基本公共服务质量的相关规定要求，通过控制基本公共服务质量特性的生成过程，以使实际生成的基本公共服务质量特性水平达到基本公共服务质量要求的过程。基本公共服务质量控制以基本公共服务质量特性为中心，其依据为法规类、政策类、标准类和管理制度类的基本公共服务质量相关规定要求，目标是使基本公共服务质量特性的水平达到基本公共服务质量要求，内容要素包括公共需求、公共政策、管理职责、服务标准、服务流程、服务人员、公共行为、组织文化、公共财政、服务设施、公共权力、公共关系、公共利益等，一般过程为制定基本公共服务质量控制操作规程、编制基本公共服务质量控制计划、开展基本公共服务质量巡视与评审、分析基本公共服务质量问题、提出基本公共服务质量问题解决方案和存档基本公共服务质量控制信息，常用方法包括系统图法、质量成本控制法、质量问题追溯法和四检法。基本公共服务质量控制的操作重点包括四个方面，即质量标准是基本公共服务质量控制的有效工具，流程再造是基本公共服务质量控制的重要依托，全员参与是基本公共服务质量控制的根本要求，电子政务是基本公共服务质量控制的硬件支撑。

第六，基本公共服务质量监测以基本公共服务质量特性满足质量要求的程度为中心，旨在对基本公共服务质量特性满足质量要求的程度加以测评和监视，以为基本公共服务质量奖励、问责与改进提供依据。

基本公共服务质量监测是指基本公共服务相关主体运用一定的方法、工具和技术手段对基本公共服务质量特性满足质量要求的程度进行多次的、持续性的、长时间的测评，进而加以监视的过程。基本公共服务质量监测以基本公共服务质量特性满足质量要求的程度为中心，其功能定位为科学、合理、准确地测评基本公共服务质量特性满足质量要求的程度，及时、动态地掌控基本公共服务质量的变化情况与趋势，为基本公共服务质量奖励、问责、分析与改进提供可靠依据。基本公共服务质量监测模式可以划分为基本公共服务质量的专业评价模式和公众评价模式，二者在评价主体、评价内容、评价对象、评价依据、评价原理、评价方法与技术、评价动力等方面具有异同。从国外基本公共服务质量监测的实践来看，多是通过开展基本公共服务质量测评来实现对基本公共服务质量的监测。以基本公共服务质量监测的结果为依据，可对基本公共服务质量进行奖励、问责与改进。其中，基本公共服务质量奖励是指对那些提供了高质量的基本公共服务或提供的基本公共服务质量有显著提升的组织进行奖励的过程，基本公共服务质量问责是指对那些提供的基本公共服务的质量水平严重偏低或提供的基本公共服务的质量水平长期偏低的组织实施问责的过程，基本公共服务质量改进是指对造成基本公共服务质量低的因素加以分析、克服和消除，进而促进基本公共服务质量水平提高的过程。

第二节 未来研究展望

根据本研究的进展，未来研究围绕基本公共服务质量管理这一议题还可从如下四个方面进行深化和拓展。

其一，基本公共服务质量特性管理、基本公共服务质量要求管理与基本公共服务质量特性满足质量要求的程度管理。

本研究从整体上指出了基本公共服务质量管理的内容在于基本公共服务质量特性、基本公共服务质量要求和基本公共服务质量特性满足质量要求的程度，以此回答基本公共服务质量管理"管理什么"的问题。就这三方面的基本公共服务质量管理内容而言，未来研究还应进一步关注以下议题：基本公共服务质量特性供给范围与水平的影响因素，不同基本公共服务质量特性的生成，基本公共服务提供过程与提供结果中的质量特性管理等；基本公共服务质量社会公众要求的类型、层次与优先序列，基本公共服务质量相关规定要求的类型与功能，基本公共服务质量社会公众要求向相关规定要求的转化，作为基本公共服务质量规定要求的基本公共服务质量标准的特性与制定等；不同基本公共服务质量特性对基本公共服务质量要求的满足程度，基本公共服务质量特性满足相关规定要求的程度管理，基本公共服务质量特性满足社会公众要求的程度管理等。

其二，基本公共服务质量决策、基本公共服务质量控制和基本公共服务质量监测三大关键环节及其子环节的落地。

本研究对基本公共服务质量决策、基本公共服务质量控制和基本公共服务质量监测三大关键环节及其子环节的操作与运行仅作出了一个概貌性的研究结构与设计。要真正促进其落地，还有许多更为具体和细节的问题有待研究，包括基本公共服务质量决策关键环节及其子环节实施的影响因素，基本公共服务质量决策关键环节及其子环节实施的动力机制与约束机制，基本公共服务质量决策关键环节及其子环节实施的绩效评估，基本公共服务质量决策关键环节及其子环节的体系构建等；基本公共服务质量控制关键环节及其子环节实施的影响因素，基本公共服务质量控制关键环节及其子环节实施的协调机制与保障机制，基本公共服务质量控制关键环节及其子环节实施的绩效评估，基本公共服务质量控制关键环节及其子环节的体系构建等；基本公共服务质量监测关键环节及其子环节实施的影响因素，基本公共服务质量监测关键环节及其子环节实施的保障机制与反馈机制，基本公共服务质量监测关键环节及其子环节实施的绩效评估，基本公共服务质量监测关键环节及其子环节的体系构建等。

其三，基本公共服务质量的管理主体、管理目标、管理手段、管理环境、管理动机、管理绩效等基本公共服务质量管理体系的一般要素。

本研究构建的复合型基本公共服务质量管理体系，主要回答了基本公共服务质量管理体系的核心要素，即基本公共服务质量管理内容与基本公共服务质量管理职能对应的基本公共服务质量管理"管理什么"和"怎么管理"两个问题，对基本公共服务质量管理体系的其他构成要素，包括基本公共服务质量管理主体、基本公共服务质量管理目标、基本公共服务质量管理手段、基本公共服务质量管理条件、基本公共服务质量管理动机、基本公共服务质量管理绩效等对应的基本公共服务质量管理"谁来管理""管理的目标是什么""管理的环境是什么""管理的动机是什么""管理得怎么样"等问题的回答并不充分。为此，下一步有必要对基本公共服务质量管理的主体、基本公共服务质量管理目标、基本公共服务质量管理手段、基本公共服务质量管理环境、基本公共服务质量管理动机、基本公共服务质量管理绩效等开展专题研究。

其四，具体领域基本公共服务的质量管理体系问题。

本研究探讨了共性的基本公共服务的质量管理体系问题。然而，按照《国家基本公共服务体系"十二五"规划》，基本公共服务包括公共教育、劳动就业服务、社会保障、基本社会服务、医疗卫生、人口计生、住房保障、公共文化等多个领域。不同领域的基本公共服务的质量管理必然存在差异，为此需要对它们分别开展专项研究。未来研究可在这方面进行拓展。一方面，可以参考本研究分析的共性的基本公共服务的质量管理体系，另一方面，要立足不同领域的基本公共服务的特殊性来研究其基本公共服务质量管理体系。应当说，只有把普遍的、共性的基本公共服务的质量管理体系与不同领域的基本公共服务的质量管理体系进行结合研究后，才算得上对基本公共服务质量管理体系作出了一个比较系统、完备的研究，而这无疑是未来基本公共服务质量管理体系研究的努力方向。

参考文献

白长虹、陈晔：《一个公用服务质量测评模型的构建和分析：来自中国公用服务业的证据》，《南开管理评论》2005年第4期。

柏良泽：《"公共服务"界说》，《中国行政管理》2008年第2期。

柏良泽：《公共服务研究的逻辑和视角》，《中国人才》2007年第5期。

鲍海君、吴次芳：《论失地农民社会保障体系建设》，《管理世界》2002年第10期。

宝鹿：《关于质量定义的研究、讨论和探索》，《上海质量》2004年第3期。

蔡立辉：《论当代西方政府公共管理及其方法》，《中山大学学报》（社会科学版）2003年第2期。

曹大友、熊新发：《SERVQUAL在公共服务领域的应用初探》，《学术论坛》2006年第1期。

陈成文、黄诚：《论优化制度环境与激发社会组织活力》，《贵州师范大学学报》（社会科学版）2016年第1期。

陈文博：《公共服务质量评价与改进：研究综述》，《中国行政管理》2012年第3期。

陈振明、耿旭：《公共服务质量管理的本土经验——漳州行政服务标准化的创新实践评析》，《中国行政管理》2014年第3期。

陈振明、耿旭：《中国公共服务质量改进的理论与实践进展》，《厦门大学学报》（哲学社会科学版）2016年第1期。

陈振明、李德国：《公共服务质量持续改进的亚洲实践》，《东南学术》2012年第1期。

陈振明、孙杨杰:《公共服务质量奖的兴起》,《湘潭大学学报》(哲学社会科学版)2014年第4期。

成静:《给农民吃上一颗定心丸》,《中国经济导报》2011年1月15日第6版。

戴黍、刘志光:《政府管理创新视阈中的加拿大公共服务改革》,《学术研究》2007年第5期。

党秀云:《公共部门的全面质量管理》,《中国行政管理》2003年第8期。

邓瑾:《将农民的还给农民——成都城乡统筹改革7年逻辑》,《农家科技:城乡统筹》2011年第1期。

邓悦:《我国质量公共服务评价结果差异及其分析——基于消费者满意度的评价》,《武汉大学学报》(哲学社会科学版)2014年第5期。

丁煌:《西方行政学说史》,武汉大学出版社2004年版。

丁辉侠:《公共服务质量评价体系构建思路分析》,《商业时代》2012年第7期。

董丽:《基本公共服务质量评价问题研究》,博士学位论文,吉林大学,2015年。

高铁军:《比较视野下公共服务的概念与理论简析》,《人民论坛·学术前沿》2015年第10期。

龚禄根:《英国社会服务承诺制提高了公共服务质量》,《中国行政管理》1998年第11期。

龚益鸣主编:《现代质量管理学》,清华大学出版社2003年版。

顾丽梅:《英、美、新加坡公共服务模式比较研究——理论、模式及其变迁》,《浙江学刊》2008年第5期。

《国家基本公共服务体系"十二五"规划》,《光明日报》2012年7月20日第9版。

韩小威、尹栾玉:《基本公共服务概念辨析》,《江汉论坛》2010年第9期和经纬:《全面质量管理在政府部门运用的理论和实践》,《广东行政学院学报》2003年第5期。

洪志生、苏强、霍佳震：《服务质量管理研究的回顾与现状探析》，《管理评论》2012年第7期。

黄金辉、丁忠毅：《成就与问题：成都农村公共服务事业建设审视——以城乡统筹发展为视角》，《财经科学》2010年第1期。

黄新华：《从公共物品到公共服务——概念嬗变中学科研究视角的转变》，《学习论坛》2014年第12期。

黄新华：《略论当代西方国家公共行政改革及其借鉴意义》，《社会主义研究》2001年第5期。

季丹、郭政、胡品洁：《公共服务质量第三方评价研究——基于华东地区的试点应用》，《中国行政管理》2016年第1期。

纪江明、胡伟：《中国城市公共服务满意度的熵权 TOPSIS 指数评价——基于2012连氏"中国城市公共服务质量调查"的实证分析》，《上海交通大学学报》（哲学社会科学版）2013年第3期。

江明生、温顺生：《关于构建覆盖全民的公共服务体系》，《长白学刊》2011年第3期。

姜晓萍：《基本公共服务应满足公众需求》，《人民日报》2015年8月30日第7版。

姜晓萍：《行政问责的体系构建与制度保障》，《政治学研究》2007年第3期。

姜晓萍：《政府流程再造的基础理论与现实意义》，《中国行政管理》2006年第5期。

姜晓萍、郭金云：《基于价值取向的公共服务绩效评价体系研究》，《行政论坛》2013年第6期。

姜晓萍、郭金云：《我国政府部门实施质量管理体系的探索》，《北京行政学院学报》2004年第2期。

姜晓萍、黄静：《还权赋能：治理制度转型的成都经验》，《公共行政评论》2011年第6期。

李德国：《走向实践的新公共服务：行动指南与前沿探索》，《国家行政学院学报》2013年第3页。

李德国、蔡晶晶：《基于助推理论的公共服务质量改进——一个研究框架》，《江苏行政学院学报》2016 年第 5 期。

李军：《高校教师绩效管理体系的构建》，《高等教育研究》2007 年第 1 期。

李强彬：《公共政策"前决策过程"概念、特性与改进论析》，《四川大学学报》（哲学社会科学版）2011 年第 2 期。

李延均：《公共服务及其相近概念辨析——基于公共事务体系的视角》，《复旦学报》（社会科学版）2016 年第 4 期。

李晓园、张汉荣：《SERVQUAL 模型下县域公共服务质量的改进——基于江西省六县公共服务的调查分析》，《南昌大学学报》（人文社会科学版）2009 年第 4 期。

梁工谦主编：《质量管理学》，中国人民大学出版社 2014 年第 2 版。

林闽钢、杨钰：《公共服务质量评价：国外经验与中国改革取向》，《宏观质量研究》2016 年第 3 期。

刘武、刘钊、孙宇：《公共服务顾客满意度测评的结构方程模型方法》，《科技与管理》2009 年第 4 期。

罗海成：《基于服务质量的地方政府服务竞争力研究——概念模型及研究命题》，《福建行政学院学报》2011 年第 3 期。

罗晓光、汝军芳：《政府服务质量 SERVQUAL 评价量表开发》，《科技与管理》2010 年第 1 期。

罗晓光、张宏艳：《政府服务质量 SERVQUAL 评价维度分析》，《行政论坛》2008 年第 3 期。

吕维霞：《论公众对政府公共服务质量的感知与评价》，《华东经济管理》2010 年第 9 期。

吕维霞、陈晔、黄晶：《公众感知行政服务质量模型与评价研究——跨地区、跨公众群体的比较研究》，《南开管理评论》2009 年第 4 期。

吕维霞、王永贵：《公众感知行政服务质量对政府声誉的影响机制研究》，《中国人民大学学报》2010 年第 4 期。

［澳］欧文·休斯：《公共管理导论》，张成福等译，中国人民大学出版社 2001 年版。

秦代红、刘礼、吴琦：《成都市村级公共服务外包与社会组织培育发展研究》，《中共成都市委党校学报》2013年第1期。

睢党臣、肖文平：《农村公共服务质量测度与提升路径选择——基于因子聚类分析方法》，《陕西师范大学学报》（哲学社会科学版）2014年第5期。

睢党臣、张朔婷、刘玮：《农村公共服务质量评价与提升策略研究——基于改进的Servqual模型》，《统计与信息论坛》2015年第4期。

雷晓康、朱松梅、贺凯丰：《应急质量管理体系的构建》，《中国行政管理》2013年第9期。

林尚立：《国内政府间关系》，浙江人民出版社1998年版。

马林、罗国英：《全面质量管理基本知识》，中国经济出版社2001年版。

马庆钰：《公共服务的几个基本理论问题》，《中共中央党校学报》2005年第1期。

马万民：《高等教育服务质量管理的理论与应用研究》，博士学位论文，南京理工大学，2004年。

马英娟：《公共服务：概念溯源与标准厘定》，《河北大学学报》（哲学社会科学版）2012年第37期。

［美］詹姆斯·R.埃文斯、威廉·M.林赛：《质量管理与质量控制》，焦叔斌译，中国人民大学出版社2010年版。

［美］珍妮特·登哈特、罗伯特·登哈特：《新公共服务——服务而不是掌舵》，丁煌译，中国人民大学出版社2010年版。

王家合：《城市政府质量管理研究》，博士学位论文，同济大学，2006年。

王家合：《论地方政府公共服务质量管理的制度创新》，《理论探讨》2011年第6期。

王燕如：《我国研究生培养应遵循的质量管理原则》，《中国高教研究》2006年第10期。

魏丽艳：《俄罗斯公共服务质量的提升路径》，《中国行政管理》2016

年第 5 期。

西村迈、王祖望：《跨学科方法和超学科方法》，《国外社会科学》1981 年第 7 期。

夏珺、梁小琴：《落实科学发展观的生动实践——成都统筹城乡综合配套改革试验的调研与思考》，《人民日报》2011 年 2 月 28 日第 1 版。

肖陆军：《论政府公共服务质量管理体系建构》，《宁夏社会科学》2008 年第 4 期。

肖巧平：《论政治协商程序的完善——基于协商民主的借鉴》，《湖南师范大学社会科学学报》2010 年第 1 期。

邢媛：《研究生教育卓越质量管理研究》，博士学位论文，天津大学，2009 年。

徐绍刚：《建立健全政府绩效评价体系的构想》，《政治学研究》2004 年第 3 期。

徐晓林、杨锐主编：《电子政务》，华中科技大学出版社 2009 年版。

薛庆根、褚保金：《美国食品安全管理体系对我国的启示》，《经济体制改革》2006 年第 3 期。

杨林岩、詹联科：《全面质量管理理论在我国公共部门的运用分析》，《科学学与科学技术管理》2006 年第 6 期。

姚升保：《基于语言评价的政府服务质量测评方法及实证分析》，《情报杂志》2011 年第 2 期。

尤建新主编：《质量管理学》，科学出版社 2014 年版。

尤建新、王家合：《政府质量管理体系建构：要素、要求和程序》，《中国行政管理》2006 年第 12 期。

俞钟行：《休哈特和田口关于质量的定义》，《质量译丛》2003 年第 3 期。

张成福：《公共行政的管理主义：反思与批判》，《中国人民大学学报》2001 年第 1 期。

张成福、党秀云主编：《公共管理学》，中国人民大学出版社 2001 年版。

张钢、牛志江、贺珊:《地方政府公共服务质量评价体系及其应用》,《浙江大学学报》(人文社会科学版)2008年第6期。

张桂聚:《我国政府公共服务质量管理体系的缺失与完善研究》,硕士学位论文,华中师范大学,2011年。

张锐昕、董丽:《公共服务质量:特质属性和评估策略》,《北京行政学院学报》2014年第6期。

张亚明、郑景元:《基于CSI的政府服务评价研究》,《北京行政学院学报》2008年第4期。

张英杰、张原、郑思齐:《基于居民偏好的城市公共服务综合质量指数构建方法》,《清华大学学报》(自然科学版)2014年第3期。

赵黎青:《什么是公共服务》,《中国人才》2008年第15期。

郑洲:《村级公共服务需求制度创新——以成都为例》,《财经科学》2011年第9期。

周其仁:《还权赋能——成都土地制度改革探索的调查研究》,《国际经济评论》2010年第2期。

周志忍:《公共部门质量管理:新世纪的新趋势》,《国家行政学院学报》2000年第2期。

邹东升、张奇:《提案型公共服务:日本民营化运作模式》,《日本问题研究》2015年第1期。

Agus A., Barker S. and Kandampully J., "An Exploratory Study of Service Quality in the Malaysian Public Service Sector", *International Journal of Quality & Reliability Management*, Vol. 24, No. 2, 2007.

Bakar, C., Akgun, S. H. and Al Assaf, A. F., "The Role of Expectations in Patient assessments of Hospital Care: An Example from a University Hospital Network, Turkey", *International Journal of Health Care Quality Assurance*, Vol. 21, No. 4, 2008.

Bigne E., Moliner M. A., Sanchez J. G., et al., "Perceived Quality and Satisfaction in Multiservice Organisations: the Case of Spanish Public Services", *Journal of Services Marketing*, Vol. 17, No. 17, 2003.

Boyne G. A. , "Sources of Public Service Improvement: A Critical Review and Research Agenda", *Journal of Public Administration Research & Theory*, Vol. 13, No. 3, 2003.

Brysland A. and Curry A. , "Service Improvements in Public Services Using SERVQUAL", *Managing Service Quality*, Vol. 11, No. 11, 2001.

Chen C. K. , Yu C. H. , Yang S. J. , Chang H C, "A customer – oriented service – enhancement system for the public sector", *Managing Service Quality: An International Journal*, Vol. 14, No. 5, 2004.

Chris Skelcher, "Improving the Quality of Local Public Services", *Service Industries Journal*, Vol. 12, No. 4, 1992.

Dewhurst F. , Martínezlorente A. R. and Dale B. G. , "TQM in Public Organisations: an Examination of the Issues", *Managing Service Quality*, Vol. 9, No. 9, 1999.

Donnelly M. , Wisniewski M. and Dalrymple J. F. , "Measuring Service Quality in Local Government: the SERVQUAL Qpproach", *International Journal of Public Sector Management*, Vol. 8, No. 7, 1995.

Dotchin J. A. and Oakland J. S. , "Total Quality Management in Services", *International Journal of Quality & Reliability Management*, Vol. 11, No. 4, 1994.

Folz D. H. , "Service Quality and Benchmarking the Performance of Municipal Services", *Public Administration Review*, Vol. 64, No. 2, 2004.

Galloway, Les, "Quality Perceptions of Internal and External Customers: a Case Study in Educational Administration", *The TQM Magazine*, Vol. 10, No. 1, 1998.

Garvin D. A. , "What does 'Product Quality' Really Mean?" *MIT Sloan Management Review*, Vol. 26, No. 1, 1984.

Gowan M. , Seymour J. , Ibarreche S. , et al. , "Service Quality in a Public agency: Same Expectations But Different Perceptions by Employees, Managers, and Customers", *Journal of Quality Management*, Vol. 6, No. 2, 2001.

Grönroos C., "A Service Quality Model and its Marketing Implications", *European Journal of Marketing*, Vol. 18, No. 4, 1984.

Herbert D., "Continuous Improvement in Public Services – a Way Forward", *Journal of Service Theory & Practice*, Vol. 8, No. 5, 1998.

Holzer M., Charbonneau E. and Kim Y., "Mapping the Terrain of Public Service Quality Improvement: Twenty – Five Years of Trends and Practices in the United States", *International Review of Administrative Sciences*, Vol. 75, No. 3, 2009.

Hood C., "Public Management for All Seasons?" *Public Adminstration*, Vol. 69, No. 1, 1991.

Hsiao C. T. and Lin J. S., "A Study of Service Quality in Public Sector", *International Journal of Electronic Business Management*, Vol. 6, No. 1, 2008.

Jennifer Rowley, "Quality Measurement in the Public Sector: Some Perspectives from the Service Quality Literature", *Total Quality Management*, Vol. 9, No. 9, 1998.

John Haywood – Farmer and F. Ian Stuart, "An Instrument to Measure the 'Degree of Professionalism' in a Professional Service", *Service Industries Journal*, Vol. 10, No. 2, 1990.

Leigh Robinson, "Following the Quality Strategy: the Reasons for the Use of Quality Management in UK Public Leisure Facilities", *Managing Leisure*, Vol. 4, No. 4, 1999.

Lentell R., "Untangling the Tangibles: Physical Evidence and Customer Satisfaction in Local Authority Leisure Centres", *Managing Leisure*, Vol. 5, No. 1, 2010.

Ostrom E., "Multi – Mode Measures: From Potholes to Police", *Public Productivity Review*, Vol. 1, No. 3, 1976.

Poister T. H. and Henry G. T., "Citizen Ratings of Public and Private

Service Quality: A Comparative Perspective", *Public Administration Review*, Vol. 54, No. 2, 1994.

Parasuraman A., Zeitthaml V. A. and Berry L. L., "A Conceptual Model of Service Quality and Its Implications for Future Research", *Journal of Marketing*, Vol. 49, No. 4, 1985.

Rago W. V., "Struggles in Transformation: A Study in TQM. Leadership and Organizational Culture in a Government Agency", *Public Administration Review*, Vol. 56, No. 3, 1996.

Ramseook-Munhurrun P., Lukea-Bhiwajee S. D. and Naidoo P., "Service Quality in the Public Service", *International Journal of Management and Marketing Research*, Vol. 3, No. 1, 2010.

Rhee S. and Rha J., "Public Service Quality and Customer Satisfaction: Exploring the Attributes of Service Quality in the Public Sector", *Service Industries Journal*, Vol. 29, No. 11, 2009.

Jennifer Rowley, "Quality Measurement in the Public Sector: Some Perspectives from the Service Quality Literature", *Total Quality Management*, Vol. 9, No. 9, 1998.

Sharifah Latifah Syed A. Kadir, Mokhtar Abdullah, and Arawati Agus, "On Service Improvement Capacity Index: A Case Study of the Public Service Sector in Malaysia", *Total Quality Management*, Vol. 11, No. 4, 2000.

Skelcher C., "Improving the Quality of Local Public Services", *Service Industries Journal*, Vol. 12, No. 4, 1992.

Walsh K., "Qualiyt and Public Services", *Public Administration*, Vol. 69, No. 4, 1991.

Williams C., "Is the SERVQUAL Model an Appropriate Management Tool for Measuring Service Delivery Quality in the UK Leisure Industry?", *Managing Leisure*, Vol. 3, No. 2, 1998.

Wisniewski M., "Using SERVQUAL to Assess Customer Satisfaction with Public Sector Services", *Journal of Service Theory & Practice*, Vol.

11, No. 6, 2001.

Wisniewski M., Donnelly M., "Measuring Service Quality in the Public Sector: the Potential for SERVQUAL", *Total Quality Management & Business Excellence*, Vol. 7, No. 4, 1996.

Zeithaml V. A. and Berry L. L., "Problems and Strategies in Services Marketing", *Journal of Marketing*, Vol. 49, No. 2, 1985.

后 记

本书系笔者的博士学位论文。当论文经过选题开题、初稿撰写、预答辩、匿名评审、正式答辩等多个环节而行将告尾时，坦诚地讲，我的内心并没有预想的那般如释重负与兴奋激动。博士论文素来在我心里占有相当重的分量。自我读博之日起，到博士论文的整个撰写过程，直至现在，我都想倾尽心力写出一份漂亮、优异、令自己满意的博士论文，作为对申请博士这一最高学位的最好凭据，但终受自身学术能力水平的限制，现在拿出的这份论文遗憾地未能如愿。我曾感叹于博士论文写作过程，越往前写，越写到后面，发现漏洞越多，越是顾此失彼，越想推倒重来。值得欣慰的是，一方面，我确将自己最大精力付诸博士论文写作，无愧于内心；另一方面，在经历漫长的博士论文写作训练后，我得以更好地掌握一篇"好"学术论文的标准以及达到这一标准的途径。从这个意义上讲，假如给我时间重写这份论文，我相信可以写得更好。

在此特别感谢我攻读博士学位研究生期间的导师——四川大学公共管理学院姜晓萍教授的全程悉心指导，没有她的指导、支持和帮助，本研究几乎难以最终形成。同时，在论文选题、开题和撰写各个阶段，得到了四川大学公共管理学院许多老师的热心指导和帮助，包括周敬伟教授、夏志强教授、史云贵教授、刘润秋教授、罗骏教授、范逢春教授、郭铭峰研究员、蒲晓红教授、衡霞副教授、刘锐副研究员、李强彬副教授、郭金云副教授、杨磊博士等，他们或者启发我的思维，或者指出论文的不足，或者提出中肯意见，或者提供资料数据；在论文开题报告会中，浙江大学公共管理学院郁建兴教授，四川大学公共管理学院罗中枢教授、姚乐野教授、周敬伟教授、陈昌文教授对我的论文选题、文献综述、研究设计、研究方法等提出了许多建设性的意见和建议，为我在正式撰写论文之前提供了第一道安全保障；在论文预答辩中，四川省社会科学院陈井安研究员，四川大学公共管理学院罗中枢教授、夏志强教授、史云贵教授、罗哲教授对我的论文初稿进行了是否达标的诊断，提出了大量一针见血的修改意见，为我将论文提交盲审之前提供了第二道安全保障；在匿名评审环节，五位匿名评审专家对我的论文提出了系统性、全方位的评审意见，使我对论文的修改与完善有了更好的把握；在正式答辩会上，上海交通大学国际与公共事务学院钟杨教授，四川大学公共管理学院罗中枢教授、夏志强教授、史云贵教授、罗哲教授指出了我的论文有待进一步修改完善的地方。谨向以上专家和老师们致以深深的谢意。

本书能够顺利出版，得到西南财经大学"中央高校基本科研业务费项目"和西南财经大学公共管理学院的经费资助，得益于西南财经大学公共管理学院院长廖宏斌教授和同事谢鹏鑫博士的关心和帮助，得益于中国社会科学出版社的支持认可，特别是李庆红老师的精心编辑，在此表示由衷的感谢！

由于笔者的学术水平有限，不足之处在所难免，希望广大读者朋友和学界同行多予批评和指正！

陈朝兵

2020 年 5 月 28 日　于西南财经大学